Manifesto per la felicità

ステファーノ・バルトリーニ 著　中野佳裕 訳・解説

幸せのマニフェスト

消費社会から関係の豊かな社会へ

Come passare dalla società del ben-avere a quella del ben-essere

Stefano Bartolini

コモンズ

［凡例］

• 注は見開きページの左側に掲載した。［訳注］以外は原注である。

• 〔 〕内の語句は、訳者による補足である。なお、（ ）は原著のものである。

• イタリア語の relazioni に関しては、基本的に「関係性」「関係」と訳し（例―関係性の貧困、関係の豊かさ）、より具体的な状況をイメージしてほしい箇所では、文脈に応じて「社会関係」「人間関係」と訳し分けた。

Stefano Bartoline, *Manifesto per la felicità*: *Come passare dalla società del ben-avere a quella del ben-essere*, Roma, Donzelli Editore, 2010.

日本語版への序文

この本を最初に執筆したとき、限られた読者層に向けられた本になるだろうと思っていました。しかし、本書はイタリアではメディアの注目を浴び、幅広い層から反響を得られました。本書で展開している議論は学者、政治家、一般の人びとを巻き込んだのです。そして、翻訳出版された他のヨーロッパ諸国でも関心を集めました。

本書が注目されたのは、欧米諸国の深層で文化の変革が起こっている現れだと言えます。現行の経済システムがもたらす生態学的・社会的な影響を批判的に捉える文化が現れてきているのです。経済成長は社会環境と自然環境にマイナスの影響を与えるので、もうこれ以上可能ではないし、望ましくもないという意識が高まり、普及しつつあります。この文化は脱物質主義的な文化と定義されうるものであり、先進諸国の支配階級のレトリックと対立するようになりました。事実、支配階級に属する人びとは、経済成長を我々のかかえている問題の主要な解決策として提案し続けているのですから。

このレトリックは今日ますます信用を失っています。しかし、このレトリックを克服し、信頼できる支配階級を創出するためには、脱物質主義的文化は社会構想を必要としています。現在、そうした社会構想の中身は明確ではありません。なぜなら、経済成長を単に諦めるだけでは社会構想とは言えないからです。それはむしろ、社会構想を諦めている態度と言ってよいでしょう。

本書は、脱物質主義的な社会構想の提案を目指しています。経済成長を諦めることは、物事をより良くしていくという意味での〈進歩〉を諦めることではありません。我々の想像力は、より多くの商品の購入が社会の進歩を意味するという観念から解放されなければなりません。むしろ先進工業諸国では、より多くの自由時間や質の高い生活・環境・社会関係に恵まれることが進歩の中身にならなければなりません。このような視座から本書は、経済と社会をより人間的なものにしていくための政策案を示しました。

この政策案は、欧米諸国や日本を含めたアジア諸国で台頭しているナショナリズム的な政策案への代替案です。ナショナリズムは、グローバリゼーションが人びとの生活にもたらす脅威を恐れ、防御的になった結果現れた反動です。経済成長の名のもとで、グローバリゼーションは我々の生活、政治システム、領土、情報、コミュニティの社会関係、時間の使い方はおろか、子どもの人格形成や親密な人間関係さえも市場経済の論理に従わせています。グローバル化した世界は恐怖をつくりだし、国民アイデンティティという〈壁〉は我々をその恐怖から保護することを約束します。

グローバリゼーションを人間的なものに変えることで生活の質を守る。これがナショナリズムに対する唯一現実的なオルタナティブです。では、こうしたオルタナティブが果たして政治の世界にどの程度浸透しているのだろうか、と問う人がいるでしょう。実はヨーロッパ大陸では、このようなオルタナティブは政治の世界で大躍進を始めているのです。

二〇一八年三月に行われたイタリアの総選挙では、新興政治勢力である五つ星運動[1](Movimento 5 Stella)が勝利しました。五つ星運動の経済政策案は、脱物質主義的価値観を重視しています。本書は五つ星運動のメンバーが参照する主要文献の一つとなり、彼らは生活の質と子どもの幸せを担当する閣僚ポストの設置を提案しました。彼らが提案した閣僚リストには、「脱GDP(Beyond GDP)」運動[2]の中心人物たちが含まれていました。この運動は、これまで幸福度指標として使用されてきたGDPを批判する運動であり、ヨーロッパでは大きな影響力をもつようになっています。この運動の影響で、ヨーロッパの多くの国が国の豊かさや幸福度に関わる統計を修正するに至りました。

物事はイタリア以外の国でも変わってきています。スペインのポデモス[3]や北ヨーロッパ諸国の海賊党[4](パイレーツ党)などの新しい政党は、脱物質主義的な価値観に傾倒しています。伝統的な政治団体においてさえ、関係性の質や幸福感といったテーマが深く浸透しています。二〇一八年一月に英国の保守党政権は、孤独担当大臣を創設しました。また、保守党のデイヴィッド・キャメロン前首相の「大きな社会(Big Society)」という言説は、社会的協力のための関係の網の目を再生する必要性を強調しています。

政治は変わりつつあります。そして文化は、それよりももっと速いペースで変わっているのです。しかし、この進化が文化と経済の根本的変革に到達するかどうかを判断することはできません。

我々の文化は、関係性を個人の選択や性向と結びついた私的なものと考えています。けれども、我々の関係性は社会的文脈の影響を強く受けています。社会生活の構築方法に関して我々が行う決断のほとんどすべてが、人間関係に影響を与えるのです。都市、学校、保健医療、働き方、マスメディアをどのように組織するかという問題に関する小さな意思決定も大きな意思決定も、それらに関わる人びとの関係性を改善したり、悪化させたりします。

（1）〔訳注〕二〇〇九年にイタリアのコメディアンであるジュゼッペ・ピエーロ・グリッロを中心に結成された政党。大企業に支配された既存の政党政治に異議申し立てする人民主義政党として国民の支持を集める。エコロジーやポスト成長に関するさまざまな提案をしており、欧州連合の新自由主義経済政策に反対の立場をとる。また、インターネットを活用した選挙戦術を発展させていることでも有名。

（2）〔訳注〕欧州各国の研究者、NGO、アソシエーションなどによって取り組まれている、GDPに代わる豊かさ指標や幸福指標を構想するさまざまな学術的・政策的試みと社会運動の総称。統一的な組織があるわけではないが、イタリアの経済学者エンリコ・ジョヴァンニーニがOECDの主任統計学者を務めていた時期（二〇〇一～〇九年）に、欧州各国にネットワークが普及した。

（3）〔訳注〕二〇一四年に誕生したスペインの急進左派政党。アルゼンチンの政治理論家エルネスト・ラクラウの社会運動理論の影響を受け、民衆の多様な声を代表する左派人民主義（ポピュリズム）の戦略を立てている。新自由主義や欧州連合の緊縮政策に反対し、経済格差の是正、エコロジカルな社会主義の実現を目標に掲げる。

（4）〔訳注〕二〇〇〇年代に入ってスウェーデン、フィンランド、ドイツなどの北ヨーロッパ諸国やオーストリアなどで結成されている政党。政治の透明化、個人のプライバシーの保護などを目指す国際的な政治ネットワークを形成している。リキッドフィードバックというアプリケーションを利用した電子投票を実践しており、その試みは「液体民主主義（Liquid Democracy）」と呼ばれる。

ところが、我々はこの影響について考慮しません。それは選択の基準となっていないのです。我々は物事を選択するとき、関係性をより良くするという理由で選んだり、関係性を悪化させるという理由で選択を諦めたりしません。我々は、自分たちの選択が関係性に与える影響を考慮する必要があります。なぜなら、関係性は我々の幸せにとってとても重要なものだからです。これこそが我々が必要とする文化的変革です。

経済システムの要求は関係性の要求としばしば対立しますが、我々はいつも経済システムにとって良いことを選択しようとします。なぜそのような選択をしてしまうかというと、より多くの商品を所有すれば幸せになれるという観念に我々の文化が囚われているからです。

新自由主義とかグローバリゼーションの名のもとで展開する経済システムに我々の生活を服従させるプロセスを生み出すのは、まさにこの文化にほかなりません。米国ではこのプロセスが極端な形で現れ、関係性の衰退や幸福感の低下によって特徴づけられる深刻な社会的危機を生み出しました。さらにこの社会的危機は、ドナルド・トランプ大統領に象徴される暴力的な政治的反動となって現れてもいます。

米国はこれらの問題の代表例ですが、ヨーロッパ、そして日本も例外ではありません。近年、日本は新自由主義の道を進んでおり、経済的不平等の急激な拡大など、他国において確認されるものと同じような問題に直面しています。労働市場の規制緩和によって、日本の労働人口の四〇%が不安定労働者です。その結果、ワーキングプアの数が急上昇しました。ワーキングプアは経済的にも社会的にも周辺化されています。彼らは多くの場合、家族、友人、コミュニティの支援を受けることなく孤独に生活しています。
　また、日本では孤独が大衆的な問題となっています。二〇一五年の日本政府の推計によると、一五～三九歳の国民のうち、学校に通わず、働かず、家の中で六カ月以上引きこもっている数は五四万一〇〇〇人です。そのうち三分の一が七年以上、引きこもりを続けています。[5]
　日本の学校は、グローバル市場の要請を満たすように改革されており、世界の中で有数の競争的な学校教育システムを生み出しています。それが若者の不安、不満足、自殺の温床となっています。大学入試の結果が若者の自殺の主要な原因となっていることを考慮するならば、日本の自殺率の高さは過剰な競争を強いる学校教育システムと直接関連していると言えるでしょう。
　ただし日本でも、何らかの変化が起こっているように思われます。福島第一原発事故以後、都市部に暮らす多くの若者が経済成長イデオロギーについて議論し始め、地方の農村部に移住し、有機農業やソーシャル・ビジネスに従事しています。日本で脱物質主義的な文化が広がる兆しが現れていることに、私は希望を感じています。

二〇一八年四月二〇日

ステファーノ・バルトリーニ

（5）〔訳注〕内閣府『若者の生活に関する調査報告書』平成二八（二〇一六）年九月発表（http://www8.cao.go.jp/youth/kenkyu/hikikomori/h27/pdf-index.html　最終アクセス日——二〇一八年五月二四日）。

序章　幸福の逆説

一　経済的繁栄は幸福をもたらさない

近年、幸福度を低コストで信頼に値する方法で測定できるようになったため、このトピックに関して白熱した議論が起こっている。議論は社会科学全般を巻き込み、マスメディアの大きな注目を集めている。

幸福度指標はさまざまな国で利用されている。多くの場合、それは第二次世界大戦以後の長期的な推移を示す。幸福度指標は、それが主観的なもの(諸個人が知覚する幸福感に注目する指標)であったとしても、客観的なもの(自殺、アルコール中毒、薬物中毒、精神疾患、精神安定剤の消費の割合などを測定する指標)であったとしても、あるやっかいな歴史を物語る。なぜなら、第二次世界大戦後の欧米諸国では、諸個人の生活満足度はたいして良くなってはいないからである。

加えて、幸福度の平均的水準の国別比較は、貧しい国の国民のほうが富める国の国民よりも幸せであることを示している。実際、幸福度の国際的分類の上位に並ぶのは、ナイジェリア、ヴェトナム、メキシコ、コロンビアなどである。要するにこれらのデータは、所得が幸福の指標にはならないことを示しているように思われる。過去五〇年間に消費財へのアクセスは著しく増加したにもかかわらず、欧米人はもはや幸せを感じてはいないようだ。

この確固とした証拠を目にしても、広告業者は驚かなかった。著名な広告業者の一人であるスイスのフレデリック・ベグベデは次のように述べている。

「私は一人の広告業者です。商品を欲しがらせるのは私の使命です。私の業界では、あなたの幸せを望んでいる人は誰一人としていません。なぜなら、幸せを感じている人は消費しないからです」

広告業界に限らず、欧米文化圏では、消費財へのアクセスと幸福感の間に見られる負の相関関係は大きな驚きであり、「幸福の逆説」と呼ばれているほどだ。我々の文化圏において貧しさが不幸とどれだけ結びついているかは、次の例からも分かる。

ロッシという名の男性がいたとしよう。彼は常に裕福に生きていたとしても、妻を失い、重い病気に苦しんで死んだとすれば、欧米言語圏においては「かわいそうな＝貧しいロッシさん (il povero segnor Rossi)」と呼ばれる。貧しさはあらゆる不幸の象徴なので、その人が被る不幸の内容が経済的な貧しさとはまったく関係がなくても、「貧しい (povero)」と表現される！

だからこそ、幸福の逆説は欧米文化圏にとって不安の種なのである。経済的繁栄、政治的自由、教育、公衆衛生、健康水準、技術進歩、平均寿命などの達成水準を総合的にみたとき、人びとが幸せを感じないとはどういうことなのか。より良い世界を構築した果てに苦しみのあふれる世界を発見するために、我々は一生懸命働いたのだろうか。

この逆説は、近代文化の中心価値、すなわち、経済成長は諸個人の生活の質を改善する最善の手段であるという考えを揺るがす。経済的繁栄は国民、コミュニティ、個人にとって大きな希望であり、経済成長は一国の進歩を示す主要な指標であると考えられてきた。我々の社会的想像力においては、経済的進歩はより多くの物を購入する力を意味する。

幸福度研究は、欧米諸国の幸せに対する経済成長の影響の分析を通じて、人類にとって経済成長がどの程度望ましいのかを検討している。欧米諸国が経験したことは、人類の歴史において大衆が貧困から解放される唯一無二の経験だった。それゆえ、そのような経験が生み出した幸せの評価はきわめて重要である。なぜなら、それは人類のほぼすべてが憧れる経験だからである。経済成長を望むのは、それが生活をより良くすると考えられているからである。

けれども、より多くのお金を獲得しても生活が良くならないように思えたら、どうだろうか。かくして幸福の逆説は、所得の増加はより幸せな生活と等しいとする方程式を引っくり返した。そして、たちまち不安に満ちた疑問が公共の議論の場を埋め尽くすようになる。マスメディアはこのテーマについて継続的な関心を向けている。

たとえば、英紙『ファイナンシャル・タイムズ』のアーカイブを見ると、このテーマに関する多くの記事や、「ヒッピーは正しかったのか?」というタイトルの社説がある。『エコノミスト』誌では、幸福度研究についてさまざまな特集号が組まれている。この経済誌が信頼を寄せる経済機構の主張によると、資本主義の歴史がもたらしたものは消費財へのアクセスの拡大であり、人びとをより幸せにすることではない。

この主張が現代経済システムを唱道する立場にある組織から出てきており、大きな困惑を顕在化させているのは逆説的である。事実、経済学者はミクロ経済学の基礎コースでこの事実を教えている。より多くのお金を獲得することが目的ではない、お金はより良い生活を送るための手段の一つだと。

二　問題の核心としての関係性

本書は、現代社会の不幸せの原因とその解決の模索を主題としている。本書が主張したいのは、問題の核心は関係性にあるということだ。欧米諸国では長期間にわたり、諸個人が経験する関係性の質の悪化が起こっている。幸福の逆説が提示する説明に従うならば、経済的条件の改善を通じた幸福感に対するプラスの効果は、社会関係の悪化に起因するマイナスの効果によって相殺されるということだ。

では、経済的に貧しいときのほうが幸せだということなのか。私の答えは否だ。幸福の逆説が、過去に存在した農村共同体へのノスタルジー――あるいは神話化されたノスタルジー――を容認するという印象は、直ちに払拭しなければならない。なぜなら、古き良き時代などいまだかつて存在したことがないからだ。生活の物質的条件の観点からも、社会関係の観点からも、そのような時代は存在しなかった。

近代世界が社会関係に関する悲劇に満ちているということは本当だ。二〇世紀の文献は、コミュニケーションの喪失や孤独から生じる関係性のドラマを多く記録している。反対に、近代以前の社会では、諸個人は決して社会から孤立することはない。しかし、近代以前の社会においても、ロミオとジュリエットの実現不可能な恋愛に象徴されるような関係性の悲劇が存在していた。それは、帰属から生じる悲劇である。

近代以前の社会では、誰もが誰かに帰属していた。人間は自分の運命を自由に選択できなかったし、自分の感情を自由に選ぶこともできなかった。たとえば、結婚は決して自由に行われず、常に結婚相手の家族と結びついていたし、人間は窮屈な社会的役割や家族・共同体のしがらみを背負っていて、個人の選択をそれらに従わせなければならなかった。

歴史を振り返ったとき、人間の条件の改善に関する重要な問いは、関係性に関わる次のような問いである。帰属という鎖からの解放と、伝統的世界の終焉によって獲得した自由が、コミュニケーションの喪失と孤独に転換してしまうのは避けられないことなのだろうか？　人間関係には、自由の欠如と孤独という二つの運命しか存在しないのだろうか？　人間の関係性にとって、自由と社会的まとまりのいずれかを選択しなければならないというのは、避けられないことなのだろうか？

そうではない、と本書は答える。個人の選択の自由は人間の幸せにとって必要不可欠なものだ。進むべき道は、共同体の名のもとで自由を諦める道ではない。自由で社会的まとまりのある社会を創造することは可能である。

経済は人間の幸せにとってきわめて重要だ。だが、それは、経済・社会思想の主流派の伝統が述べるような意味で、つまり平均的な所得水準と経済的繁栄が重要であるという意味で、言っているのではない。経済が重要なのは、諸個人の生活を支える関係性の次元の決定において大きな役割を果たすからだ。人間の幸せにとってより重要なのは社会関係であり、経済はその社会関係の形成に大きく寄与するがゆえに重要なのだ。

さらに言えば、我々の文化、すなわち自己自身についての我々の考え方、他人との関係についての考え方、個人および社会として可能だと思う物事の地平についての考え方は、とても重要である。そして、現代人の文化形成においても、経済システムの性質は大きな影響をもたらしている。だからこそ経済を問い直す必要がある。

三　本書の構成

本書は六部で構成されている。

第Ⅰ部では本書全体の議論を短くまとめた。

第Ⅱ部では、幸福の逆説の検討を米国から始めている。米国を選んだ理由は、幸福の逆説の極端な事例だからである。平均的な米国人の幸福度は、すべての欧米諸国と比べて悪化の一途をたどっている。第二次世界大戦後に他の欧米諸国の幸福度は安定的か微増しているのに対して、米国のそれは減少しているのである。米国の事例は非常に重要だ。それは、米国が世界で唯一の超大国であるからというだけでなく、他の二つの理由からもそう言える。

第一に、本書で検討するように、米国は幸せな生活の実現のためにしてはならないことをある種の教訓をもって例証しているからだ。

第二の理由は、グローバリゼーションにおける米国の役割である。私がここで言いたいのは、グローバリゼーションにおける米国の巨大な政治的役割ではなく、その文化的役割である。グローバリゼーションは米国人と似たような生活を送ることも意味している。実際に、グローバリゼーションという言葉がもつ多様な意味のなかには、諸個人の私的領域においてそれぞれの善の理想を守るというアメリカン・ドリームの普及がある。

アメリカン・ドリームは、「あなたの人生の目標は、他人の世話になることなく、できるだけ多くのお金を稼ぐことだ」というメッセージを放っている。多くの人にとって米国は模倣すべきモデルである。人びとがこのように考えるのは、ある社会的なメッセージが人びとの精神に入り込んでおり、この社会的メッセージが新しい宗教となっていることを示唆する。

しかし、世界で最も進歩的だと言われている国で幸福度が減少している。第Ⅱ部では、アメリカン・ドリームが米国人に与えたマイナスの影響について警告した。こうして描かれる米国の姿は、数十年にわたる深刻な危機——社会的・心理的・情動的・制度的な危機——を経験し、社会基盤の動揺と不幸と社会的混乱の発生を経験している社会のそれである。

このような社会の姿を描く際に、本書では、不平等の増加や貧困の拡大など、米国社会の批判においてしばしば用いられる理由には言及しない。米国にはこれらの深刻な問題があり、ヨーロッパ社会と比べて際立っているという事実に私は賛成だ。だが、本書で私が言及している危機とはある社会モデルの危機であり、それはすべての米国人に関わる問題である。私の批判は、そのようなモデルが一部の誰かを優遇して他の集団を不利にするという事実に基づいているのではない。

第Ⅲ部では、米国における関係性の喪失について説明する。関係性の喪失は、競争――それはまた、物質的所有を中心価値に掲げるプロパガンダと結びついている――に基礎を置く経済社会組織およびイデオロギーによってつくられたこの世界のどの国でも、比類のない度合いで起こっている。この意味において、米国は模倣してはならないモデルとなるだろう。

米国は、これまで地球上のどの場所においても実現されなかった水準で、前述したイデオロギー、組織、プロパガンダの混合の結果を示している。他の識者も指摘するように、米国は、我々が同じ道を歩み続けたときに直面する社会的分裂と不幸せのリスクを示しているのだ。米国式の極端な経済競争と消費主義は、幸せな生活を導かない。米国的生活とは違う道を模索する必要がある。

ヨーロッパ社会はまだましな状況にあるだろう。まだはっきりとは意識されていないが、ヨーロッパには米国よりも多様でより良く機能する社会モデルがある。ただし、米国と大きく異なるわけではない。米国はヨーロッパがそうなるかもしれない反面教師であり、我々ヨーロッパ人が間違った行動をすれば待ち受けている残酷な結末を示している。間違った行動とは、この場合、間違った選択を意味する。

我々はこの機会に米国の失敗から学ばなければならない。なぜなら、米国における関係性の喪失は文化的に選択されたものであり、社会の組織の仕方と深く関わっているからだ。そのような選択は避けられたかもしれなかった。我々は米国が陥った状況を考察しなければならない。というのも、一般的に言って、ヨーロッパ社会は米国よりも良い条件にあり、多様な社会モデルを内蔵しているからだ。

ヨーロッパのこの特徴は、米国を模倣すべきモデルと考える思想潮流の影響で失われつつある。我々は過去三〇年間、米国人のようになろうとしてきたが、この流れを逆転しなければならない。ヨーロッパの特殊性を成熟させなければならない。この道においてこそ、米国の社会モデルに追随しない、幸せな生活(benessere)の実現が可能となる。米国に存在するのは勝者と敗者ではなく、より多くを失った人びとと少しだけ失った人びとである。

第Ⅳ部は、幸福度研究を通じて言える具体的な政治的課題を提案する。それによって、多様な社会モデルを予見することが可能となる。西洋文明はさまざまな意味で進むべき道を誤ってきたが、なかでも米国は大きく誤った。そして、経済的・社会的モデルの決定における西洋文明のグローバルな影響を考えるならば、世界の多くの国が誤った道を進んできたと言えるだろう。

ヨーロッパ人は、都市計画から働き方まで多くを変えなければならない。学校、保健医療(ヘルスケア)、環境保全、文化、家庭での教育、さらに民主主義も変えなければならない。これまで進んできた道の逆転は、具体的なレベルで可能である。これまでヨーロッパ人は、経済的繁栄が幸福感の増加に貢献する大きな潜在性を間違った方向に使ってきた。問題は我々の文化と経済・社会組織に関わっている。我々は自分たちの生活と社会を良くするためにすべきことについて間違った考えをもっており、またその目的に合わない制度をつくってきたのだ。

第Ⅴ部は、現在の経済危機の分析である。この経済危機は、米国の社会的危機のエピローグとしてみることができる。米国の社会的危機は経済危機となり、全地球を襲っていった。
第Ⅵ部は変革の兆しに焦点を当てている。第Ⅳ部で提案した社会改革プロジェクトは可能だ。なぜなら、二〇世紀末の歴史的条件が国際的な経済・社会秩序および各国内の経済・社会秩序の抜本的な再編成を要請し、またそれを可能にしているからである。我々は学問研究の根本的な変革の段階に突入している。幸福度研究はその重要な一部だ。歴史上初めて、人間の幸せは思弁的な議論から抜け出して科学的な研究対象となったのである。

本書およびその研究成果の普及は、人びとが変革可能だと考える物事の知覚を、個人もしくは社会的なレベルで転換することに貢献しうる。こうした研究によって、時間の経過とともに、社会の編成方法を変えることができるのだ。

本研究を行うに際して、「新しい社会的行動のための政策および経済（ＰＥＮＳＡ：Policy and Economy for New Social Actions）」という非営利組織を設立した。この非営利組織には、経済社会システムと我々の文化を人間的なものにする研究および政策プロジェクトに関心をもつ人びとが参加している。

第Ⅰ部
短いマニフェスト

「人間は、他の人間を愛するためにいる。自分の幸せが相手のほほえみと充足感に依るのだとすれば、なおさらそうである」

〈アルバート・アインシュタイン〉

「歴史は、我々が書くと同時に書かれていく一冊の書物である」

〈ホルヘ・ルイス・ボルヘス〉

「心理学者と精神科医の多くは、社会全体が生き辛くなるという考えを拒んでいる。彼らは、社会における精神衛生上の問題は、『社会に適応できない』個人の問題にすぎず、文化自体が不適切である可能性はないと考えている」

〈エーリッヒ・フロム〉

1　現代社会の病理

一　病の兆候――不幸せと忙しい生活

まず、現代米国社会の苦悩を見るところから始めよう。過去三〇年間、米国は高い経済成長を維持してきた。しかし、米国が消費主義的な豊かさの約束の地となる一方で、米国人はますます生き辛さを感じている。多くの米国人が幸せを感じなくなっており、精神的に病んでいる。経済的な豊かさのなかで、このような幸福感の欠如が起こるのはなぜだろうか。

この逆説的な問いに対する答えは、過去三〇年間、米国における労働時間が増加し続けているという事実によって補完される。米国人は常に忙しくしており、時間を絞り出すのに躍起になったり、タイム・プレッシャーや時間の欠乏に駆られたりしている。お金を多く稼いでも幸せにならないのであれば、彼らはなぜもっと働こうとするのだろうか。

二　現代社会の病理――関係性の衰退

研究調査によると、幸福度の衰退と労働時間の増加は、社会関係や親密な人間関係の悪化から生じる生き辛さが兆候となって表れたものである。

幸福度に関して、一九七五〜二〇〇四年の米国のデータを見てみよう。これによると、所得の増加は幸福度にプラスの効果を与えるが、それ以上にマイナスの効果が上回っている。その主な要因は関係性の衰退である。さまざまな指標は、孤独、コミュニケーションの困難さ、不安、孤立感、人間不信、家庭崩壊、世代間の分断の増大、連帯や誠実さの低下、社会参加・市民参加の減少、社会環境の悪化を示している。

この幸福度指標は、社会関係財という概念を統計学的に示した結果である。この指標は、社会関係を通じて得られる人間の経験の質を示している。社会関係財が幸福度に与える影響は非常に大きい。もし社会関係の質が一九七五年の水準で維持されていれば、米国人の幸福度は増えていただろう。したがって、米国社会における不幸せの増大の主因を説明するならば、社会関係の大きな欠乏が幸福感に与えるマイナスの効果が、消費財の豊富さが幸福感に与えるプラスの効果以上に強くなっているからだと言える。

関係性の貧困の増加による幸福度の減少が起こらないようにするためには、米国経済は実際に確認されたものよりももっと強いリズムで拡大成長しなければならなかった。関係性の衰退に起因する幸福度の喪失の補填に必要な世帯所得の増加率は、一〇%以上でなければならなかったのだ。この数値は、幸福度を増やすのに必要な経済成長率ではなく、一九七五年と同じ水準の幸福度を維持するために必要な成長率であるということに留意されたい。つまり、これまで確認されてきた規模の社会関係の悪化が存在する状況では、米国人の幸福度を増やすためには中国と同じリズムの経済成長を三〇年続けても不十分なのだ。

次に、労働時間の増加を見てみよう。一九七五〜二〇〇四年のデータによると、社会関係のより貧しい人びとは、より多く労働する傾向にある。関係性の貧困は、労働への没頭とお金への高い関心を引き起こす。この調査結果が示唆するのは、過去三〇年間の米国における労働時間の増加は、社会関係の悪化の影響を受けているということだ。米国人は労働と物質的豊かさを求めることで、彼らの社会関係の条件の悪化を補おうとしている。しかし、労働に割かれる時間とエネルギーは社会関係の成熟には使われない。それゆえ、たくさん働く人は社会関係の悪化を被る傾向にある。

これらの調査結果は、悪循環に陥って身動きが取れなくなった生活について物語っている。つまり、自らの関係性の貧困に反応してより多くの時間を労働に捧げる人間について語っているのだ。だが、労働が吸収する時間とエネルギーは、結局のところ関係性の悪化を導き、こうして生じた関係性の悪化へのリアクションは、最終的に働きっ放しの生活として現れる。時間の不足、関係性の貧しさ、および幸福感の欠乏を増加させるスパイラルの中に、人間の一生を陥れる罠が拡大している。それは個人レベルと社会レベルで仕掛けられた罠である。

三　社会的な危機と経済的な豊かさ

以上の大枠は、数十年間にわたる深刻な社会的危機を経験してきた米国の姿を描き出している。しかし、米国的な社会モデルのファンは、米国が経済的ダイナミズムの牽引役であると反論する——少なくとも、二〇〇七年に経済危機が始まるまではそう反論しただろう。事実、社会的な苦しみが現れていたにもかかわらず、米国は過去数十年間、高い経済成長を経験していた。

米国社会のこれら二つの対照的な姿の間には、何か関係があるのだろうか。社会的危機と経済的ダイナミズムは、何らかの関係があるのだろうか。〈防御的な経済成長〉(defensive growth) という分析アプローチを採用するならば、答えはイエスである。なぜなら、経済成長は社会関係の衰退の原因と結果でありうるからだ。

お金は、関係性の貧困から身を守るさまざまな生活様式——現実的かもしくは偽りの生活様式——を提供する。高齢者が孤独で病気を患っているとき、ケアワーカーを雇うことが解決策となる。小さな子どもが一人ぼっちのときは、ベビーシッターを雇うことが解決策となる。友人の数が少なくて、さらに街が危険であれば、あらゆるホーム・エンターテインメントを購入して家の中で夜を過ごすことができるだろう。日常生活や都市生活が困るほどの異常気象に悩まされたら、熱帯地域の楽園で過ごす長期休暇が解決となるだろう。

隣人ともめごとが生じたら、訴訟を起こして彼らの圧力から身を守ることができる。信用できない人がいたら、その人を避けるための対策を講じることができる。隣人が怖かったら、警報装置、鉄製の門、警備員などを使って財産を守ることができるだろう。孤独だったり、あるいは隣人との関係が難しかったり満足のいくものでなかったりすれば、消費、経済的成功、労働を通じて同等の見返りが求められる。

広告は次のようなことを執拗に語りかける——もしこの社会とつながっていないことを恐れ

るのなら、社会から排除されたり、負け組になったり、疎外されたりすることを恐れるのなら、商品を購入しなさい。そうすれば安心できる。「消費する、ゆえに我あり(consumo dunque sono)」だと。広告の中では、商品は愛情の代役である。現実の世界では商品は何の感情も表出しないが、広告の甘い世界では、それらは愛され、我々の愛情と交換されるのだ。

これらすべての私有財産は、かつては共有され無償で利用できたものの喪失から我々を守ってきた。共有で無償だったものとは、子どもたちや老人に孤独感を与えなかった隣近所の界隈やコミュニティの社会的つながり、犯罪がなく、隣人同士が今よりもっと信頼し合い、お互いに知り合っている街、住み心地のよい街である。広告がそうするように、これら私有財産は、人間同士の結びつきが弱くなった世界で起こる排除の恐怖から我々を守ることを約束する。

〔私有財産への〕この出費のために、我々はもっと働き、もっと生産しなければならなくなり、その結果としてGDPの増加、つまり経済成長が起こる。これが経済の原動力である。社会関係が解体したとき、孤独と不安によって動かされる経済体制が現れるのだ。

似たような議論は環境の質についても言える。汚染されていない場所で長期休暇をとると、我々の住み心地の悪い都市では得られない、きれいな空気・海・川に恵まれる。

反対に、前述したメカニズムによって生じた経済成長は、社会関係と環境の悪化の条件を整える。経済成長が社会関係と環境の悪化を引き起こすとまで言わないにしても、それらが生じる状況をつくり出すのである。この点は重要である。なぜなら、経済成長が社会関係を悪化させるという事実は避けられない宿命ではなく、ある国の経済・社会・文化の仕組みによるからだ。

社会関係の悪化を引き起こす傾向にある経済的・社会的組織の類型を、〈防御的な経済成長によって動かされる資本主義〉（以下、**防御的な資本主義**）と呼ぼう。このようなタイプの資本主義では、経済成長が社会関係の悪化を引き起こすとき、経済の拡大成長によって社会関係（および環境）の破壊を推進するプロセスが発生し、そのプロセスが経済成長を導く。自己展開するこのメカニズムによって、私的所有に基づく富は増加し、コモンズ――社会関係財、環境――はますます欠乏していく。これが防御的な経済成長の悪循環である。

これは、豊かな生活についての期待はずれの結果を予見している。なぜなら、私有財産へのアクセスが増加する一方で、コモンズ（共有財）へのアクセスは減少するからだ。

このことから、従来の経済成長論は物語の一面、すなわちその素晴らしい側面しか語っていないことが分かる。これによると、ある世代にとってのぜいたく品は次の世代にとっては標準的な財となり、さらにその次の世代にとっては基本的ニーズとなる。経済成長の物語は、この類の事例であふれている。

だが、この物語には、まだ語られていない隠れた側面がある。それは、ある世代にとって無償で提供された財が次の世代には希少でコストのかかる財となり、さらに次の世代にとってはぜいたく品となる、という側面だ。経済成長の物語は、これらの事例でもあふれている。我々の祖父や父親の時代には無償かほとんど無償に近い状態で利用できた財が、我々の時代には費用のかかる財となっている。たとえば、汚染されていない自然環境や人間の好奇心の対象となるさまざまなもののように。

防御的な経済成長という理論枠組みでは、社会関係と環境の悪化は、米国経済が幸福感と自由時間を生み出すことができなかったり、それによって米国経済の成長が可能となったりしていることの中心的理由として位置づけられる。幸福度・労働時間・社会関係財の観点からみて米国社会が魅力に欠けるという事実は、これまで米国社会の大きな魅力とされてきた経済成長を生み出す能力と密接に関連している。しかし、この文脈において、経済成長の能力は魅力ではない。それは社会関係の欠如を生み出す兆候の一つにすぎない。後で示すように、二〇〇七年に起きた金融・経済危機において顕在化した経済的不均衡は、社会関係の欠如によって蓄積されてきた。

ヨーロッパでは、物事は少しばかりましな方向に進んでいるように思われる。一九八〇～二〇〇〇年の二〇年間、米国と比べてヨーロッパでは多様な傾向が現れている。欧州経済は米国経済ほど成長せず、労働時間は減少した。米国とヨーロッパのこの相違の説明に社会関係財の傾向が寄与するのであれば、分析対象となった時代においてヨーロッパの社会関係財は、米国の場合と比べてより良い方向に進展したことを確認しなければならない。人びとの幸福度についても同様である。実際にこの地域で起こったことは独特である。ヨーロッパでは社会関係財と幸福度はわずかながら増加したのだ。

したがって、ヨーロッパと向き合うことで次のような示唆が得られるだろう。それは、米国社会が私有財産の蓄積を通じて社会関係の悪化から身を守ろうとするメカニズムの罠にかかった可能性があるということだ。もちろん、ヨーロッパ社会もこのような病理と無縁ではない。しかし、この地域における社会関係の諸条件の進化は好ましくないものではない。ヨーロッパでは経済成長の勢いはないが、幸福度についても失望させるような傾向を生んではいない。防御的な資本主義の拠点は米国だ。ヨーロッパではそうした資本主義はあまり根付いていない。

過去数十年間の米国の経験から何を学べるだろうか。経済的繁栄は幸せな生活(benessere)にとって重要である。これまで考えられてきたほど重要ではないとはいえ、それでもやはり重要であることには変わりない。だが、真に問わねばならないのは、経済的繁栄のためにどのような代償を払わなければならないのかということだ。米国の事例は、代償が社会関係など人間にとって本当に重要なものの犠牲を意味するならば、経済成長は幸せな生活を照らし出す灯《ともしび》とはなりえないことを示している。幸せな生活にとって重要なのは経済発展ではなく、経済発展がもたらす社会生活の質である。

2　病の原因——価値観の変化

一　消費文化と関係性

社会関係の質は何に依存するのだろうか。この問いは重要である。というのも、米国で社会関係が悪化したのはなぜか、ヨーロッパ社会よりも米国社会における社会関係の悪化が著しいのは何が原因なのか、といった重要な問いの答えは、まさにこの問いによるからだ。

我々の社会関係の質に影響を与えるきわめて重要な要素は、文化だ。社会心理学の多くの研究は、文化と社会関係の関係に注目している。これらの研究によると、関係性の悪化を導く文化は「消費」文化である。

消費文化、すなわち消費主義文化は、生活における外発的動機づけを重視し、内発的動機づけは軽視する。外発的動機づけと内発的動機づけの区別は、行為の動機を支える手段の違いとして現れる。「外発的」という言葉は、お金のように、人間の活動の本質とは関係のない動機につけられる。これに対して「内発的」という言葉は、友情や連帯や市民感覚など人間の内面における動機を指す。要するに、消費主義的な価値観を採用する諸個人は、感情、社会関係一般、社交的な行動をあまり重視せず、お金、消費財、経済的成功などの外発的な目標に高い優先順位を置く。

これらの研究はさまざまな標本集団に基づく調査を行っており、多様な方法で諸個人の消費文化水準を数値化し、それを幸福度、他者および自分自身との関係の質など、一連の心理学的結果と関連づけている。調査結果によると、消費主義に走る人間の幸福度は低い傾向にある。彼らは自分の生活に満足せず、幸せを感じておらず、（喜びや充足感など）肯定的な感情もあまりもっていない。そして、多くのストレスを感じており、不安やうつ病などの精神疾患に罹る確率が高く、（怒りや悲しみや恐怖など）否定的な感情を多くかかえている。さらに、頻繁にテレビを見て、アルコールや薬物を多く消費し、健康状態も悪い。

消費主義に走る人間の幸福度が低いことは、彼らが関係性の問題をかかえている事実を考慮すれば驚くに値しない。実際に、消費主義的な価値観は、友人やパートナーとの関係の質の悪化と結びついているのだ。これらの悪化の経験は、消費主義的な性向をもつ人間が発展させた社会関係に関する何らかの態度から生じている。

とくに、他人を「モノ化＝物扱い」する傾向、すなわち他の人間を単なる対象物とみなす傾向は、満足いく人間関係を損ねる。モノ化の傾向をもつ人間は、他人に対して寛容でなかったり、共感をもてなかったり、協力する能力が低かったり、（他者を道具として扱わない）誠実さに欠けたりする。また、そのような人間は、他人に対して皮肉を述べたり、不信感をもったりする。

いずれにせよ、原因は幼少期まで遡る。幼少期に親から愛情を十分に受けられなかった子どもは、一〇代や成人になって高い水準の消費文化に没頭する傾向がある。愛情の欠如は不安感を生み出し、消費文化がその不安を埋める答えとなる。

研究者たちは、消費文化が発展するにしたがい関係性の貧困が増えていると指摘する。消費文化は社会関係のニーズを満たさないような形で各人の生活の組織化を促し、そうすることで人びとは肥大化した消費文化に没頭するのだ。

他者との関係の悪化に関連する以外に、消費文化は自己自身との関係の悪化も引き起こす。高水準の消費主義は、自己評価・自己実現・活力・自律性の低さと関連している。

まとめると、消費主義的な人間にとっては消費文化こそが最悪の問題であるという確固たる証拠が存在する。米国では消費主義的な価値観が普及している。経済的に富裕であることが人生の本質的な目標であると答えた米国の大学生の割合は、一九七〇年には三九％だったが、九五年には七四％まで増加し、他の目標をおさえて人生の最重要目標となった。そして、一九七五年から九一年に、「大量のお金」を所有することが大切だと考える米国人の割合は三八％から五五％に増え、「平均的な水準より高い報酬がもらえる仕事」を重視する米国人の割合は四五％から六〇％に増えた。

つまり、消費主義に走る人間が関係性の悪化を経験している事実を考慮するならば、米国社会における社会関係の衰退の最も有力な要因は、この類の消費文化の普及である。ヨーロッパでは、消費主義的な価値観の普及が米国よりも抑制されているので、物事は少し良い方向に進んでいるようにみえる。

二　市場経済は消費文化を擁護する

消費主義の普及の主犯格は経済システムと教育制度である。経済機構の役割は、動機（モチベーション）のクラウディング・アウト効果理論[1]（Motivation Crowding Out Theory）の観点から理解することが可能だ。この理論は社会心理学者によってつくられ、与えられたインセンティブが経済学者の期待とは反対の効果を生み出す状況を説明するのに使われる。

古典的な例は、保育所に遅れて子どもを迎えに行く親への罰則金の導入が生み出す想定外の結果についてである。罰則金は遅れる親の数を減らすどころか、かえって増やしてしまう。この事例や他の類似する事例では、経済学者の主張に反して金銭的なインセンティブはそれによって期待される行動を抑制する。

動機のクラウディング・アウト効果によると、金銭的代償は行動への動機づけを変える。(遅れる親を待たねばならない)保育士への責任感によって定時に子どもを迎えに行くことと、罰則金を避けるために時間を守ることとは違うのだ。金銭的な動機づけは、責任感から生じる動機づけを低下させる。前者は後者に置き換わるのであって、後者に加算されるのではない。

さまざまな動機づけは加算されるのではなく、代替される傾向がある。とくに、内発的動機づけは外発的動機づけに置き換わりやすい。社会心理学者の研究によると、金銭的代償が内発的動機づけを低下させるのは、それが諸個人の行動の理由を変えるからだ。連帯や責任感によって何かを為すのは、お金を動機として何かを為すのとは違う。

これらの動機は合わさることはない。人間は自分の行動の「理由」を合計したりはしない。道具的な動機に従って行動するか、非道具的な動機に従って行動するかである。動機がクラウディング・アウトする原因は、我々の脳の働き方にある。我々は自分が為すことに意味を与える必要があり、行動の動機づけはまさに行動に意味を与えることになる。

市場経済は、内発的動機づけを必要としない経済システムを構築する傾向をもつ。そこに存在するのは、道具的な動機づけに従って諸個人を関係づけるシステムである。かくして市場経済は

(1)〔訳注〕報酬などの外発的なインセンティブによって労働者の勤労意欲が低下し、当初期待されていたパフォーマンスが発揮されなくなること。労働経済学や社会心理学において使用される理論。

人間が関わり合う理由に影響を与え、我々の共存の仕方や社会のつくり方を意味づける。そして、人間関係の動機は道具的であり、個人的で物質的な利益に基づいているのだ、と我々にほのめかす。本質的にみて、市場は外発的動機づけによる関係性構築能力を強調する。関係をつくる動機づけとして個人の利得に訴えかけることは、人間関係それ自体の動機づけを再定義する。親密な人間関係さえも、その例外ではない。

消費文化が外発的動機づけのなかでも非常に強い影響力をもつことを考慮するならば、そのような動機づけに基づく経済関係の構築は、消費主義的な価値観に基づくシステムをつくり出す傾向にあると言える。消費主義的な人間の問題は、彼らが準拠する価値体系が内発的に動機づけられた活動に対するニーズをあまり重視しないにもかかわらず、そのようなニーズを持ち続けるという点にある。消費主義に走る人間の幸福度が低いのは、自己の深層にかかえるニーズに耳を傾けていないからである。内発的に動機づけられたニーズを認知する能力に欠けているため、彼らの生活は満足いく形にならないのである。

これこそが市場の見えない側面である。市場は経済的繁栄の観点からみてさまざまな利益を提供するけれども、不利益も拡散させる。市場はさまざまな価値を普及させるが、それらは社会にとって、またそれらを信じる人びとにとっても、良くないこともある。不利益が生じる程度は、市場関係が社会関係に浸透する度合いの変化に応じて変わる。まとめると、市場が社会関係に浸透すればするほど付随的効果（コラテラル・エフェクト）は大きくなる。なぜなら、市場の浸透によって消費主義的価値観が広がるからだ。

三　マスメディアが消費主義的価値観を促進する

マスメディア、なかでも広告は、消費主義的価値観の普及において中心的役割を果たす。広告は高度に洗練され、ライフスタイルのマーケティングを行うまでに進化した。広告業者、つまり物財の販売促進を職業とする人びとは、非物質的なニーズの重要性を完璧に把握している。そのため彼らは、愛、安全、成功などの非物質的な利益を購入するように人びとを説得し、それらを供給しようとする。彼らの教義は我々に製品についての情報を伝えることにあるのではなく、製品と肯定的な感情の間の連想をつくり出すことにある。選択された広告メッセージは、深層心理レベルでのニーズを刺激しなければならない。広告が約束するのは、社会的包摂、成功、そして決定的には幸せな生活など非物質的なものだ。

マーケティングは究極的に、個人の特徴を消費に結びつけるまでに至った。こうして、どのような女性がこの洗剤を購入するのか、あるいは誰がこのタイプの自動車に乗るのかを調べるのに巨額の資金が投じられる。消費は自己表現の一形態となったのだ。「消費する、故に我在り」——我々が所有する消費財は、我々自身なのだ。

執拗なまでに所有を刺激した結果、次のような実存的なメッセージも広告に取り込まれるようになった。

「もしあなたが不安を感じ、社会に適応せず、排除され、不運な境遇にあると感じるのなら、消費を増やしなさい。そうすれば、あなたは幸せを感じるだろう。この社会の一員であるという事実は、消費によって証明されるのだ」

生き辛さの解決には、より少なく消費し、より少なく働き、自身の人間関係を再生するといった別の方法のほうがうまく機能するだろう。ところが、そうした解決法は、広告によって構築された世界では提案されない。広告は売ることが可能なものを宣伝する。しかし、時間と感情を売る者は一人としていない。

四　問題の根源——子どもの生活

子どもたちの生活の変化に注目するのには、二つの大きな理由がある。第一は、充足した人間関係を得る能力や幸せを感じる能力の決定においてはさまざまな価値観が大きな役割を果たすため、価値形成にとって重要な時期である幼児期を研究調査する必要がある、というものだ。第二は、米国における幸福度や関係性の衰退は、多分に世代的な性質を帯びているからだ。米国の若者の精神面での健康は悪化の傾向をたどっており、各世代の幸福度は一つ前の世代よりも低く、社会関係の質も悪化している。

どうしてだろうか。子どもたちの生活にどんな変化が起きたのだろうか。幸せを感じて生きることができない、充足感を与える社会関係を構築することができない世代が、なぜ増え続けているのだろうか。この問いに答えるためには、まず、左派陣営と右派陣営による若者の生き辛さについての誤った説明を一掃しなければならない。

米国の左派は貧困問題を槍玉に挙げる。貧困が子どもの生活の質に強い負の影響を与えることは事実である。しかし、米国における子どもの貧困は過去一五年間〔一九九〇年代後半～二〇一〇年〕に減少している。したがって、中産階級の子どもたちも生き辛さを感じていることを考慮するならば、何らかの別の要因によって米国の若者の精神的不安を説明しなければならない。

米国の右派は、働く母親の増加、離婚、親の権威の衰退を指摘する。そして、これらの原因として、リベラルな教育価値の過剰な普及を槍玉に挙げる。この説明もまた説得力に欠ける。多くの研究調査によると、働く母親世帯の子どもたちが精神的な問題をかかえる割合は、専業主婦世帯の子どもたちのそれと比較して大きいとは言えない。教育モデルに関して言えば、権威主義的な親の子どもほど問題行動を引き起こす傾向がある。つまり、困難をかかえている子どもは、右派が理想とする家庭においてすら多いのだ。

したがって、若者が生き辛さを感じる別の説明要因を模索しなければならない。私が提案する基本的な説明要因は以下の二つである。第一の要因は都市の現代化である――この点は後で触れたい。第二の要因は、生産者・消費者という社会的役割を引き受けなければならないために新しい世代が背負う重圧の増加である。この重圧のもとで、新しい世代は人生の早い時期から生産者・消費者の役割を背負うようになっている。若者に重圧をかける主要な主体は、学校、マスメディア、家庭などの学びの制度である。

米国の児童と一〇代の若者に関する研究は、何が彼らを不幸せにしているかを明確に記録している。現代米国社会は子どもを小さなおとなに変えてしまった。とくに、何によって不幸を感じるかという点において、子どもの生活をおとなの生活と似たものにしている。この点が問題なのだ。子どもたちは関係性の悪化を経験し、生活の中で増え続ける重圧を経験しながら、常にマスメディアや広告に晒されている。マスメディアに晒される機会が増えると、子どもの生活は消費文化にどっぷりと浸るようになる。消費文化に浸ると、子どもたちの社会関係と幸福感は悪化していく。

子どもはおとなと比べて広告に感化されやすい。有名な広告業者のナンシー・シャレクが言う。

「上手く制作された広告は、商品がなければ負け組になると人びとに思わせます。子どもは広告に感化されやすい。［……］広告は彼らの感情の弱いところを刺激します。子どもを扱うのはとても簡単です。なぜなら、彼らは情操的な観点からいって最も弱い存在だから」

幸福感の低下と社会関係の悪化が世代的な性質をもっているのは、驚くべきことではない。子どもたちは問題の震源となっている。なぜなら、おとなが経験する関係性と幸福度の問題と同じ原因が、子どもの生活においてはさらに大きくなって現れているからだ。過去数十年間に米国社会が経験した変化は、子どもたちが残りの人生の中で自己や他者と良好な関係をつくる能力を減らす。その結果、彼らが幸せを一層感じられなくなる文化を発展させたのである。

五　可能性の感覚の圧縮

子どもや一〇代の若者が関係性の悪化を経験する世界では、おとなの世界との対立が最も重要な役割を果たす。おとなと子どもの区別は、いまや近代の構造的支柱の一つとなるほどだ。私が主張したいのは、成人期への適応に関わる大きな問題を生み出しているのは文化的選択と学習プロセスにおける選択に起因するということである。

人間は他の動物とよく似た二つの主要な能力をもっている。それは、諸個人が（経済的・社会的環境を含めた）所与の環境に適応する能力と、自らの要求に応じてその環境を変える能力である。レナート・パルマはこの第二の能力を〈可能性の感覚〉（senso della possibilità）と定義している。それは物事を試す力であり、労働の経験や成果を改善したり、食べ物を獲得したりするための基本的な能力として理解される。人間にとって、「可能性は現実に先行する」。人間の脳は、さまざまな変化——すなわちオルタナティブ——を構想する能力を発明したのだ。

可能性の感覚は、人間の進化の成功の基礎に存在する。この感覚があるからこそ、人間は環境を自分たちの必要性に適応させられた。人間が自分たちの生活の改善を目的とする技術、制度、ルール、社会環境、文化を創造できたのは、この感覚によってである。人間がより便利で好ましい生活条件の達成を目指す試行錯誤を可能にしたのも、この感覚のおかげだ。可能性の感覚は、人間に固有の生物学的特性である。ネズミやゴキブリなど、環境に上手く適応する生物種は他にも存在するが、可能性の感覚を備えた生物種は人間以外に存在しない。

ところが、家庭や学校といった主要な学びの制度は、経済的・社会的環境を所与のものと仮定し、個人がそれらに適応する能力を重視する。これらの制度は可能性の感覚、すなわち経済的・社会的環境を変える能力を育てようとはせず、そうした環境を現に存在するものとして、つまり人間のつくったものとして捉える。また、マスメディアのような他の学びの制度は可能性の感覚を所有の領域に閉じ込める。

学校は可能性の感覚の圧縮を示す典型例である。学校教育のカリキュラムは、小学校から博士課程まで一貫して維持されるある規則に基づいて編成されている。学校制度は、椅子に座ったまま動くことのない、生徒同士が物理的に隔離された学びの場を促進し、生徒を彼らに関わるあらゆる重要な決定(授業時間、授業内容、授業空間の組織など)から排除する権力に従わせ、競争的な関係を推進する。要するに、学校は、楽しみや参加やコラボレーションを伴う生産活動を行う可能性をなくすことを教えるのである。

実際に、現代社会が子どもたちに要求する学びは、人間という生物種に固有の生物的能力を捨て去ることを強要している。子どもがおとなになるのが難しくなっているのはこのためであり、世代間の関係が対立的になるのもこのためである。現代の学びの制度は、可能性の感覚を圧縮させるために多くの資金を投入している。それは学校のような巨大で費用のかかる機構に吸収されている。

六　舵取りができなくなった生活と社会

可能性の感覚は所有・利潤・競争に閉じ込められてしまった。これらの諸価値が諸個人の人格形成を導いている。個人および社会の歴史を前にして、現代人は批判的感覚や責任感をもてない。実際に、多くの人びとが人生の選択において重圧や強制を感じている。

ここで問題となるのは、経済的繁栄によってつくり出された最大の失望感である。なぜなら、経済的繁栄は個人および社会の可能性の拡大を約束していたからだ。驚くべきことだが、人生を自ら決定できるという感覚は、経済的繁栄によって生み出されはしなかったようである。近代に入って伝統と階級的帰属によって強いられた制約が消滅したが、それによって人生を自己決定できるようになったわけではない。多くの欧米人は、自分たちの人生を描写する際に自由や自律性という言葉を使わない。彼らは人生をコントロール不能な強制された道であると思っている。

なぜ、これが驚くべきことなのだろうか。人間は子どものころから自分の人生が強いられた道だということを学ぶ。だから、近代が保証する個人の自由――すなわち共同体や伝統の柵《しがらみ》からの解放――は、諸個人が自己自身の自由についてもつイメージに対して肯定的な影響を与えなかったのだ。個人の自由は可能性の感覚を活かす文化的選択と結びつく場合のみ、プラスの効果をもつ。

さらに現在では、社会システムさえも統治不可能なものとして考えられている。これは、現代の欧米文化に関して最も驚くべきことである。現代の欧米文化は、近代啓蒙主義、すなわち進歩の思想の末裔だ。この思想の核心には、物事をより良くするために人間が何かを為すことができるという考えがある。だが、今日の我々の文化を支配しているのは、欧米諸国は〔グローバル化の影響で〕舵取り不能になっているという考えだ。舵取り不能となった社会の中で、責任を表明できる人は誰もいない。その象徴的事例は、グローバル化を抗いがたい統治不可能なプロセスとして表現するレトリックである。

物事をより良い方向に導くことができないという感覚に襲われているという点で、欧米文化は衰弱している。しかし、経済的・社会的環境は人間のつくったものだから、良い生活を導くことは可能なのだ。

こうした認識が欠けているのは可能性の感覚が制限されているからだ。多くの人びとが、自分たちの幸せな生活と子どもたちの未来を脅かす大きな物事のなかで、一人ひとりが孤独に生きているように思っている。農村社会で農民は、自然災害、伝染病、戦争、権力者の気まぐれを辛抱強く生き抜いてきた。現代人は、それと同じような忍耐力でこの状況をうつむきながらやり過ごしている。

七　都市生活

現代都市の進化は、成人だけでなく子どもの関係性と幸せ(benessere)において重要な役割を果たしている。

今日の都市は子どもを一層孤立させる。彼らの関係性の可能性は、数十年前には見られなかったほどに親の意思決定に依存している。なぜなら、子どもが自律的な人間関係を享受する可能性は、歩ける範囲に関係性が存在するかどうかにかかっているにもかかわらず、現代都市生活はそうした関係性の存在を不可能にしているからだ。子どもは家の外でつながりのある世界を見つけることができない。いずれにせよ、子どもはすべての人びとを襲う都市的社会関係の病理の犠牲者である。このようなことがどうして起こったのだろうか。

都市が出現して以来約五〇〇〇年間、関係性は都市計画の中心的課題であり続けた。都市では、公共空間と私的空間の間に一定のバランスを維持する必要があったからだ。このため、ヨーロッパの都市は数世紀かけてゆっくり拡大し、新しい広場の周囲に新しい居住区をつくってきた。広場は社会関係が形成される場である。そこではあらゆる階層の市民が出会っていた。

近代になると、二つの要素が都市の質の高い共的空間（コモン・スペース）を決定的に融解させた。ひとつは、工業化と結びついた都市拡大のテンポの加速化である。新しい居住区は都市的アイデンティティをもたない匿名的な周辺地域であり、そこでは私的空間の構築が優先され、公共空間の構築は頓挫している。

もうひとつは交通である。公共空間の質の悪化に決定的な役割を果たしたのは自動車だ。数千年の間、都市は人間のためにつくられており、あらゆる道は歩行者のために存在していた。その後自動車が現れ、きわめて人間的な都市環境を人間にとって危険な場所へと変えてしまった。自動車は危険で通行の妨げになるし、大気汚染の原因にもなる。歩道にまで入ってくるし、バスなどの公共交通機関を遅らせる。自動車は都市のコモン・スペースの中で社会関係を破壊した。このような破壊のコストを現代人は支払わなければならない。

たとえば子どもを育てる費用がそうだ。隣近所の界隈を自由に移動する可能性は、イタリアでは一九六〇年代までは当然だった。しかしそれが失われたことで、子どもたちの生活様式は根本から変わり、生活コストは高くなった。子どもはより多くの時間を家で過ごし、外出するときはおとなに常に監視されていなければならなくなった。いつも一人でいる子どもに気晴らしや遊び相手を提供するのに、現代人はどれだけの費用をベビーシッター以外のおもちゃに支払っているのか。

似たような考察は高齢者介護費用にもあてはまる。なぜなら、現代都市生活において高齢者は介護依存者となり、彼らが自律的な社会関係をつくる可能性は摘み取られているからだ。このような都市生活は、孤独を相手にする一大ビジネスを生み出す傾向がある。

近代社会がつくった都市は、防御的な経済成長プロセスをモデルに成立している。現代都市は環境や社会関係に関わる財を破壊する潜在性と、それゆえに経済成長を生み出す力を有しているからだ。現代都市において質の高いもの――たとえば立派な家、立派な大衆娯楽施設（映画館、スポーツ施設など）、高級店、楽しい見世物など――は私的領域に属し、費用がかかる。他方で社会環境、道路、広場など、値段がつかない共有財の質は悪化した。これら共有財は自動車交通が原因で騒音、大気汚染、危険に晒されている。

こうした状況の中で利益を上げている幸運なもののひとつに「逃避」産業がある。静寂、きれいな空気、海やきれいな川での水遊び、楽しい散歩は、〔都市以外の〕汚染されていない場所や南国の楽園でしか味わえない特権となってしまった。現代都市世界に暮らす人びとは、自分たちがつくった居住不可能な生活環境から逃亡するために巨額の費用を費やす。すなわちそれは、都市生活からの「逃避」がニーズとなった世界だ。逃避欲求を相手にする産業のフロンティアは、バカンス業界のずっと先を進んでいる。

都市の共的空間の質の悪化は、自由時間を商品化する産業も創出する。現代都市は、自由時間を過ごすための機会を費用のかかる方法で人びとに提供し、低コストの出会いの場の欠乏に対応している。所得の差が幸福感により大きな影響を与えるのは自由時間においてだ。なぜなら、所得格差は社会関係の構築可能性に大きな影響を与えるから。都市の多様な娯楽を常に利用できる人がいる一方で、そうした機会に恵まれない人はテレビの前に座る以外にない。ここで重要なのは、自分自身の所得を増やすという強固なインセンティブが経済成長を推進するということだ。

しかし、このような都市モデルは一部の社会階層に対して、希望をもてない負け組の役割を強いる。実際に、関係性の機会の不平等を生み出しているのは年齢差である。関係性の機会の不平等は、所得の不平等とは一致しない。なぜなら、前者においては高齢者、子ども、障がい者など身体的能力が低い人びとが不利益を被るからだ。正確に言えば、この種の不平等は「世代的な不平等」と言うことができる。

社会関係の悪化は、さまざまな意味で現代人を〈働き詰めの生産者〉と〈熱心な消費者〉に変えてしまった。現代人はアイデンティティと魂の抜けた居住区に暮らし、それゆえに社会関係の悪化に一層晒され、より多く働き、生産し、ストレスを溜め込んで慌ただしく生活し、自動車を乗り回している。それゆえ、お金が必要となる。現代人はこのように暮らしながら社会関係と環境を悪化させ、そこから逃げようとする。これこそが防御的な経済成長プロセスの悪循環だ。

八　米国――人口密度の低い都市の拡大

米国の都市、とくに過去二〇年の建築ブームの間に建てられた新しい居住区は、人口密度の低い都市モデルを追求してきた。つまり、庭に囲まれた核家族用の住宅で構成される郊外の周辺地区だ。関係性の点からみたとき、ヨーロッパの都市と比較して米国の都市を不利にしているのはこのような都市モデルである。

実際に、ヨーロッパの都市の歴史街区(チェントロ・ストリコ)がもつ潜在的利点は、それが歩行者のことを考えてつくられた点にある。反対に人口密度の低い都市は、自動車の利用を前提としている。商店街などの商業地区と住宅を隔てる距離がより大きいからだ。米国の都市郊外では、歩道すら存在しない。これは、道路が歩行者のためにつくられていないことを示す。米国の都市は中心街の劇場、美術館、レストランから遠く離れた孤独な郊外によって構成されている。郊外では文化的活動が少ない。

この状況において、大規模ショッピングセンターが関係性構築のための場所となった。大規模ショッピングセンターは何よりも、子どもが安全でいられる歩行者用の居場所を提供する。家族はそこで余暇を過ごしにやってくる。たしかに関係性を構築する機会は非常に大きいが、それは所有欲を激しく刺激するという意味においてだ。そのため購買力のない人びとは排除される。

人口密度の低い都市では、いつでも利用可能な公共交通機関の費用は法外に高い。人口密度が低いために人と人をつなぐ距離が長くなり、乗客がほとんどいない状態で動かさなければならない。公共交通手段が少ないために、子ども、身体が不自由な高齢者、自動車を持たない若者や運転ができない人は、とくに不利益を被る。排除の論理の上に都市環境が成立してしまう。

このような形での都市の拡張は必然的に生活のコストを高くするので、米国の消費者の驚くべき特徴を生み出した。自由時間を得るためには、多くのお金を所有しなければならない。快適で、大きくて調度品のついた家や自動車、ステータス・シンボルである多くの財を所有する必要もある。そして、常にもめごとが起こる社会では、弁護士ですら基本的ニーズとなる。

九　二〇〇七年夏――防御的な資本主義の内部爆発

二〇〇七年夏に始まった経済危機は、防御的な資本主義が生み出した経済成長の終焉を物語っている。

この危機の始まりは、米国家計部門の莫大な負債（借金）の蓄積に求められる。米国の各世帯は、過剰な消費を支えるために借金をし続けた。銀行からの貸し付けとクレジットカードは米国人が自分自身の支払い能力を超えた生活を送るための手段で、彼らは危機が起こるまでの一五年間、多くの消費財と許容能力を超えた豪華で大きな家を購入してきた。危機の根底には、米国社会と米国経済が生み出した消費への極端な性向がある。

米国発の経済危機はその後、世界各地に波及した。危機の感染源は、いまや悪名高い「不良資産」である。不良資産には米国世帯の債務が含まれていたが、破産リスクの高い債務と低い債務を混合することで債務返済不履行のリスクが見えなくなっていた。こうした不良資産は全世界で販売されていたのだ。

米国の不動産価値の下落が最も品質の悪い証券であるサブプライム証券の危機を引き起こしたとき、少数の米国人の破産は急速に多くの米国人の潜在的破産へと転化した。その後、米国家計部門の債務を含む不良資産をかかえていた全世界の銀行の倒産が始まる。その結果、信用収縮

（クレジット・クランチ）が起こり、銀行間取引の利子率が急上昇し、世界的な不況が始まった。

これらすべての根源には、米国における防御的な資本主義の常態化がある。言い換えると、米国人の極端に過剰な消費の根底には関係性の貧困の増加があるのだ。人間を常に孤立させ、消費を個人のかかえる問題の解決法とみなすように仕向ける社会は、金融市場の条件がそれを許せば、自分自身の支払い能力を超えた生活を制度的につくり出す傾向にある。

3 病の治療法——関係を豊かにする政策

これまでの議論から導き出される結論は、我々が幸せになるには、生活の中でも関係性に関わる次元により注意を払う世界をつくらなければならないということだ。防御的な資本主義は、物質的なニーズの充足と関係性のニーズの不足との間で大きな不均衡を生み出している。この不均衡は、地球規模で深刻な危機を引き起こしてきたグローバルな経済的不均衡となって現れている。したがって、関係の豊かな社会の構築を可能にする経済的・社会的改革が不可欠である。

その対案は防御的な資本主義に対する処方箋である。この対案をもって、この種の資本主義が生み出した関係性に関わる病理を治療できる。以下では、変革可能な——もしくは変革すべき

――具体例を紹介しよう。

一　都市の変革

私は関係の豊かな都市の創造を提案する。そのためには、空間と移動の再編成が必要である。少ない移動距離で生活し、自分が暮らす居住区で多くの時間を過ごし、居住区の中を徒歩や自転車で移動できる必要がある。自動車による移動を大幅に制限し、公共交通機関を使って異なる居住区の間の移動が可能になるべきだ。

関係の豊かな都市の創造は、子どもたちのために行うべき重要な提案のひとつである。なぜならそれは、空間と移動の緊密な結びつきの中で人間関係がつくられる模範的事例だからだ。家の近くに、歩ける空間と一人で移動できる可能性が保証されなければならない。

関係の豊かな都市の鍵となる要素は次のようなものだ。都市構造を変える政策として自家用車の利用を大幅に制限し、すべての市民が公共交通機関を利用する。人口密度が高い。多くの広場、公園、遊歩道、スポーツ施設などがある。理想的な遊歩スペースが海、湖、川、小川、運河の周囲につくられる。歩道や自転車専用道路のネットワークが都市に広がっている。歩道や自転車専用道路の幅は可能なかぎり広い。都市は広大な公有地に囲まれ、そこに公園や家が建てられる。

二　都市空間の変革

質の高い公共の遊歩スペース、公園、広場、スポーツ施設は、ぜいたく品ではない。それらは学校や病院と同じ基本的ニーズである。これらが諸個人にもたらす幸せは、個人消費の増大がもたらすものよりも大きい。なぜなら、幸せであるためには、多様な社会関係の中に居続け、その中を歩くことができる必要があるからだ。

ショッピングセンターによって提供される歩行者用の空間も、公共空間となりうる。ただし、それらは野外に設置されるべきだ。ビジネスの圧力を空、森林、鳥、ベンチ、社会的包摂に置き換えなければならない。都市は、低コストで健康的な生活と移動のための機会を提供する直線的な遊歩スペースのネットワークによって形成されるべきだ。いくつかの遊歩スペースの設置は公的支出を必要としない。日曜日に自動車交通を禁止する政策はその好例だ。

人間の歴史において、空間へのアクセスは常に重要な課題だ。都市社会は、農村社会とは異なる形でこの問題を提起する。農村社会の主要な問題は、農民による土地へのアクセスだった。かつての農村社会では、大土地所有者と貧農が土地をめぐって争っていた。現代の都市社会では、公共空間へのアクセスが問題であり、歩行者と自動車の間に対立が生じている。

三　交通量の削減

都市の生活可能性と移動を和解するには、大衆向け公共交通システムが唯一の解決策となる。公共交通システムは貧困層だけでなく、すべての住民によって利用されるべきである。自動車の使用は厳しく制限されるべきだ。このような措置は、もともと自動車よりも人間のためにデザインされたヨーロッパの諸都市でますます必要とされている。その目的は、すべての住民に対して人間的な生活を保証する公共交通サービスを妥当な費用で提供するものでなければならない。

ところが過去数十年間は、より多くの自動車専用道路を建設して交通問題を解決しようとしてきた。それはまるで、ベルトを緩めることで太ったお腹に対処しようとするようなものだ。自動車交通のためのインフラの増設は、より多くの自動車交通を発生させる以外の結果は生まない。そうなれば問題の出発点に戻ってしまう。

イタリアなどいくつかの国では、自動車の利用コストを上げて問題を解決しようとしている。たとえば罰金の増額、駐車料金の値上げ、混雑エリアへの乗り入れ料金の導入などである。だが、その結果、移動の権利はお金で買えるようになり、経済的余裕のない人びとを排除してしまった。移動の権利のような都市の基本的権利を一部の人びとの特権にすることは、長期的にみて都市の社会的まとまりに破滅的な影響を与えるだろう。

移動と社会的包摂の間には密接な関係が存在する。冬は厳しくても平等意識の強いオランダやデンマークのような国で、人口の三〇％以上が自転車を使って移動しているのは偶然ではない。質の高い自転車専用道路の建設は、他の何よりも目に見える形で現れた民主主義の証拠なのだ。

四　学校の変革

学校では何を学ぶのだろうか。現在、学校ではさまざまな科目が教えられている。しかし、学校教育は不必要なストレスを生徒に与え、知識の大切なあり方を破壊している。このような教育には三つの誤った認識がある。

第一に、学校教育は、教育が唯一の学びの場ではないことを理解できない。そのため、学校に通って勉強することが若者の生活時間の大半を占めるという点で、学校は隔離的な教育モデルを生み出している。だが人間は、社会関係や旅行などを通じた形式的ではない方法で、また他の活動の副産物として、教室の外で多くのことを学ぶ。学校が若者の生活の大半を占める現状は、個人の人格形成において基本的な他のさまざまな経験に必要な時間を奪っている。

第二に、「結果」へのこだわりである。試験だけに集中することが、独創的で批判的な思考、試行錯誤、イノベーションなど、他の多様な基礎的な学びの要素を破壊している。その結果、可能性の感覚が破壊されるのだ。長時間の教育プログラムと課題提出期限の重圧によって生み出される焦燥感は、批判的思考を養う能力を破壊する。

我々は創造的な学びを推進すべきであり、そのためには諸個人の能力と技能（スキル）を表出するための多様な機会を設けなければならない。創造的な学びには創造的な教育プログラムも必要だ。しかし、教員はその社会的役割に関して過小評価されている。彼らの知的好奇心や知的想像力を削ぐような中央集権的な教育目標や指針の影響から、免れることができない。

現代社会は他の知の形態を犠牲にして、認知的な知識のみを重視している。現実には、関係を結ぶ知、音楽的な知、空間的な知、身体知、感情、社会的な知など、育むべきさまざまな知識が存在する。したがって、スポーツ、芸術、遊び、創造性、社会関係を育むためのさまざまな機会を増やす必要がある。

関係性について学校が教えることは、競争と階層的関係だ。すなわち生徒同士の競争と教師との階層的関係である。後者は良い結果を得るための「秘訣の宝庫」だ。生徒にとって教育とは他人が決めたことであり、少なくとも生徒はその内容を自分のニーズに合わせて修正できない。

このように、個人の結果を重視する現行の教育原理は、生徒の間に競争的関係しかもたらさない。関係性を創出する多様な可能性を想像する感覚を養う余地は、学校には存在しない。グループワークやグループ評価を増やして、生徒同士の協力関係を促進すべきである。また、生徒が彼ら自身のニーズに応じて社会的・制度的環境を変える能力を発達させる教育を行うべきだ。

第三に、肯定的な情動(emozioni positivi)と結びついたときにより良い学びが行われるということを学校教育が理解できない。この事実の根拠は、子どもが遊びを通じて学習することからも明らかである。この点は、アントニオ・ダマシオが『デカルトの誤り』において説明している。彼によると、認知的活動は情動の能動的な役割を必要とする。

学びと質の幸福感を和解させるという提案は、次のような反論に出会う。それは、多くの科目は高い技術的内容を要求しており、それらをひとまとめにして扱うことは問題を生じさせる、むしろ飴と鞭のインセンティブが必要だ、というものである。

技術的内容に関する問題は、多くの学習分野において中心的課題だ。たとえば外国語会話も音楽演奏も、それぞれ高度な〈文法〉を必要とする。しかし、詰め込み学習を通じて技術的内容を教えるべきだという考えは、これらの分野では数十年前に否定された。外国語を文法から学ぶことは、すでに行われていない。音楽に関しても、何カ月も生徒に退屈なソルフェージュ(基礎訓練)を繰り返させはしない。技術的要素は、当該科目のより「興味を刺激する」側面と組み合わせて教えられる。ところが、学校はいまだに、さまざまな学習コースの提供者によって完璧に理解されているこの事実を認められないようだ。

興味や楽しみの感覚の教育カリキュラムからの排除は、消費主義的価値観の促進と結びついているので重大だ。生徒は勉強自体が面白いから勉強するように促されるのではなく、教育が良い仕事を見つけて社会的排除から遠ざかる可能性を増やすから勉強するのだ。学校は、勉強の動機づけが道具的である(＝消費社会を生きる手段である)ことをほのめかす。人生において重要なのは外発的動機だと学校は教える。最終的に学校が教えるメッセージは、広告のそれに近づく。重要なのはお金と、社会からこぼれ落ちないことであり、これらが良い生活のための鍵であると学校は教えているのだ。

我々は、現在の学校とは正反対のことを教えなければならない。楽しみと生産活動をつなげ、教育や権威に対して能動的態度をとり、自己の身体と時間の主人となり、深い思索と創造性にあふれ、他人に対して寛容で協力的になる必要がある。だが実際には、我々は退屈しのぎのために学び、権威の言うことに受動的に従い、自己の身体や時間と対立し、表面的で無批判な思考しかもたず、他者を排除したり競争したりするように教えられている。

現代人は可能性の感覚を発展させなければならないにもかかわらず、実際にはその芽を摘み取っている。学校は既存の体制(ステータス・クオ)を変革するためのエンジンとならねばならないのに、現在ではそれを再生産するために機能している。学校教育システム、教育方法、学習プログラム、制度的管理法、校舎の建築、空間の編成が根本から変わらねばならない。

マスプロ教育は過剰にストレスをかける文化によって形成されている。この文化はパブロフの条件反射の法則のように生産活動とストレスを結びつけ、現代学校教育の三つのキーワードを生み出した。それは、認知能力を偏重する教育、生徒を社会から隔離する教育、課題の増加だ。これらの要素によって人間はますます劣等感をもち、受動的・無関心・無批判・非協力的になり、諦めやすく反抗的になる。こうした結果の根底には教育システムの選択があり、それは産業社会が要請する社会的統制の必要の大きな影響を受けた前世紀的考えに立脚している。実際、退屈さと服従という教育の二つの側面は、大規模工場労働者に求められる基本要件だった。

しかし、このような教育は現在では時代錯誤であり、人間的側面だけでなく、生産活動の面でも障壁となる。先進経済はポスト工業化段階に突入しており、労働力の規律訓練は国や諸個人の成功のための決定的要素ではなくなっている。むしろ、労働力の創造性こそ重視されるべきである。この事実を理解して教育システムを再編成した国こそが、大きな比較優位を獲得することになるだろう。

五　広告の削減

広告は、おとなの幸せにマイナスの影響を与える。子どもの幸せに対しては、さらに破滅的な影響をもたらす。それゆえ私は、子ども向けの広告を禁止し、おとなを対象にした広告に重税を課すことを提案する。これらの政策は、テレビ広告のような影響力ある広告に対して適用されるべきだ。

広告への課税措置の目的は、広告費用を高くすることで企業が我々に浴びせる「砲撃」を減らすように促すことにある。さらに、この政策を通じて得られる税収は、関係を豊かにする政策を支える資金として利用できる。私はまた、友人関係や人間関係に関わる生活領域において、広告が侵入する機会を制限する規制措置を提案したい。

これらの提案はすでにある程度進められており、さまざまな国が広告に対して一定の制約を課している。たとえばスウェーデンは、一二歳以下の児童を対象にしたテレビ広告を禁止している[2]。ところが、こうした政策が多くの欧米諸国の政治的議題にのぼることはほとんどない。それはなぜか。広告を擁護する議論の支離滅裂ぶりをみると、答えは広告の制限に対する反対自体には明らかに存在しない。この点は第Ⅳ部で詳説する。答えは別にあるのだ。

六　民主主義を変える

より正確に言えば、広告を擁護する理由は「ポスト・デモクラシー」（第Ⅳ部4参照）と呼ばれる現象の中に求められる。コリン・クラウチが使用するこの用語は、現代民主主義がその政治的意思決定過程において経済エリートからの大きな影響を受けている事実を示す。政治的意思決定は多くの場合、選挙で選出された政治家と経済的権益を独占する民間グループ（＝大企業など）の間のやりとりに基づいている。その一方で、投票だけでなく討議や自主組織を通じて大衆が公共的選択に参加する可能性は著しく減っている。

ポスト・デモクラシーは民主主義ではない。なぜなら、公共的問題の管理を民主主義以前の状況――つまりは閉鎖的なエリート集団に帰属させる状況――にまで後退させているからだ。市民の役割は選挙の投票に行くだけとなった。しかも選挙は、事前に決められた限定的なテーマへと公共の議論を誘導する情報伝達の専門家たち〔＝マスメディアなど〕によってコントロールされている。選挙という儀式の外で、市民は受動的で従順で無感動に生きる役を演じるように求められているのだ。

現代政治は、市民参加の危機、ならびに市民から付与される正統性と信頼に関する危機を経験している。ポスト・デモクラシーは、この政治的危機の奥深くに根を張る政治から排除されている感覚、政治に対する失望感と無力感を生み出す。

このような状況のもとで実施される政策は、人びとの多様で幅広い利害関心を守る政策ではなく、一部の強力で独占的な経済的権益を保護する政策である。子ども向け広告の禁止のような政策が採択されない主な理由は、ポスト・デモクラシーにある。そうした政策はすべての子どもの幸福感を高める代わりに、広告業界とその最大の顧客である多国籍企業の巨額の利益を損ねるだろう。ポスト・デモクラシーは、関係を豊かにする政策の実現にとって主要な障壁である。

ポスト・デモクラシーは、防御的な資本主義の制度的支柱のひとつだ。我々に必要なのは生活可能な世界であり、より大きな経済的繁栄ではない。しかし、ポスト・デモクラシーは生活可能

（2）〔訳注〕スウェーデン議会は一九九一年に、一二歳以下の児童を対象にした広告を全面的に禁止する法案を採択した。

な世界をつくるのではなく、お金を増やすように我々を駆り立てる。政治は最重要の集合行為形態であるが、ポスト・デモクラシーは、社会をより生活しやすい場所にしたいという普通の人びとの関心を代表できない。そして政治は、利潤追求という巨大経済権力の利害関心に屈服している。経済エリートたちの権益は、民衆の共有の生活条件の残骸の上に繁栄するのが常である。

ポスト・デモクラシーは、より良い生活可能な世界の構築を目的とする集合行為を疎外している。我々に残されている選択肢は、お金を稼ぐことだ。世界は行き詰まっているのだから、少なくとも個人として成功しようではないかという発想である。ポスト・デモクラシーは、お金を求める経済競争に火をつける。

普通の人びとを公共政策に参加させるために設計された政治システムが、彼らを排除するに至ったのはなぜだろうか。その答えはお金だ。欧米諸国では選挙活動費が制御不能なレベルで増加しているため、政党はお金を必要としている。大企業は都合の良い資金源だ。政党は大企業の利害関心に敏感になる。

それでも、民主主義を変えることは可能だ。政党への公的資金、政党のマスメディアへのアクセスの規制、政党支出の縮減を適切に組み合わせることで、公正な結果が得られるだろう。公的資金は政党の大企業依存を減らすために必要である。政党支出に上限を設定するのも、マスメディアの使用を制限するのも、同様の結果を生む。両者とも政治の費用削減に寄与する。たとえば、多くの国の政党の主な支出先は選挙期間中のテレビ広告であり、それは禁止可能だ。

七　働き方を変える

米国では、各人が自分の仕事に対してもつ満足感は過去三〇年間増加していない〔一三四ページ図5参照〕。給与についても同様である。この種の問題はすべての欧米諸国で確認される。労働の重荷という不幸から人間を解放する経済成長の約束は、守られていない。あらゆる調査は、労働の経験が抑圧・強制・重荷・ストレスを連想させると示している。なぜだろうか。

労働に対する満足感の決定因子に関するさまざまな研究は、多くの示唆を与えてくれる。これらの研究によると、関係性に関わる欲求がきわめて重要である。仕事仲間との関係の質は、労働に対する満足感において決定的に重要だ。労働に対する満足感は、仕事を一緒に行う人間同士の信頼が強まり、上司との関係が尊敬・協力・サポート関係に基づいていると感じられるときに高まる。満足度の高い仕事は、管理職のコミュニケーション・スタイルがこれらの基準を満たし、対人的な意思疎通が頻繁に行われる仕事である。

職場での人間関係の質以外では、労働に対する満足感は、自分の仕事を自分でコントロールできていると自覚し、自己の能力を表出する機会と多様な仕事内容を与えられたときに高まる。つまり、労働においても自律性と自己表出の欲求が重要な位置を占めるのだ。反対に労働に対する満足感は、ストレスや超過労働を生み出す要素が増えると減少する。

では、どうすればよいか。労働はより楽しく、ストレスの少ないものになるべきだ。労働は意味をもち、人間関係や社会的なつながりを構築する手段として認知されるべきである。そのためには次の五つの課題に取り組まねばならない。

①仕事がより面白くなるように、労働プロセスをデザインし直す。たとえば、ジョブ・ローテーションやワーク・リデザイン（仕事内容・作業工程・責任の再設計）の実験は好ましい結果を生み出している。

②労働者の自由裁量と自律性の度合いを高める。

③重圧、管理、ノルマなど、ストレスを生む要素を減らす。

④労働と他の生活領域との間の互換性を高める。たとえば、在宅勤務の実施、職場近くに託児所を設置する、育児休暇制度と介護休暇制度を増やす、労働時間のフレックス・タイム制を導入する。

⑤仕事に対する人間関係の改善。ここで問題となるのは、時代遅れとなった企業文化だ。企業文化は往々にして、職場での人間関係の質の重要性に気づいていない。管理職教育は、管理職のコミュニケーション・スタイル、仕事の正しい評価法、尊敬を基礎とする上司・部下の関係、仕事における友情の形成の重要性に気づいていない。

八　働き方を変えると効率が悪くなる？

欧米諸国は、この対案とは反対の方向に進んできた。一九八〇年代以降「構造改革」の波が米国企業に押し寄せ、その後他の欧米諸国の企業も倣った。構造改革とは労働の再編成である。その結果、重圧、コントロール、象徴的・金銭的な罰則と報酬、競争、人間関係のいざこざが増加した。

この構造改革は、経済学者の間に広く普及する通念に従っている。それは、ストレスを感じる労働は経済的繁栄のために支払うべき代償であるという考えだ。この考えによると、職場でのストレスを軽減すると労働意欲が削がれ、我々はより貧しい生活を送らねばならなくなる。労働の効率性を上げるためのレシピは労働者を搾取することだ。

しかし、労働に対する満足感と生産性の関係についての研究は、そうした通念が間違っていることを示している。満足度の高い労働者は生産的である。仕事に幸せを感じない労働者はよく働くことができない。

労働に大きな負荷をかけても効率性が改善しないことは、労働における動機づけと効率性に関する研究によっても実証されている。膨大な実験と事例研究によると、労働者がある程度興味をもつ仕事を担当している場合、金銭的なインセンティブの付与や上司による管理の強化は内発的な動機づけを低下させる。一方、労働者は強いプレッシャーのもとで働いているとき、金銭的インセンティブが与えられ、上司に管理されている仕事に対してはパフォーマンスが良くなり、そうでない仕事に対しては悪くなる。仕事のパフォーマンスのある側面に対する外発的な動機づけの圧力は、別の側面に関しては責任感を破壊するのだ。

結論として、外発的な動機づけのみに依拠する働き方は、次の二つの条件下では上手く機能する。ひとつは、その仕事に関するパフォーマンスのすべての重要な側面が評価されるときである。もうひとつは、その仕事がまったく面白くなく、労働者の内発的な動機づけが実際問題として存在しないときである。

問題は、人間の労働に関して、パフォーマンスの測定においてさまざまな困難が生じるのが常であるということだ。労働は多面的かつ複合的な活動であり、その特質の多くは容易には測定できない。さらに、研究調査が示すところによると、一般的に言って仕事は内発的な動機づけを必要とする。少なくとも、部分的にはそうである。

したがって、人的資源の効率性が上司による管理と外発的なインセンティブのみによって保証されるのは特殊なケースだ。この分析から導き出される教訓は、外発的な動機づけを完全に排除した経済の構築は不可能であるということだ。インセンティブは重要である。だが、過去四半世紀の間に経済理論と実践によって普及した金銭的インセンティブの執拗な活用によって労働効率性の向上が可能だという考えは、根拠に乏しい。人間の労働の大部分において、プロ意識、責任感、役割意識などの内発的動機づけは、他の何ものによっても代替できないのだ。

どのような経済システムも、外発的な動機づけのみに依拠して機能することはできない。資本主義でさえもそうだ。労働者がよく働くためには、自分が真っ当に扱われていると感じられなければならない。つまり、彼自身に固有の能力が評価され、自分のもつ公正さの感覚が尊重されていると感じられることが大切だ。同時に、仕事が個人の成長を助け、信頼され、一緒に働く仲間を信頼できると感じられることが大切である。

九　保健医療（ヘルスケア）の変革

人びとの健康状態を改善するには、どうすればよいだろうか。大半の人の直感的な回答は、一国が経済的に豊かになり、健康に多くのお金を費やせばよいというものだ。より高い経済水準、とくに健康への多くの支出は、公衆のより良い健康を保証すると考えられる。

しかし、この考えは反証されうる。欧米諸国をみると、一人あたり国内総生産（GDP）ならびに一国の保健医療に対する支出と、それらが市民の健康に与える結果の間には、いかなる関係も見出せない。たとえば、米国の一人あたり保健医療サービス支出は富裕国の中で最も高い。にもかかわらず、米国民の平均寿命はこれらの諸国の中で最も低い部類に入る。

国民に最高の保健医療サービスを提供する国の健康状態が、それよりも低い水準の保健医療サービスを提供する国の健康状態よりも良くないのは、なぜだろうか。

この問いに対して疫学者は明確な回答を与える。保健医療サービスへの支出は、健康と寿命に影響を与えるさまざまな要素のうちの一つにすぎない。多くの研究は、諸個人および国民全体の幸福度が彼らの健康に大きな影響を与えると報告している。また、関係性と幸福度の間に相関関係があることも認めている。健康、死亡率、寿命は、人間関係を通じて得られる経験と密接に関連する。友人がいること、恋人がいること、さまざまなグループやアソシエーションへの参加、アイデンティティをもち、他者からサポートを受け、社会から排除されないこと、他人を信頼すること。これらは諸個人および国民全体の健康状態を守る。

経済的に豊かな国は、病気の予防とその治療に対して間違った支出を行っていると言える。重要な予防策は保健医療システムの外で行われる。それは関係性を豊かにすることである。保健医療サービスの発展のプラスの効果は、関係性が衰退する状況では限定的だ。

保健医療システムは生活の質の悪化の終着点である。生活の質の悪化は健康問題となって現れ、保健医療システムに負荷をかける。つまり、保健医療サービスへの支出は、病気から身を守るための手段であるだけでなく、生活の質の悪化によって生じる心身のさまざまな損害に対する応答でもあるのだ。生活の質の悪化は経済活動を刺激してGDPを増加させる原動力となるが、保健医療サービスへの支出もまたそのような行動様式の一つである。

生活の質の悪化は関係性の貧困に関わる問題の一つである。そして、関係性の貧困は社会的に構築されたものだ。現代社会は、保健医療にあまりにも多くの支出を行っている。我々は関係性——医者と患者の関係を含む——を豊かにすることで、健康に対してより良い結果を生み出し、保健医療サービスへの支出も削減できる。

一〇　国家、市場、社会関係

米国は欧米諸国の中で最も深刻な社会関係の病理を患っている。なぜなら、米国の経済社会組織、文化、教育制度は過去三〇年間に、かつて経験したことがない水準の競争と所有に晒されているからだ。さらに米国人は、これまでにないほどマスメディアと広告の圧力に晒されている。

過去数十年間に米国では、他の欧米諸国以上に市場の独占が進んだ。実際、市場メカニズムは、本来他のメカニズムに従っていた社会生活の領域にまで浸透した。民間部門は年金・保健医療・教育の領域にも進出している。さらに、労働市場は工業化した諸国の中で最も不安定となった。解雇の自由が事実上一般化し、失業に対する経済的保護は縮小した。市場が社会生活全体に浸透したとき、その消費文化を推進する効果は最大化する。米国の文化は欧米諸国の中で最も消費主義に傾倒している。米国の文化をモデル化するのにマスメディアが大きな役割を果たしており、そこではアメリカン・ドリームが中心価値となっているからだ。

ヨーロッパの状況は米国よりはましだが、だからといって両者の違いを誇張してはならないし、ヨーロッパの傾向を称賛しすぎてもならない。ヨーロッパにおける幸福度と社会関係財は、少ししか増加していない。労働時間の削減ペースも同様で、一九八〇年代以降は停滞している。ヨーロッパ人は幸福、関係性、自由時間を増やすために、経済的繁栄を活用していないのだ。ヨーロッパ人は、米国社会が罹っている病理から免れているわけではない。前者は後者ほど深刻な病理に罹ってはいないものの、米国を模倣し続けると同じ状況に陥るだろう。

むしろ、ヨーロッパは米国の過ちから学ぶことができる。この理由から、いくつかの可能な「治療法」に焦点を当てたい。私は経済競争が社会関係に与えるマイナスの影響の中に病理の根本原因を探り当てた。だからといって、市場経済の超克を提案するわけではない。私が提案する対案は、これまでとは違った方法で市場経済を賢く活用するというものだ。

市場経済の賢い利用が意味するのは、次のようなことだ。経済には質の高い社会関係をつくるための基本財を生産する部門があり、これら多様な部門が優れて競争的な条件下で機能することが重要だ。たとえば市場競争は、都市生活の編成における良質な社会関係創出のための効果的方法である。都市でタクシー、小売店、レストラン、バーなどの財やサービスを普及するのに競争を最大化することは、一般的には望ましい。

タクシーの事例は注目に値する。一般的にイタリアの大都市では、営業許可証の制約のためにタクシーの台数は少ない。タクシー一台を探して長時間待たねばならないし、運賃も高い。イタリアでは、タクシーは高級財だ。一方、外国の多くの都市では、運賃の安いタクシーが数多く走り、交通渋滞の緩和に貢献している。バルセロナ市民やニューヨーク市民にとって、街の混雑エリアをタクシーで移動するのは日常的なことだ。

タクシー業の営業許可証の規制緩和は、流通するタクシーの台数の抜本的増加と運賃の低下をもたらし、現行の高額な運賃体系では排除されていた市民がタクシーを利用できるようになるだろう。これによって社会関係に破壊的影響を与える交通渋滞の緩和が見込まれる。また、大気汚染と騒音が減り、自動車が遊歩道に浸食することもなくなり、自動車以外の移動手段がないゆえに都市住民が感じるストレスも減るだろう。

もちろん、この問題の解決には、自治体行政が積極的に働きかけて大衆向け公共交通機関を組織化する必要もある。とはいえ、タクシー業界の規制緩和の事例は、いくつかの市場経済部門における競争の最大化が社会関係にプラスの効果をもたらし、その効果は簡単に短期間で創出されることを示す。

似たようなことはバー、レストラン、小売店にも当てはまる。これらの事業体が多数かつ多様に利用できることは、都市の活力と社会関係の存続可能性にとって根本的に重要である。ところがイタリアでは、これらの事業の営業許可証は厳しく制限されている。さまざまな制約のために財・サービスの価格が高いまま維持されており、都市の社会関係の質を悪化させながら、競争から守られた経済部門が高い収益を上げている。既存の制約は企業の利益の保護にしか役立っていない。社会は開かれていなければならないが、イタリアはそうではない。この国では、あらゆるタイプの特権階級や企業による寡占が行われている。

市場経済は経済的繁栄を創出するための優れた手段である。経済的繁栄は幸福感と社会関係に対してプラスの影響を与えうる。ただし、常にそうだとは言えない。防御的な経済成長のメカニズムによれば、関係性の悪化に対する各人の自己防衛手段として経済的繁栄が生み出される場合、幸福感と社会関係にはマイナスの影響が現れる。反対に、関係性を豊かにするために経済的繁栄を活用すればプラスの効果が現れる。

市場経済を賢く利用するためには、社会生活の中には市場原理の進出を抑制しなければならない部門があることを理解しなければならない。たとえば年金、保健医療、教育がそうである。過去三〇年間の米国の経験は、これらの部門への市場メカニズムの拡大が中間層の大部分の生活を不安定にしたことを示している。米国の企業で解雇の自由が保証されたこともまた、社会を一層不安定化させた。

市場経済の賢い利用は、経済競争が文化の形成に与える影響の理解も意味する。経済競争が進むと、我々は自己自身や他者との間に良い関係を促進しない人間関係について考えるようになる。

二〇世紀の経済的・政治的論争は、国家と市場の二項対立に集中していた。対立するさまざまな立場の中で、国家と市場の間で経済活動をよりよく組織するにはどうすればよいか、もしくは両者の最適な組み合わせはどのようなものか、というテーマが議論されてきた。この論争は、二〇世紀末に起こった市場の勝利とともに終止符が打たれたように思われる。今日普及しているのは、市場競争は経済活動にとって好ましい組織形態であり、市場競争を可能なかぎりあらゆる社会生活の領域に適用することが望ましいという考えだ。

本書の観点から言えば、国家と市場の二項対立も、現在普及している考えも間違っている。なぜなら、幸せな生活の基礎的な部分は国家によっても市場によっても供給されることはないからだ。それは社会関係ネットワークによってもたらされる。社会関係ネットワークは幸せな生活にとって重要である。それは幸福感に直接的影響を与え、経済的目的に関して諸個人の間に協力を促す。

現代社会では国家と市場があまりに巨大で、社会関係はあまりに少ない。社会科学研究のさまざまな潮流が、歴史的に続いてきた公と私の間のジレンマを克服する道が存在し、それは社会関係の領域であることを証明している。二〇〇九年のノーベル経済学賞がエレノア・オストロム(3)に贈られたことは、草の根からの社会の創造が信頼に値するオルタナティブであるという考えの大切さを示した。重要なのは、国家も市場も社会関係ネットワークの形成と維持に大きく寄与することもあれば、阻害することもあるということだ。社会関係に対する国家と市場の影響は、両者がどのように利用されるか、また両者の組み合わせがどのようなものであるかに依存する。

国家と市場のいずれが社会関係ネットワークの形成と維持に最も適しているかという問いについて、普遍的な答えは存在しない。妥当な回答は、「場合による」だ。それは考察の対象となる問題に依存する。

明らかなのは、可能なかぎりあらゆる状況で競争原理を導入するのが望ましいという現在支配的な考えは、間違っているということだ。なぜなら市場は、生産活動の発展の大きな潜在可能性を大きな危険性と連動させうるからだ。たとえば、自然環境の持続可能性の点からみた危険性は、環境主義者が市場経済を批判する際の中心的問題である。同時に、本書が強調するように、社会関係の持続可能性における危険性も大きな問題である。

しかし、今日支配的な文化風土は市場の神話に傾いている。この神話によると、物事は生産され交換されるようになったときだけ良い方向へ進む。この文化風土によると、人類は市場の利用においてまだ学習の初歩段階であるという。これはナイーブな見解である。それは、世の中には商品では満たされないニーズがあり、ある商品は商品化されない財の貧相な代用物でしかないということを無視している。また、市場競争は我々の価値と関係性に大きな影響を与えることも無

（3）〔訳注〕Elinor Ostrom（1933-2012）。米国の政治経済学者。地域住民による公共財／公共資源（Common-pool resourse）の共同管理能力を積極的に評価する研究で新制度派経済学に貢献した。欧米の資源管理論やコモンズ研究で頻繁に言及される学者の一人。主著に『コモンズの統治』（一九九〇年）がある。

視している。市場が社会生活のあらゆる領域、とくに我々——なかでも子ども——の精神に浸透する傾向を社会が統御できるかぎりにおいて、市場は良い構想となる。

二　反論への応答

第一の反論——関係の豊かな社会は机上の空論だ

関係の豊かな社会という私のプロジェクトに対して、次のような反論がある。関係の豊かな社会は望ましいものではあるが実現不可能であり、机上の空論だと言う。

これは根拠のない反論だ。なぜなら、私が推奨する提案の一つひとつは世界のいくつかの地域で実現されており、上手く機能しているからだ。本書第Ⅵ部では、労働の世界、学校、保健医療、都市、経済生活に至るまで、多くの具体的事例を示す。これらの例は、関係性を重視する方向へと社会を転換するグローバルな傾向の一部である。

それらは、現時点ではまだ多くの人には意識されていないが、グローバルな動きをデザインするパズルのピースである。このグローバルな動きは、実際の問題に対する具体的対案の探究の中から、そして特殊で目に見える変革の可能性を構想する中から、出現している。この現実が包括的なプロジェクトの一部としてまだ認知されていないのは、そうしたプロジェクトを明示化する文化が現在になってようやく形成し始めたからだ。

このようなプロジェクトは決して机上の空論ではない。物事がこれまでと同様に続くことが可能であり、関係性を無視する社会が進歩、生活の質、経済的安定、幸せな生活を生み出すと考える思潮こそが机上の空論だ。私はすでに、このような空想論によって生み出されたさまざまな破滅の具体例を示した。その代表例は米国である。

第二の反論――関係の豊かな社会は失業を生む

第二の反論は、関係の豊かな社会をつくるためには大量失業という犠牲を払わねばならないというものだ。今よりも少なく消費する関係の豊かな社会は、さまざまな点で望ましいが、雇用の点から言えばそうではない。消費の抑制を導くいかなる社会的選択も失業の増加を引き起こすと言う。

この反論は、消費主義を雇用創出の点から肯定的に捉える旧態依然とした見解に基づいている。消費の増加は企業にとって商品販売量の増加、したがって雇用の増加を意味するというものだ。この議論は反駁可能である。消費主義は、関係の豊かな社会では多くの失業者を生み出しうるからだ。

次のように考えてみよう。失業者とは、仕事を探しているが見つけられない人のことである。したがって、失業者数は求職者数と実際に余っている仕事のポストの数に依存する。仕事のポストが増加し、あるいは／同時に求職者数が減少すれば、失業者数は減少する。

問題は、ある世帯がどのような仕事を求めるかを決定する際に、ある一定の消費水準に到達する必要性が実に大きな影響力をもつという点だ。家族の成員の何人が仕事を求め、その仕事がフルタイムかそれともパートタイムであるべきかに関する決定は、各世帯が必要とする支出に依存する。より多く消費したい人びとは、より多く働かなければならない。

それゆえ、失業をなくすための手段として、消費に特権的地位を与える選択肢は機能しない。そうした選択肢は仕事のポストの増加にすべてを託すが、消費主義が失業に対して負の影響をもつことを見落としている。つまり消費主義は、仕事を求める人の数と彼らが労働に費やす時間を増やすのだ。なぜなら、消費主義はお金を稼ぐ必要を創出するからだ。それは雇用を増加させるが、労働の必要も増やす。

これとは逆に、より多く消費するためにより多く働くという悪循環を断ち切らねばならない。関係の豊かな社会はこの悪循環に終止符を打つことを目指す。関係の豊かな社会は、一方で現代人を消費主義に駆り立てる〔社会関係の〕破壊を阻止し、他方で消費が現代人のかかえる問題の解決法であるとする幻想を克服するのである。

第Ⅱ部 米国——模倣すべきではない事例

「大気汚染はましなほうだ。二酸化炭素は万人に行き渡る。しかし、幸せは万人のためにはない。一人ひとりが他人からそれを盗むのだ」

〈ステファーノ・ベンニ〉

1 米国人がいつも不幸せで、常に長く働かなければならないのはなぜか？

一 基本となる概念と指標

まず、本書で取り扱う二つの概念とそれらの測定――幸福度指標と経済成長指標――について明らかにする。

幸福度指標

幸福について研究している文献の中には、さまざまな幸福度指標が用いられている。最も普及しているデータは「主観的幸福度(Subjective Well-being)」だ。主観的幸福度指標は、「あなたの生活全体を見たとき、あなたはどのくらい幸せだと言えますか」といった類の質問に回答するアンケート調査に基づいている。アンケートを受けた人は、「とても幸せ」「まあまあ」「あまり幸せではない」「まったく幸せではない」という選択肢の中から回答を選ぶ。多くの調査では、幸福度についての質問は、個人の生活満足度に関する質問によって補完される。この手法は調査結果で大きな相違を生み出さない。

主観的幸福度が人気なのは、低コストで集計でき、なおかつ信頼性があるからだ。ここで議論すべきはその信頼性である。幸福の主観的表明の信頼性は、客観的な幸福度指標と結びつけることで担保される。たとえば次のような客観的指標が使用される。

①いわゆる「デュシエンヌ・スマイル（Duchenne Smiles）」[1]と呼ばれる本物の笑顔が現れる回数とその長さ。本物の笑顔かどうかは、口の端を上げる大頬骨筋や、頬を上げて目の端に皺をつくる眼輪筋など、顔の筋肉の一定の動きによって測定される。なぜなら、人間はこのような笑顔を嘘偽りのないものとみなすからだ。

②血圧と心拍数

（a）頭痛や消化器官の問題など心身の病気があるかどうか

（b）ストレスに対する皮膚の抵抗測定反応

（c）前頭前野[2]の脳活動の脳波図

幸福に関する主観的データは、これら客観的指標と密接に関わる。自分の生活に非常に満足あるいは幸せを感じていると答える人は、本物の笑顔を表現し、高血圧のリスクが低く、心身の病気に悩まされることがなく、積極的な感情と連動して脳活動が活性化する傾向がある。したがって、主観的幸福度指標は現実を反映している。これらのデータは、たとえば友人や家

（1）〔訳注〕一九世紀半ばにフランスの神経医ギョーム・デュシエンヌが提案した、本物の笑顔かどうかを識別するための基準。

（2）〔訳注〕大脳のうち、前頭葉に位置する連合野。思考や創造性を担う脳の最高中枢。

族によるその人の幸福度の評価など、他の主観的幸福度指標によってさらにチェックされる。これによって主観的幸福度と客観的幸福度の相関関係が高まり、幸福度の自己評価の信頼性が保証される。その他の幸福度指標で幅広く利用されているのは、いわゆる客観的データによるものだ。たとえば自殺率、アルコール中毒・薬物中毒・精神疾患の割合、向精神薬の使用率、高血圧症の割合がそうである。主観的指標の結果と客観的指標の結果の間には、大きな差は見られない。

ある研究によれば、ヨーロッパで最も幸福度が高い国は、高血圧症患者の割合が少ない国である(3)。また、幸せの経済学の提唱者ジョン・F・ヘリウェルは、自殺率の高い国では国民の多くが生活にあまり満足していないと答えている(4)。彼は、自殺率の国別の相違が生活満足度のそれと非常に似通っていることも指摘している。

経済成長の指標

経済成長という概念は、一人あたり所得、すなわち平均的な購買力の長期的増加を意味する。統計上、それは一人あたり国内総生産（ＧＤＰ）の増加として表される。ＧＤＰは、市場を通じて取引されるモノ〔財・サービス〕の価値を測定したものである。したがって、経済成長は購買力の増加を意味する。事実、ＧＤＰは市場で取引されないものを考察の対象とはしない。

この点は重要である。私はこれから、経済成長が幸せな生活（benessere）の創造に失敗していることを議論する。なぜなら経済成長は、商品化されないが人びとの幸せにとって大切な財を悪化

図1　米国における所得と幸福度の推移（1946～1996年）

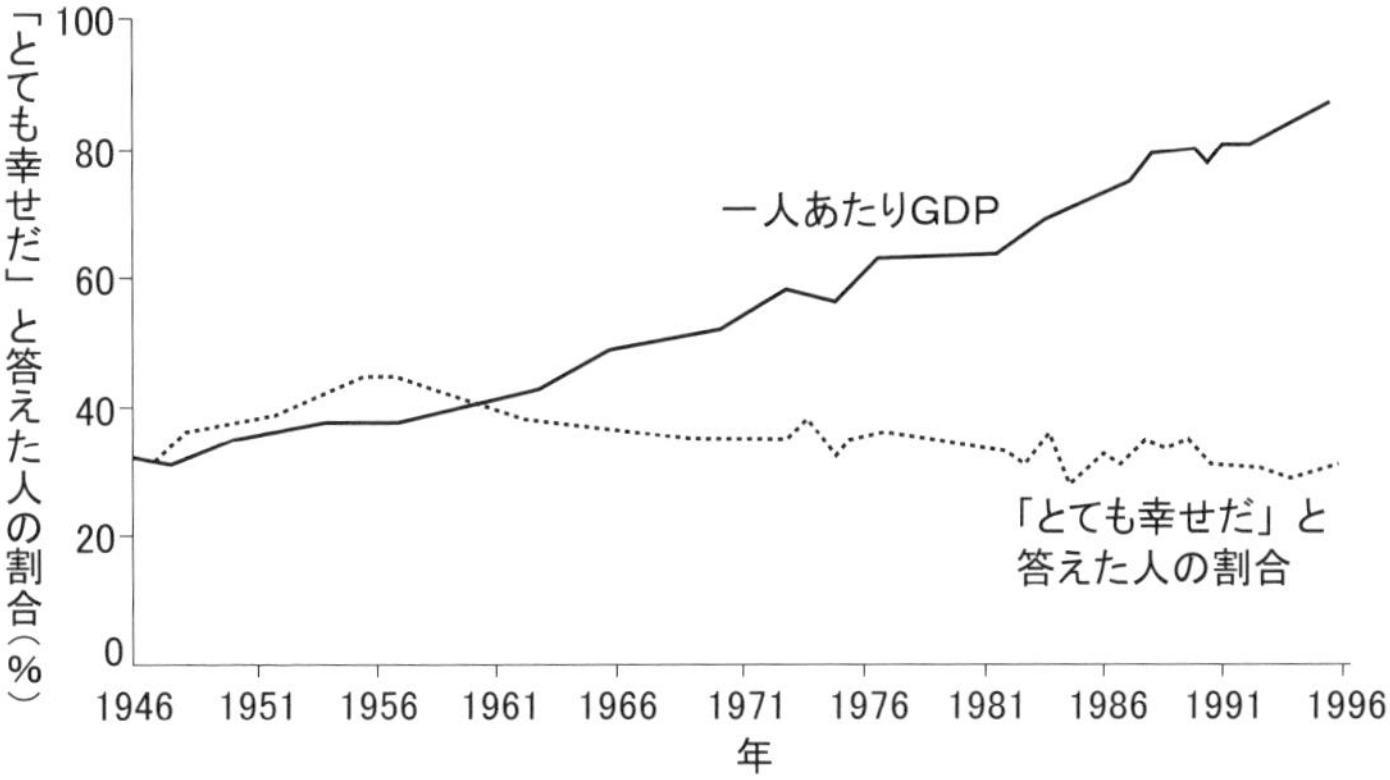

させているからだ。そしてGDPは、労働時間や労働にともなう苦労など、幸せな生活にとって大切な他の指標も無視している。

二　米国人はいつも幸せを感じていない

幸福の逆説の極端な例である米国の事例から検証してみよう。米国の事例が極端であるというのは、多くの欧米諸国の幸福度は、第二次世界大戦後にほぼ安定的か緩やかに増加しているのに対して、米国では減少しているという意味でだ。

主観的データ

図1は幸福の逆説の核心を明確に示している。この図は、一九四六～九六年の米国民の一人あたりGDPと、「とても幸せだ」と回答した米国民の割合の推移の比較

（3）Blanchflower & Oswald, 2008.
（4）Helliwell, 2007.

である。

米国民の平均所得は高い成長を記録しているのに対して、「とても幸せだ」と答えた人の割合は減少し続けている。経済的富を産出し続けている社会で人びとが徐々に生活の質の悪化を感じているのは、なぜだろうか。

客観的データ

幸福度の低下傾向に関して、幸せかどうかを報告する際に各回答者が間違いを起こしているからだと考える人がいるだろう。だが、そうではない。自殺率、向精神薬の使用率、精神疾患の割合など、幸せな生活に関する客観的データは主観的データ以上に悪い結果を示している。[5]
たとえば、米国の成人を標本集団とする心理学的なインタビュー調査が一九九四年に行われた。回答者の約五〇%が人生の中で一度は精神疾患を患ったことがあると答え、約三〇%が前年に精神疾患に罹ったと答えている。[6] 驚くべきことに、一八・二%はアンケート実施前の一カ月以内に精神病に罹っていた[7](他の欧米諸国でも状況はあまり変わらないようである。たとえば、英国の若年成人層の標本集団のうち一六%が過去一週間に神経症を患ったことを示している研究もある。[8] 別の調査は、アイルランドでは国民の二・四%が過去一カ月間に慢性的うつ病にかかり、一二・二%が過去一年間に同様の症状が出たと報告している[9])。
現代米国社会のこの失望させる姿は、生活の質の悪化の氷山の一角である精神疾患の罹患率を反映したものだ。それは過去五〇年間に精神不安やうつ病などの病気が急増した結果である。米国、プエルトリコ、ドイツ、イタリア、フランス、レバノン、ニュージーランド、台湾の四万人の標本集団に基づいて行われたうつ病に関する大規模な国際的研究は、うつ病の危険が二〇世紀に入って大きく増加したと報告している。

米国人とカナダ人を対象に行ったL・N・ロビンズらの一九八四年の研究は、うつ病の増加が、若年世代ほどこの病気に罹る可能性が高いという点で、世代的特徴をもっていることを明らかにしている[10]。その数値は印象的だ。一九一〇年前後に生まれた人は、同調査が実施されたときには七五歳前後で、人生において深刻なうつ病に罹患する確率は一・三%だった。反対に、一九六〇年以後に生まれた人は当時二五歳以下で、彼らがうつ病に罹患する確率は五・三%まで上昇した。どの世代も、うつ病に罹る確率は前の世代よりも高かった。これらの結果は、多くの情緒不安定患者の親を対象に行った他の研究によっても確認される[11]。

初めてうつ病に罹る平均年齢も著しく低下している。一九六〇年代半ばの米国で初めてうつ病

（5）Diener and Seligman, 2004; Wilkinson and Picket, 2009.
（6）Kessler et. al., 1994.
（7）Kessler e Frank, 1997.
（8）Jenkins et. al., 1997.
（9）McConnell et. al., 2002.
（10）Robins et. al., 1984.
（11）Klerman et. al., 1985.

に罹った人の平均年齢は二九・五歳だった。[12] 若者にとって、うつ病は日常的な病気ではなかったのだ。しかし、一九九〇年代初頭になると、一〇代でうつ病に罹る人が増えてきた。[13] 平均年齢の低下は大きな問題だ。なぜなら、うつ病は再発する傾向があり、最初の発生が若ければ若いほど、頻繁に再発する傾向があるからだ。[14]

この研究で使用された調査方法は診断的インタビューである。この調査方法は、病気の診断基準や最近の変化など、うつ病の時系列的推移を追跡する際にともなう主要な問題を解決する。この調査では、「これまでうつ病になったことがありますか」という質問を行わない。代わりに「これまで自殺を考えたことがありますか」「二週間毎日泣き叫んだことはありますか」という質問を投げかける。これらの質問は、人びとが自分の経験に対してラベリングを行う方法（つまり、うつ病かどうか分類する）ではなく、うつ病の兆候に関して質問するという方法である。

したがって、精神疾患に関する客観的データは、主観的データ以上に米国の幸福度が悪化傾向にあることを示している。さらに客観的データは、現代米国において不幸せを感じる人の増加には世代的特徴があることも示唆する。言い換えると、若年世代であるほど精神疾患の危険が増えているのだ。この問題は米国に関してとくに顕著であるが、他の欧米諸国も同様の傾向を免れていない。

三　米国人はより多く働く

次に米国人の労働時間に注目してみよう。この問題は、ジュリエット・ショーアが『働きすぎのアメリカ人——予期せぬ余暇の減少』（一九九二年）において提起して以来、大きな論争の的となってきた。同書は、米国人が過去数十年間、毎年約一カ月分（一六〇時間）多く働いていることを明らかにしている。その後の論争を経て、同書の結論は実質的に認められた。

この事実は、もうひとつ別の問いを喚起する。経済的に豊かになり続けている社会——すなわち諸個人が自分の時間をどう利用するかという問題が、経済的必要性の圧力にあまり拘束されなくなる社会——において、より多く働き続けなければならないのはなぜかという問いである。

自由時間の増加は経済成長の約束の一つだった。一九三〇年代にケインズは、英国人の一週間の平均労働時間が二〇三〇年には一五時間になるだろうと予測していた。二〇三〇年は近づいているが、そのような予測をする現代人は誰もいないだろう。産業革命以来、欧米諸国は自由時間の実質的増加を常に期待していた。物質的に豊かになれば経済的必要性の圧力が減り、人間が一生のうちに仕事に費やす時間が少なくなると期待されていたのだ。この期待は、「余暇が増える社会」をめぐってさまざまな議論が行われた一九七〇年代までは存在していたが、その後跡形もなく消えてしまった。

米国人に関するデータは、この期待の消滅の理由を明確に裏付けている。自由時間は増えなく

（12）Beck, 1967.
（13）Lewinsohn et. al., 1993.
（14）Diener and Seligman, 2004.

なったのだ。人間を労働の苦しみから徐々に解放するという産業主義の当初の約束は裏切られ、現代では労働は諸個人の生きる活力の大部分を吸い取っている。欧米人はみな、バランスの崩れた忙しい生活を送っており、なかでも米国では問題が極端な形で現れている。一〇五～一〇九ページで説明するヨーロッパ諸国は、米国と比べればまだましな状況にある。前者の労働時間は後者の労働時間よりも短く、わずかではあるが減少傾向にある。

この状況を見ると、次のような問いが当然ながら出てくるだろう。

「産業主義が自由時間を犠牲にして財を生産する傾向がある」[15]のは、なぜだろうか。自由時間を増やすという経済成長の約束が破綻したのは、どうしてなのか。時間への圧力が現代社会の典型的問題であるのは、なぜか。どうして、先進社会は「物質的な豊かさの中での時間の欠乏」を経験しているのだろうか。「時間の欠乏」のような新しいタイプの社会的貧困が広がっているのは、どうしてなのか。時代を経るごとに豊かに、そして生産的になった経済の中で、このようにたくさん働かなければならないのは、なぜだろうか。巨大な富と生産力を蓄積した経済の中で、人びとはなぜ、このようにお金に関心をもつのか。彼らがより少なく労働する生活を享受するのを妨げているのは、何だろうか。

四　お金では幸せになれないのに、米国人が常により多く働くのはなぜか

幸福度の減少と長時間労働が共存するとは逆説的である。より多くお金を稼いでも幸せは増え

ないのに、米国人はなぜもっと働こうとするのだろうか。この問いに答える際には、個人の選好を基準に推論を進めることはできない。もっとも、そのようなアプローチは、これら二つの傾向を別々に扱う経済学者の説明によく見られる傾向ではあるが……。

経済学者は、お金が個人の幸せにとって重要ではないという事実に言及して、幸福の逆説を説明しようとする。この説明から、所得の長期的増加が起こると、諸個人はお金を稼ぐための主要な努力としての労働を実質的に減らしていくという考えが導き出されるだろう。だが、これは事実に反する。(16) 他方で同じ経済学者は、労働時間が増えているのは諸個人が自由時間よりもお金に関心をもつからだと説明する。そうであるならば、所得の長期的増加が幸福度にプラスの効果を与えなければならない。ところが、これもまた事実に反するのだ。

個人の選好を理論的根拠として、幸福度の減少と労働時間の増加の二つの傾向を説明することはできない。個人の選好の観点から二つの傾向の一方を説明すると、もう一方を説明できなくなる。したがって、そうではない説明方法が必要である。

(15) Cross, 1993, p. 7.
(16) 経済学用語で説明するならば、所得よりも自由時間に対する選好がわずかでも存在する場合、各人は生産量ではなく余暇を増やすために生産性の長期的向上の配分を行うだろう、という論理だ。しかし、実際には正反対のことが起こっている。産業社会は生産性の長期的向上の大部分を、余暇よりもむしろ生産を増大するために配分している。

五　幸福と関係性の貧困

私がエンニーノ・ビランキーニとマウリツィオ・プーノと共同で行った研究は、米国における幸福度の減少が「関係性の貧困」の増加——すなわち社会関係の悪化——によって説明されうることを明らかにした。孤独、コミュニケーション問題、恐怖、孤立感、人間不信、家族関係の不安定化、世代間の隔絶など、これらマイナスの側面のすべてが米国では過去数十年間に増加している。他方で連帯、誠実さ、市民参加などのプラスの要素は減少した。

我々の研究は、米国の経済社会現象に関する最大のデータバンクであるジェネラル・ソーシャル・サーヴェイ(General Social Survey)から取得した一九七五～二〇〇四年の三〇年間のデータを用いている。このデータバンクには、所得や幸福度だけでなく、相手に対する誠実さ、連帯感、友人・両親・隣人との社会的つながり、さまざまなアソシエーション活動への参加など、諸個人の間の信頼関係に関連する時系列データも含まれる。さらに、米国社会の主要な諸制度に対する国民の信頼度に関連するデータも利用可能だ。

我々の研究は、幸福に対して四つの力学が作用していることを明らかにした。

第一の力学は一人あたり所得の増加であり、これは幸福度にプラスの影響を与える。その他の三つの力学はマイナス影響を与える。

第二の力学は社会関係財の減少に起因する。社会関係財という概念は、諸個人が経験する関係性の質を示すために経済理論〔とくにイタリアの経済学〕に導入されたものである(17)。

社会関係財は、社会科学で広く使用されている「社会関係資本（ソーシャル・キャピタル）」概念の一構成要素である。社会関係資本は、諸個人の間や個人と制度の間に存在するあらゆる種類の非経済的関係を指す。社会関係財以外にも、たとえば政治投票への参加、市民意識、制度に対する信頼などが社会関係資本に含まれる。

近年、米国の社会関係資本の変化が大きな話題となっている。その火付け役となったのはロバート・パトナムの『孤独なボウリング――米国コミュニティの崩壊と再生』（英語原著二〇〇〇年、邦訳二〇〇六年）である。同書で著者は、米国の社会関係資本が一九六〇年代以降衰退しており、この傾向が米国内の社会的まとまりと民主主義の安定性を長期間脅かしていることを指摘している。

パトナムの議論は、私の研究を含めたさまざまな研究調査によって確証されている。これらの研究は、米国の社会関係財が過去三〇年間に衰退したことを示す。さらに、社会関係財が幸福度にプラスの影響を与えることも確認されている。したがって、社会関係財の衰退は米国人の幸福

（17）社会関係財とは、Gui (1987) と Ulhaner (1989) が提案した概念であり、その研究はルイジーノ・ブルーニを中心とするイタリアの経済学者のグループによって進められてきた。この点については、Bruni (2005); Bruni and Stanca (2008); Bruni and Zamagni (2007); Bruni and Porta (eds.) (2007); Gui and Sugden (2005); Pugno (2004); Becchetti, Pelloni, Rossetti (2008); Bartolini (2007); Bartolini and Bonatti (2002); Antoci, Sacco, Vanin (2005) を参照されたい。

度の減少に大きく寄与したのだ。

それはまるで、米国人が大きな踏み車（トレッドミル）の上で立ち往生しているような状態である。つまり、お金をもっと稼いで前進しようとするけれども、現実には踏み車は逆方向に回転しているので、常に停滞しているのだ。この場合、車輪が逆回転するのは社会関係の衰退に起因する。つまり「社会関係の踏み車」が問題なのだ。逆回転するこの踏み車の上を動いても、大きな幸せは得られない。なぜなら、経済的繁栄を通じて幸せになろうとする努力は、関係性の質の悪化によって挫かれるからである。

第三の力学は、社会関係資本のもうひとつの構成要素である制度への信頼の減少である。米国の主要な制度——政府、議会、銀行、大企業、労働組合、新聞、テレビ、教会、学校、科学、医療——に対する信頼は年々減少している。唯一の例外は最高裁判所と軍事力への信頼だ。前者は一九七五年の水準と変わらず、後者は増加している。米国人は米国の諸制度に対する信頼をしだいに失っており、そのため安全が保障されていないという感覚が生じ、幸福度が低下しているのだ。

平均的な米国人——本書ではジョーンズ氏と呼ぶことにする——の幸福度を下げる第四の力学は、他の米国人の所得である。理由は社会的比較だ。実際にジョーンズ氏は、自分の所有物と生活スタイルを彼が憧れる人間集団と比べる。後者に属する人びとは参照集団と呼ばれ、ジョーンズ氏の望む消費水準や基本的ニーズを決定する。ジョーンズ氏が消費財から得る幸福度は、彼が念頭に置く参照集団に依存する。比較対象となる人びとが彼以上に多くの消費財を所有するならば、多くの消費財を獲得してもジョーンズ氏は満足しない。

社会的比較が大きな意味をもつ社会状況——米国がとりわけそうだ——では、経済成長は幸福度の増加に結びつかない傾向をもつ。経済成長は所得の全体的な増加をもたらすからである。ジョーンズ氏の所得は増加するが、彼の比較対象の所得もまた増加する。このため、経済成長はジョーンズ氏のような数百万の人びとの社会的地位に変化をもたらさず、彼らの幸福度にもプラスの影響を与えることはない。

この第四の力学によると、米国人は「社会的地位の踏み車」の上を回っているということになる。ある人は社会的地位を上昇させるために多くのお金を獲得しようと努力するが、経済成長は踏み車を逆方向に回す。なぜなら、その人が参照する集団の所得も増加し、相対的な社会的地位は変わらないままとなるからだ。

米国人の平均的な幸福度が低下しているのは、既述したこれら四つの力学がもたらす影響の収支決算（バランスシート）がマイナスだからだ。考察対象となった三〇年間に起こった幸福度の変化は、関係性の貧困の増加、制度に対する不信、社会的比較の三つの力学が幸福度に与えるマイナスの影響が、所得増加のプラスの影響よりも大きいという事実によってほぼ完全に説明される。これらの結果は、米国人の幸福度の変化のほぼすべてを説明するといってよい。我々の研究で説明されていない部分はきわめて小さい。この研究はまた、仮に社会関係の質が一九七五年の水準に維持されていた場合、米国人の幸福度は増加していたであろうことも示している。

幸福度の決定要因として所得よりも関係性が重要であることを理解するのに、社会関係の質の経済的価値に関する指標を検討してみよう。[18] 他人に対して誠実さや連帯を感じる人は、そうでない人――つまり、他人を不誠実で連帯に欠けているとみなす人――よりも幸福度が高い傾向がある。後者が前者と同じ幸福度に到達するために必要な追加的世帯所得は、年間一三万五〇〇〇ドルである（一〇万一〇〇〇ドルが連帯を補填する価値、三万四〇〇〇ドルが誠実さを補填する価値である）。言い換えると、誠実さや連帯に欠ける人間関係の中で生活していると考える個人は、そうでない人と同じ幸福度に到達するのに、年間一三万五〇〇〇ドルほどの所得をさらに必要とするのだ。

孤独の経済的価値は印象的だ。友人・両親・隣人とのつながりを失った人は、友人・両親・隣人と頻繁に関わる人と同じ幸福度に到達するのに、年間一五万五〇〇〇ドルほどの追加的所得を必要とする（五万二〇〇〇ドルが友人、五万六〇〇〇ドルが両親、四万七〇〇〇ドルが隣人の経済的価値である）。

これらの数値が示唆するのは、関係性の貧困の増加が幸福度の減少を引き起こさないようにするためには、米国経済は実際に確認される水準よりも高い水準で拡大成長しなければならないということだ。私の計算によると、社会関係の衰退による幸福度の喪失を補填するために必要な世帯所得の成長率は、実際に確認される成長率の二倍以上でなければならない。留意すべきは、これは幸福度を増加させるためではなく、一九七五年と同じ水準を維持するのに必要な成長率である。実際に確認された関係性の悪化を所与とした場合、中国経済と同じ経済成長率が三〇年続いたとしても、米国人の幸福度は増加しないだろう。

したがって、一国の経済的繁栄を示す指標であるＧＤＰは、幸せな生活の条件を測定する指標としてはまったく役に立たない。ＧＤＰは幸せな生活の一側面である購買力を効果的に示す反面、社会関係、制度に対する信頼、社会的比較など、幸福度に大きな影響を与える他の側面を見えなくする。

私の研究から次のメッセージが導き出される。お金は幸福にまったく影響を与えないわけではないけれども、その重要性は小さい。その他の事柄、とくに社会関係の質はより重要である。そして、米国では過去三〇年間に社会関係の悪化が深刻化している。だから、米国人の幸福度は減少しているのだ。

六　労働と関係性の貧困

私がエンニーノ・ビランキーニと共同で進めたもうひとつの研究は、米国における労働時間の増加傾向を説明するのに関係性の減少という観点が役立つことを明らかにした。この研究においても、ジェネラル・ソーシャル・サーヴェイの過去三〇年分の時系列データを調査した。このデータバンクは労働時間に関するデータも保有している。

研究調査の結果、関係性の貧困は諸個人の労働時間を増やすことが分かった。関係性の貧しい

(18) 幸福度に関する研究で広く用いられている、所得によるさまざまな補填費用を計算する方法。この方法は、たとえば社会関係と所得など、幸福度に影響を与える多様な要素の間の等価関係をデータから抽出することを可能にする。

人はほとんどの場合仕事に没頭し、お金に関心をもつようになる。この事実から、米国で過去三〇年間にわたり労働時間が増加したのは、社会関係の悪化によると考えられる。米国人は、彼らの関係性の諸条件の悪化を労働と物質的富の増加によって補おうとしている。そしてまた、労働時間の増加は関係性の悪化をもたらす。データによると、より多くの時間とエネルギーを仕事に費やす人は、人間関係にあまり時間とエネルギーを費やさないと答えている。したがって、関係性と労働時間の二重の因果関係が描かれるだろう。つまり、関係性が貧しくなると労働時間が増え、労働時間が増えたことで関係性がさらに貧しくなるのである。

本稿で展開した分析は、幸せを感じられない生活と忙しい生活は共通の根っこから生じていることを示唆している。「お金は少しの幸せしかもたらさないのに、米国人がより多く働くのはなぜか」という問いへの答えは、関係性の悪化に求められる。

2　関係性の悪化が経済成長を生む

お金はジョーンズ氏――本書における平均的な米国人――にとって小さな影響しかなく、反対に関係性は大きな影響を与える。それでも、ジョーンズ氏は関係性よりもお金に強い関心を示していることを示している。社会と個人にこのようなマイナスの影響をもたらす経済的・社会的・文化的・心理学的メカニズムは何だろうか。このメカニズムは、経済・社会組織の欠陥や個人の性格に起因しているのだろうか。社会全体で生き辛さの兆候が増大しているにもかかわらず、米国が過去数十年間にわたって目を見張るような経済的ダイナミズムを示しているのはなぜだろうか。

　これらの問いに答えることは重要である。なぜなら、忙しさと不幸せの問題は、程度は弱いとはいえ、米国以外の社会に暮らす人びとにも関係があるからだ。また、多くの人にとって、米国は欧米諸国で最も発展した国であり、模倣すべきモデルであるとされている。米国の事例の検証は、すべての人に関わる問題である。

一　経済成長と関係性の貧困

　私がルイジーノ・ボナッティやアンジェロ・アントーチと共同で開発したさまざまな理論モデルは、この問いに対する回答を提供する。これらの理論モデルは、社会関係の悪化が幸せ(benessere)の観点からは望ましくない形態の経済成長を引き起こしうることを示している。そのような理論モデルを「防御的な経済成長(defensive growth)」モデルと呼ぼう[19]。このモデルは、以

(19)　私は別の論文で、防御的な経済成長の代わりに、「負の内生的成長(Negative Endogenous Growth＝NEG)」「代替プロセスとしての経済成長(Growth as Substitution Process＝GASP)」という名でこのモデルを定義したことがある。

下の三つの仮説に基づいている。

①社会には、市場で購入できないが幸せな生活（benessere）にとって非常に重要なもの、つまり自由財や無償の消費財と呼ばれるものが存在する。

②経済は、自由財に対して費用のかかる代替物（商品）を供給する。

③経済成長は自由財の利用可能性を減らす。

第一の仮説は、環境財や社会関係財に関わる。環境財とは自然環境の質を指す。それが市場で購入できない性質のものであることは、さまざまな側面からみて明らかだ。都市の中できれいな空気を販売する者はいない。しかし、環境財だけでなく、社会関係財も市場で購入できない性質のものである。友情、愛情、犯罪のない都市を商品として販売する者は一人もいない。

第二の仮説は、無償の消費財が減少するにしたがい費用のかかる代替物が出現するというものだ。たとえば、家の近くの海や川が汚染されて楽しく水浴びができなくなると、プールを購入したり、南国の楽園に旅行に行ったりするだろう。都市の危険性が高まり外出できなくなると、あらゆる種類のホーム・エンターテインメント（衛星テレビ、ケーブルテレビ、プレイ・ステーション、ビデオ、ＤＶＤ、インターネット、ホームシアター）を購入し、夕方以降を家で過ごすだろう。つまり、何らかの商品を購入し、それらに囲まれることによって、自然環境や社会環境の悪化から身を守る可能性が生じるのだ。

当然ながら、これら「自己防衛的支出（spese difensive）」を維持するために、いままでよりも多く働き、もっと消費しなければならなくなる。自由財の衰退から身を守るために代替となる商品を購入するさまざまな努力が、ＧＤＰを増加させるのだ。自由財の減少が経済成長を生み出すのである。

第三の仮説は、経済成長が自然環境と社会関係の諸条件を悪化させるというものだ。自然環境の質に関して言えば、大量生産・大量消費によって環境汚染が起こりうるのは明らかだ。これに対して、社会関係の悪化がどのようにして生じるかはあまり明確でない。この点は第Ⅲ部で詳しく説明するが、まず以下の点を仮説として考えてみよう。

すでに述べた第二の仮説のもとでは、自然環境と社会関係の悪化が経済成長を生み出し、経済成長が環境と社会関係をさらに悪化させる。すなわち、自然環境と社会関係の欠乏が進むにつれて経済的富が増加するメカニズムが発生し、独り歩きしていく。諸個人は、自由財や無償財などの共有物の悪化を私有財で構成される経済的富で補填する。その結果、「豊かな社会」[20]を特徴づける典型的な対照性を生み出すまでに至る[21]。

このメカニズムの核心は、市場経済で取引されない財の破壊が進行するなかで、経済成長が代替的なプロセスとして機能することにある。無償財の減少分を費用のかかる商品で代替すること

(20) Galbraith, 1972.
(21) 〔訳注〕Ｊ・Ｋ・ガルブレイスが『ゆたかな社会』（岩波文庫、二〇〇六年、原書初版＝一九五八年）で議論していること。大衆消費社会となった当時の米国では、民間部門（市場経済）が供給する消費財が、とくに奢侈品を中心に豊富になるが、その反面、公的部門が提供する市民生活の基本的ニーズ（公共サービスなど）が貧しくなるという、歪んだ経済発展が生じていた。

で、経済成長が生じる。経済成長はそれ自体に内在する破壊的な力によって維持されるのだ。

この見解は多くの点で、経済成長を「新しい欲求（ニーズ）の創造」と「消費モデルの変化」に関連づける社会学的知見と通底する。防御的経済成長モデルによると、新しい欲求は、無償の消費財の減少の代替として費用のかかる消費財を創出する。また、消費モデルの変化は、共有財（無償の消費財）から私有財（費用のかかる消費財）への移行となって現れる。したがって、経済成長は消費モデルの変化として捉えられるようになる。諸個人は、共有財の代わりに私有財の増加を通じて幸せな生活を送ろうとする。

このメカニズムの根底には諸個人の労働時間を増やそうとするインセンティブが存在し、それは自由財の減少によって引き起こされる。自由財の減少から身を守る手段として多くの商品を所有できるようになるためには、より多く労働しなければならない。防御的成長モデルは、無償で生活することがしだいにできなくなるために、各人のお金に対するモチベーションが高まる世界を描写する。物質的に豊かになった社会では、社会関係と自然環境の悪化から身を守るための経済的コストがかかるため、人びとはお金を稼がなくてはならなくなるのだ。

この種の経済成長は、幸福度にとって期待はずれの結果しかもたらさない。自然環境と社会関係の悪化、ならびに自由時間の減少が幸福度に与えるマイナスの影響は、所得の増加がもたらすプラスの影響を相殺する。この文脈において、忙しさと不幸せはコインの裏と表であると言えよう。お金がなくてもできることが少なくなるにしたがって、お金の重要性は増してくる。お金は共有財の悪化から脱出するための私的な手段となる。しかし、まさに共有財のこの衰退こそが、経済的繁栄が幸せな生活を導くことができない理由を説明するものである。

二　経済成長の分裂症的《スキゾフレニカ》症候群

防御的経済成長モデルによる説明は、諸個人がお金の蓄積を求めるようになるのは、社会において無償の活動が少なくなってきたからであるという基本的な直観を与えてくれる。したがって、経済成長の伝統的な展望は物語の一部を語っているにすぎない。この物語によると、ある世代にとって高級な財は、次の世代にとっては標準的な財となり、さらにその次の世代にとっては必要不可欠なニーズとなる。家電、自動車、旅行、医療、文化的な消費財など、経済成長の物語はこの種の事例にあふれている。だが、これは物語の一面にすぎない。

三一ページで述べたように、物語には隠された側面がある。それは、ある世代にとって無償だった財が次の世代には希少で費用のかかる財となり、さらにその次の世代にとっては高級財となるというものだ。たとえば、静けさ、きれいな空気、海やきれいな川での水浴び、楽しい散歩、草原、森、あるいは人間の好奇心や犯罪のない界隈など。これらはどれも我々の祖父の世代には無償かほとんどそれに近い形で利用できた財であり、父親の世代においても多くの場合そうだった。しかし、現在では希少となった。

このようになってしまった仕組みは、さまざまな比喩を使って説明できる。ひとつは、経済成長の分裂症的《スキゾフレニカ》症候群という比喩だ。経済成長の機能は統合失調症患者の行動と似ている。一方の手では何かを作り、別の手でそれを破壊するのだ。もうひとつの比喩は、すでに言及したことであるが、社会関係の大きな踏み車である。

社会関係の衰退は、消費様式だけでなく労働様式にも影響を与える。信頼、共有された社会規範、誠実さやビジネス倫理などの価値の崩壊は、市場経済を構成するいろいろな社会関係をより複雑にする。無償財と有償財の間の代替メカニズムが、消費様式だけでなく生産様式においても機能するのはこのためである。たとえば、社員を信頼する代わりに監視カメラや監視役を設置する。ビジネス・パートナーへの信頼が低くなれば、会社は法律コンサルタントを雇って自社を守る契約を結ぶだろう。無償の資源(信頼)を代替する費用のかかる資源を使用することが可能なのだ。この種の自己防衛的支出は枚挙に暇がない。

たとえば、業界の秘密を保護する費用、犯罪防止のための費用、私的所有権保護のために法律コンサルタントやビジネス・コンサルタントを雇う費用、監視費用、契約書の作成や契約履行にともなう費用、ビジネス・パートナーの選択や人事の際の調査費、人材の個人情報を知るための費用など。人事や人材に関する調査費は、他人を信用していないことと密接に関わっている。弱肉強食の世界で生きるためには、心理的側面の負担だけでなく、経済的にも費用がかかる。この種の費用は商取引の現代化だけでなく、他人に対する信頼の低下を表している。

この場合でも経済成長を促す効果が現れる。これらの支出はすべてGDPの増加を導き、人びとは互いを信用しない対立的な関係の中で働くことに慣れていく。生産力が増加するにしたがい、共に働く人びとの間には信頼が生まれにくくなる。そのような信頼の悪化は、経済成長のメカニズムをさらに後押しする。[22]

三　社会的統制(コントロール)のための費用の増加

このメカニズムは、「監視的労働(guard labor)」[23]の増加に如実に反映されている。この現象は、ボウルズとジャヤデフによる一八九〇～二〇〇二年の米国についての有名な研究の中で報告されている[24]。

監視的労働は、ある社会に内蔵される規律訓練装置を知るための物差しとなる。それは、人間や財産を保護したり、職場での規律訓練を維持したりするための労働を指す。監視的労働には、労働の管理、警察、警備会社、監獄、監獄の囚人、失業者、軍人が含まれる。囚人が含まれる理由は、それが潜在的な犯罪に対する抑止力となるからだ。失業者が含まれる理由は、ノーベル経済学者のジョセフ・スティグリッツがまとめているように、「失業は労働の規律化のインセンテ

(22) Bartolini e Bonatti, 2008a, 2008b.

(23) 〔訳注〕米国の政治経済学者サミュエル・ボウルズとアージュン・ジャヤデフが二〇〇六年に米国の学術誌 *The Journal of Development Economics* (Vol.79, No.2)に発表した論文「監視的労働——プラナブ・バーダンを称える論考(Guard Labor: an Essay in Honor of Pranab Bardhan)」で導入した概念。監視的労働(guard labor)とは、資本主義システムの秩序を維持するために導入されるさまざまな形態の労働のことである。監獄の囚人や失業者など、間接的な規律訓練効果をもたらす労働も含まれるのが特徴。

(24) Bowles and Jayadev, 2006.

図２　米国の全労働人口に占める監視的労働の割合の推移
（1890 〜 2002 年）

	1890	1929	1948	1966	1979	1989	2002
監視的労働	6.0%	6.9%	18.9%	20.9%	23.4%	24.9%	26.1%
失業者を除く監視的労働	1.8%	3.1%	14.1%	16.5%	16.6%	18.6%	21.3%

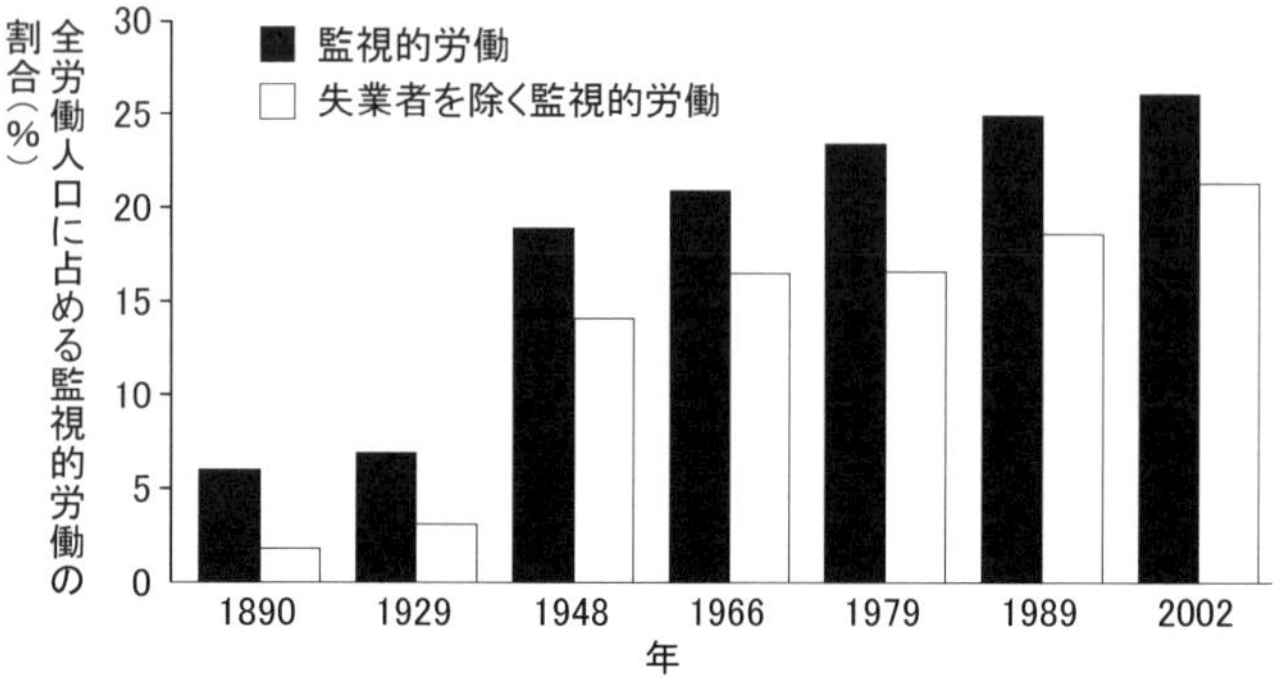

イブである」からだ㉕。

監視的労働は自己防衛的支出の典型例であり、基本的には信頼の代替物である。人間は互いを信頼しなくなったとき、管理的・統制的志向を強める。米国における監視的労働の一世紀以上にわたる水準は、図２のように示される。

二〇〇二年には、米国の全労働者数の約四人に一人が監視的労働に従事している。これは一八九〇年以降、全労働人口における監視的労働の割合が増加した結果である。監視的労働に従事する労働者数は、一八九〇年には二〇〇二年の四分の一であった。この変化が軍人の数の増加によるものではないということに留意されたい。一九六〇年代半ば以降の四〇年間に軍人の数は三分の一ほど減少している。軍人数のピークは、冷戦全盛期の一九六六年だった。

図3　監視的労働の国際比較(2002年)

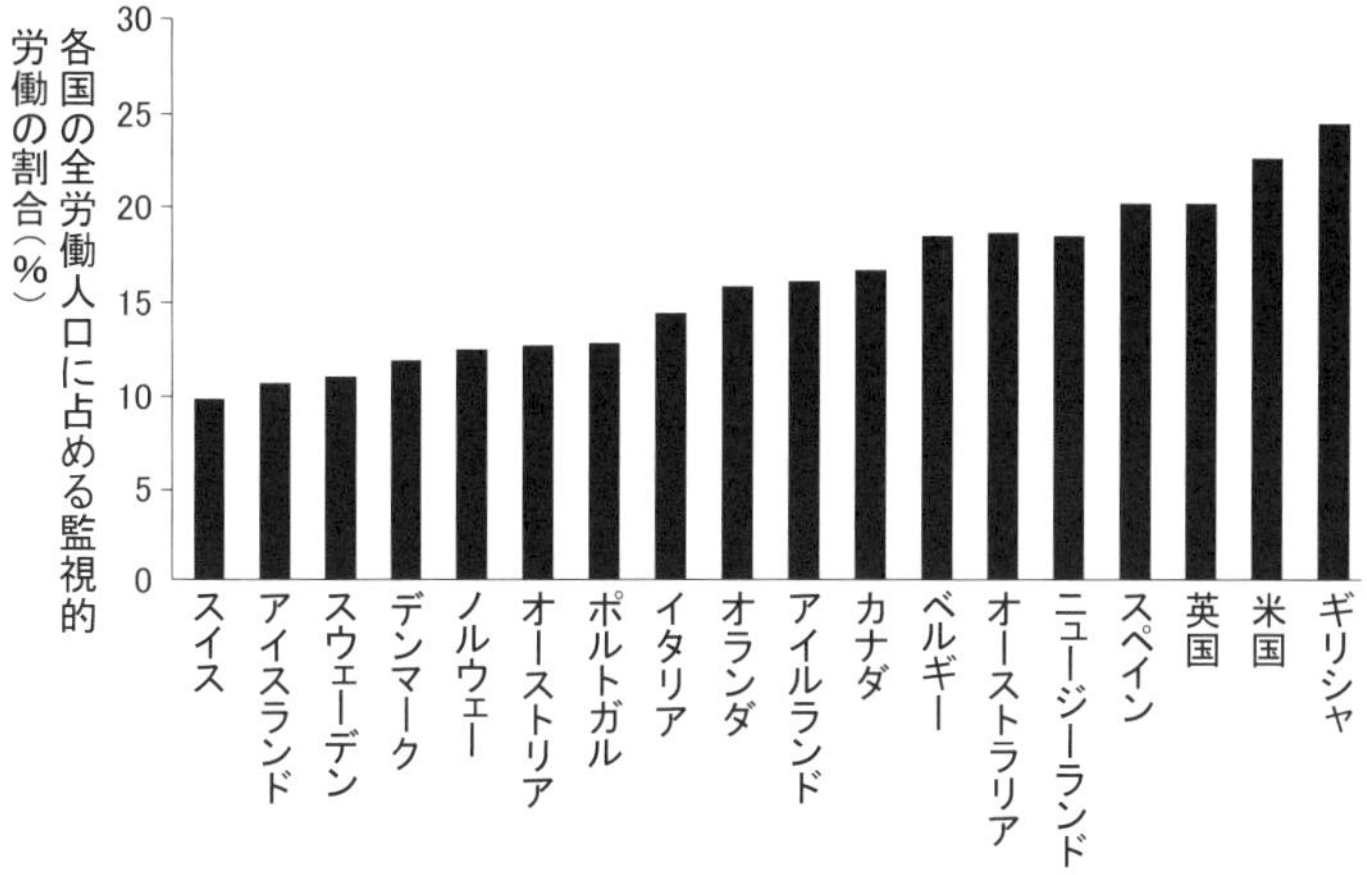

他のヨーロッパ諸国などと比べてみると、米国の状況はより悪化しているように思われる。一国の全労働人口に占める監視的労働従事者の割合は、ギリシャを例外とすれば、ヨーロッパ諸国よりも米国のほうが非常に高い。たとえばスウェーデンでは、米国の水準の半分以下である(図3)。

(25)〔訳注〕米国の経済学者カール・シャピロとジョセフ・スティグリッツは、一九八四年に発表した「労働者の規律訓練装置としての均衡的失業(Equilibrium Unemployment as a Worker Discipline Device)」(*The American Economic Review*, Vol. 74, No. 3, June 1984, pp. 433-444)において、次のような議論を展開している。完全雇用が常に保証される経済体制下では労働へのインセンティブが増えず、労働者の勤務怠慢を誘発する可能性が高くなる。これに対して、非自発的失業が一定の割合存在する経済体制では、勤務怠慢が原因で解雇される不安から、労働者は真面目に働くようになる。したがって、非自発的失業の存在自体が労働者を規律訓練化する効果をもたらす。

ボウルズとジャヤデフが作成した統計は広範囲に及ぶが、それでもなお自己防衛的支出は過小評価されている。私がこれまで挙げた例は、現代人が労働を通じてだけでなく物を使って信頼の低下から身を守ることを示す。これらの物は監視的労働の定義には含まれていない。たとえば、私有財産を守るための監視技術〔たとえば監視カメラ〕、警報装置、暗号などがそうだ。監視的労働に関連する支出自体が過小評価されている可能性もある。たとえばイタリアでは近年、共同住宅の住人同士の訴訟事件が広がっている。この訴訟に関連して弁護士を雇った費用の大部分は、隣人同士の信頼の低下に起因すると考えられる。

四　米国とヨーロッパの比較

防御的経済成長モデルは、米国人が経済的により豊かになったにもかかわらず、自由時間の点では貧しくなり、ますます幸せを感じなくなるのはなぜかという問いに対して妥当な説明を提供する。その説明は関係性の貧困の増加に焦点を当てている。

ヨーロッパは、米国と似た傾向をたどっているのだろうか。ヨーロッパ人は、社会関係の悪化の上に成立する経済成長メカニズム――労働時間が増え、高い経済成長を経験する反面、幸福度は低下するというメカニズム――にどの程度組み込まれているのだろうか。

経済成長と労働時間

表1は一九八〇～二〇〇〇年の米国と主要ヨーロッパ諸国のＧＤＰ成長率を示している。過去

数十年間のヨーロッパの経済成長率は、米国のそれと比べると低い。例外は英国で、他のヨーロッパ諸国や米国よりも高い。

ヨーロッパと米国は、労働時間についても異なる傾向を示している。たとえば表2を見てみよう。表2によると、ヨーロッパ主要国の労働時間は米国と比べて短く、減少傾向にある。ただし、この場合においても英国は例外的であり(表2には含まれていない)、労働時間は増加し、米国のそれとよく似た傾向を示している。

表1　一人あたりGDP成長率(1980～2000年)の国別比較

(単位：%)

国	GDP成長率(1980～2000年)	年平均成長率
米国	53.5368	2.549
英国	60.6247	2.886
イタリア	47.1403	2.244
フランス	39.9541	1.902
ドイツ	47.6756	2.270
オランダ	52.8461	2.516
スウェーデン	41.8359	1.992
デンマーク	52.1377	2.482

出典：OECD統計(http://stats.oecd.org)。

表2　15～64歳の就業人口の労働時間の推移(年平均労働時間)[a]

	1970	1980[b]	1990	2004
フランス	1295	1156	979	905
ドイツ[c]	—	1127	1004	934
イタリア	1122	996	871	910
米国	1169	1213	1344	1299

a：就業者の年間平均労働時間。
b：1980年に関しては、1979年のデータを参照した。
c：ドイツの労働時間は、西ドイツのデータを参照した。
出典：OECD, Employment Outlook Database; OECD, Employment Outlook 2005.

図4　15～64歳の就業人口の年間平均労働時間の推移
（1955～2003年）：ヨーロッパと米国の比較

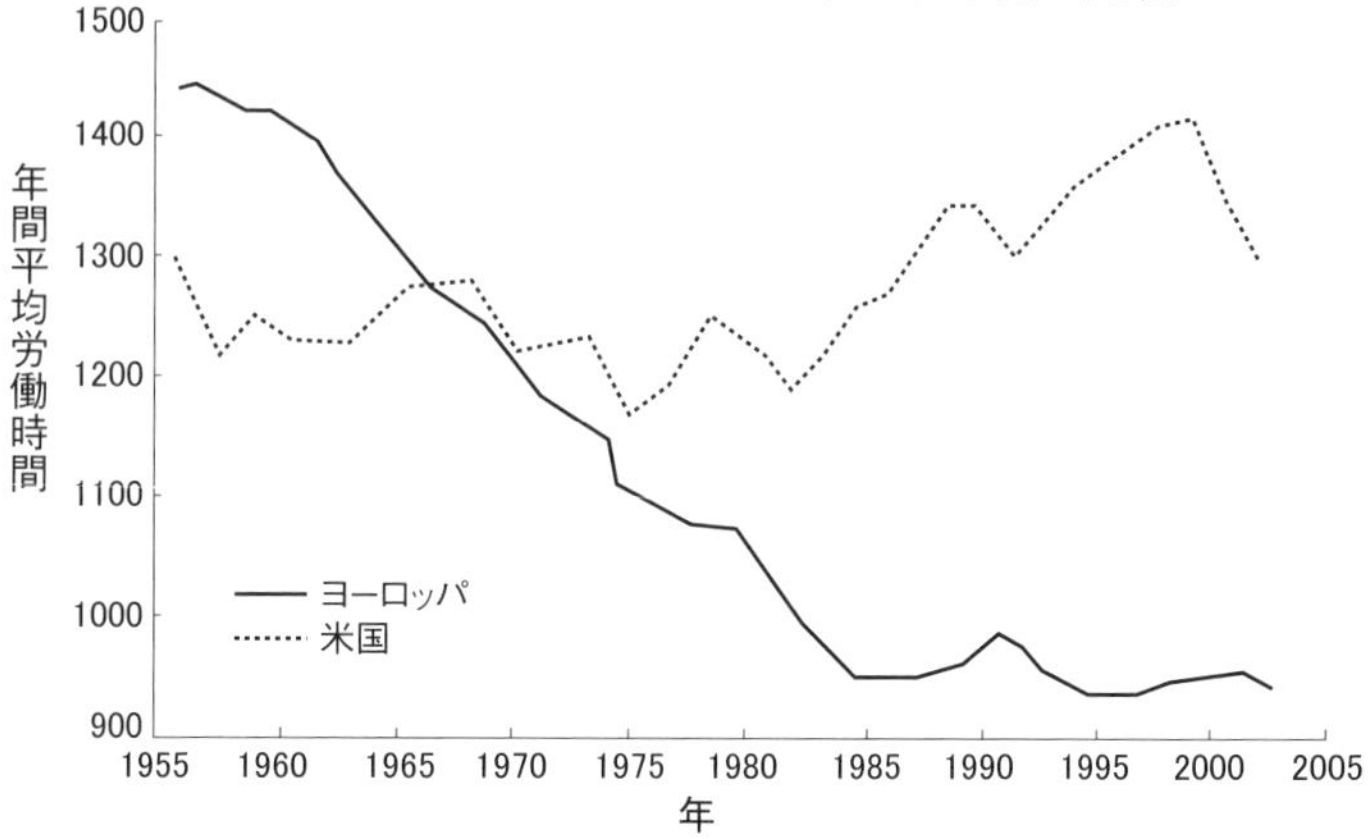

注：ヨーロッパのグラフには、イタリア、フランス、ドイツ、ベルギー、オランダ、ルクセンブルクのデータが含まれる。他のヨーロッパ諸国のデータを含めても結果は変わらない。
出典：Rogerson, 2008.

図4は、米国とヨーロッパ大陸の主要国（つまり英国を除く）の平均労働時間の推移の比較である。やはり表2と似た傾向を示している。

今日、米国人はヨーロッパ人よりも長く働いている。彼らの労働時間は増え続け、休暇は短くなった。米国とヨーロッパのこの相違はよく知られており、広く議論の的となっている。統計データの出発点となる一九五五年時点では、米国人はヨーロッパ人ほど長く働いてはいなかった。その後、労働時間はヨーロッパでは減少し、米国では増加した。状況が一転したのだ[26]。

したがって、米国とヨーロッパでは状況が異なる。米国はヨーロッパよりも高い経済成長を経験し、労働時間も増加した。ヨーロッパの中で英国だけは例外であり、これら二つの傾向においてヨーロッパ大陸よりも米国に近い。

社会関係財と幸福度

この国際的相違は、防御的経済成長メカニズムがヨーロッパよりも米国においてより強く働いていることに起因すると言えるだろうか。言い換えると、ヨーロッパでは関係性の悪化から身を守る必要性が低いため、労働時間の増加と経済成長が抑えられているのだろうか。

もしそうであるならば、幸福度と社会関係財に関して、ヨーロッパは米国よりも優れた傾向を示さなければならないだろう。一九八〇～二〇〇二年のデータを使用したサッラチーノの興味深い論文が明らかにするのは、まさにこの点にほかならない。サッラチーノの論文によると、幸福度と社会関係財はヨーロッパ一一カ国で増加傾向にある(27)。

社会関係財に関するヨーロッパ諸国のデータは、私が米国の事例研究に使用したデータバンクに内蔵されているものと比べれば信頼性が低く、ばらつきがある。したがって、その評価も慎重に行うべきだ。それでもなお、このデータは二つの点において明確な示唆を与える。まず、ヨーロッパにおける社会関係財の傾向は米国のそれと比べて良好であるということ。次に、他の傾向

(26) 一九八〇年代に何かが起こったようだ。この時代に米国人の労働時間は増加し始めた。一方、ヨーロッパ人の労働時間は減少し続け、その後安定的となった。
(27) 数少ない例外は、フランスとイタリアにおける信頼度、ドイツにおける幸福度である。

と同様、例外は英国であるということだ。[28]

防御的な経済成長――ヨーロッパと米国の比較

ヨーロッパと比較して、米国では防御的な経済成長の明確な兆候が出現している。つまり米国社会のデータは、考察対象となった期間のヨーロッパ社会のデータと比較したとき、高い経済成長率（とくに一九九〇年代）、労働時間の増加、幸福度と社会関係の質の漸次的悪化を示しているのである。防御的経済成長モデルは、経済成長率、労働時間、幸福度の三つがヨーロッパと米国の間で異なる傾向を示していることを説明する際に、米国で関係性の悪化が大きく進行している事実を指摘する。ヨーロッパでは防御的経済成長のメカニズムは、米国ほど強く働いてはいない。

この説明は、ヨーロッパ諸国の中で英国だけが唯一米国と似た経済成長率、労働時間、幸福度の傾向を示しているという事実とも矛盾しない。社会関係財の衰退に関しても、英国と米国は似た傾向を示している。

この文脈において、ヨーロッパの低い経済成長率は、ヨーロッパ人がよく耳にする意見の多くとは異なる意味をもつ。ヨーロッパの低成長率は米国の経済・社会モデルの優位を示しているのではなく、ヨーロッパの経済・社会モデルが社会関係の維持に貢献してきた結果である。そのため、ヨーロッパ社会は望ましくない経済成長プロセスにあまり晒されずにすんだのである。

最後に、スカンジナビア諸国の自殺率についての否定的な評価について言及しておこう。広く普及している通念によると、スカンジナビア諸国の自殺率はヨーロッパ主要国の中でもとくに高い。この事実によって、これらの諸国（とくにスウェーデンとデンマーク）の幸福度が最高のパフォーマンスを示していることに疑問を投げかける人もいるだろう。また、スカンジナビア諸国の例は、主観的データ（主観的幸福度）と客観的データ（自殺率など）によって語られる物語が異なることを示していると考える人がいるかもしれない。

いずれにせよ、自殺率に関する通念は、フィンランドに対してのみ妥当である。スウェーデンとノルウェーの自殺率は、他の工業諸国の平均値とほぼ同水準である。一九八〇年から二〇〇〇年にかけて、スウェーデンとデンマークの自殺率は著しく低下した（スウェーデンの自殺率は三分の一ほど減り、デンマークでは半減した）。この自殺率の低下は、両国が幸福度と社会関係財に関して高いパフォーマンスを示していることと整合性がある。[29]

（28）これは世界価値調査（World Value Survey）のデータに基づいている。他の二つのデータバンク（英国世帯調査とユーロバロメーター）によると、英国における幸福度は低下しておらず、基本的には安定している。

（29）Helliwell, 2007.

第Ⅲ部　関係の質は何に依存するのか？

「地球の歴史の中で人類は初めて同じ考えをもつに至った。それは、広告のイメージに近づくために、たくさんお金を稼ごうというものだ」

〈フレデリック・ベグベデ〉

米国で関係性の貧困が増加している原因は何だろうか。米国では、社会関係の質はどのようなプロセスで低下したのだろうか。

この問いに答えるために、第Ⅲ部では社会心理学、社会学、進化生物学、人類学、経済史、社会史におけるさまざまな研究を用いる。これらの研究によると、米国人が経験する関係性の衰退は、米国の経済機構と社会の価値観が競争に傾いたことに起因する。

一九八〇年代以降の米国は、欧米諸国が過去二世紀の間に直面してきた問題を極端に示している。ロバート・パトナムは米国における社会関係の衰退について警鐘を鳴らしたが、それは資本主義の歴史の中で確認される一連の問題の最新版にすぎない。産業革命以来の西欧思想史を振り返ると、コミュニティの衰退をめぐる膨大な考察が存在する。

カール・マルクスの著作には、資本主義が冷酷な経済的計算によって社会関係を破壊すると書かれている。カール・ポランニーの著作は、市場が社会を「砂漠」に変えることを記録している。産業革命以来、一九世紀の社会批評家は、新しい社会秩序が社会関係にとって破滅的な結果をもたらすと指摘してきた。市場関係は伝統的な諸制度や情動的・社会的関係を衰退させた。ロマン主義の批評家は、保守派でも社会主義者でも、経済発展によってつくられた世界を文化的・精神的に貧しくなった世界であると捉えていた。

経済発展が伝統的な社会に与えた結果を表現するために、「絶対的な力をもった市場」による社会秩序の「解体」「浸食」「腐食」「汚染」「浸透」「侵入」などのさまざまな比喩が使用された。工業化と近代化に起因するコミュニティの衰退の可能性に対する問題関心から社会学が誕生したことは納得できる。

過去数十年間のヨーロッパのデータは米国のデータよりもましな傾向を示しているとはいえ、関係性の衰退という問題が長い歴史をもち、それが米国ほど極端ではないにせよ、欧米諸国全体に関わっていると考えるのは妥当である。では、関係性の崩壊は何から生じているのだろうか。

1　市場、価値、関係性

一　財の市場流通性

市場経済はどのような欲求（ニーズ）を充足させようとしているのだろうか。財は人間の欲求を充足させる。市場がどのような欲求を充足させようとするのかを問うことは、どのような財が商品へと転換されうるかを問うことである。市場経済は財を商品化して交換対象とすることで、人間の欲求を満たそうとする。このような経済が幸せな生活をつくり出すかどうかは商品化の度合い、すなわち財を市場交換の対象に転換する規模に依存する。

財の流通性が確立するには、（数千年とまではいかないが）複雑かつ数世紀にわたる資本蓄積と技術的・制度的革新が必要だった。なぜなら本来、人間の欲求の充足のためには市場は必要なかったからだ。

いくつかの例を挙げてみよう。財が交換可能であるためには、それが所有権によって定義される、財の所有権が保護されなければならない。第一に、ある財に関して所有権をもたない人はその使用から排除されなければならない。しかし多くの場合、財へのアクセスから誰かを排除するのは簡単なことではない。

たとえば経済史家のダグラス・ノースによると、財の独占可能性の問題は、数千年にわたって土地とその利用者の私的所有権の基本的枠組みであり続けていた[1]。番犬の「発明」は私的所有権の保護に大きく寄与した。番犬は数千年間にわたって、私的所有権保護の主要な道具だったのだ。財の独占可能性は技術的問題である。この観点のもとでは、囲いの構築、警報装置やデータベースへのアクセスコードの導入は、番犬の飼育と同様に、私的所有権保護を可能にする排他的技術の進歩を象徴している。排他的技術の進歩とともに、人間の欲求充足のための市場制度の利用が拡張されていくのである。

別の例として、人間の知識の商品化の難しさについて検討してみよう。知識の商品化は大きな進歩をもたらす。ノースによると、過去二世紀にわたる技術進歩の急激な加速化は、知的所有権の確立という法制度上の革新(イノヴェーション)と密接に関連している。仮に何らかの革新(より一般的には情報革新)がその利用者に無償で移転されるのだとしたら、知的分野で技術革新を行う個人の利益は、その社会的利益よりもずっと少ないだろう。

したがって、登録商標や著作権などの知的所有権の導入は、革新的なアイデアを商品化し、その生産を刺激することで、技術革新がもたらす社会的利益を個人の私的利益に近づけることに成功した。その結果、経済的資源を知識の革新の生産へと投入することが容易になった。一九世紀以降に我々の生活を変えてきた革新的技術を生んだ発明家たちは、登録商標による認証などを通じて自分たちの発明を商品として売ることが可能でなかったら、多くの時間を発明に費やせなかっただろう。

しかし、知的所有権は知識生産を刺激するための部分的な解決法にすぎない。なぜなら一般的に言って、情報の自由な流通を防ぐことは難しいからだ。より簡単な対案は、物質的な商品の中に知的革新の成果を組み込むことである。新しいタイプのモーターや農作業用機械に組み込まれた知識は、無償では移転されない。なぜならそのような知識の利用は、それが組み込まれた商品の購入を必要とするからだ。おそらくこれが、市場社会が物質的商品の分野で大きな進歩をとげた理由だろう。

市場中心の解決法は、商品化が難しい知識に関する問題を未解決のままにしている。実際に、さまざまな分野で役立てられる多くの知識が、無償での普及を避けられないがゆえに生産されなくなっていることは容易に想像できる。この点に関する真の問題は、第Ⅳ部で医療知識の発展と結びつけて取り上げる。

---

(1) ノースによると、過去一万年の経済史は、資源に対する所有権——最初は共同体単位の、後には私的所有権——の形成史として捉えられる(North, 1981; North and Thomas, 1973)。

以上で述べたことが示唆するのは、技術進歩を生み出す市場制度の大きな成功にはもうひとつの側面があるということだ。つまり、市場中心の解決法は、人間の才能の大部分を商品として販売可能な知識の生産に投入するように促し、市場とは異なる制度で生産・普及されるべき知識を除外する傾向を生み出すということだ(2)。

したがって、商品化が可能であることは、財にとっての必要条件ではない。財の市場流通性は長く複雑な歴史的過程の中で構築されたのである。もうひとつの分かりやすい事例は自然資源である。きれいな空気を我々に売る者は誰一人としていない。なぜなら、そのような自然資源は私物化できないからだ。空気を商品化できると考える人は誰もいない。

社会関係財もまた、商品化されない性質のものだ。商品化は動機づけの問題から生じている。財は道具的な動機、すなわち自己防衛のために販売される。だが、関係性が温かく満足を与えるものであるためには、それが本物であること、つまり関係性に対する非道具的関心によって動機づけられていなければならない。結論として、市場は情動的欲求の充足には不向きである。なぜなら「愛情サービス」の購入は、即座に愛情からその深い意味を奪ってしまうからだ。愛情の意味はその無償性と結びついており、愛されるに値する人として承認されることを各人が望まなければならない。

二　価値の変容

市場経済が関係性に関わる欲求(ニーズ)を必ずしも満たさないという事実は、関係性の衰退の原因の説明として不十分である。市場は社会関係財を必ずしも生産しないが、だからといって市場が社会関係財を破壊するということにはならない。

コミュニティの衰退を考察した思想の伝統は、市場関係の拡大を関係性の衰退の主因とみなしている。一般的に言ってこの説明方法は、市場関係が個人の価値観の変容をもたらすという考えに依拠している。個人の行動が私利の獲得へと方向づけられることで、コミュニティ感覚と社会関係にマイナスの影響を与える物質主義的で消費主義的な価値観が普及する、という考えだ（たとえば、フレッド・ハーシュやカール・ポランニーの議論がそうである）。

米国における消費主義的価値観の拡大は、統計によって明確に確認できる。たとえば、米国の大学生のうち、経済的成功を収めることが人生の大きな目標だと答えた割合は、一九七〇年には三九％だったが、一九九五年には七四％に増加した。いまや彼らにとって経済的成功は人生最大の目標となり、家族などの他の目標を凌駕している[3]。

もうひとつの例は、ショーア[4]の研究から抜粋した表3で確認できる。この表は、米国人が考える「良い生活」の構成要素が、一九七五～一九九一年にどのように変化したかを示したものであ

（2）たとえば、知識の生産のために市場を利用すると、排他的権利を保護するために膨大な資金を費やすことになる。ある職業分野（医療や弁護士）において非専門家には理解不可能な言語を発展させる傾向があるのも、部分的には、彼らの知識を独占化し、商品化する必要性と結びついている。

（3）Myers and Diener, 1997.

（4）Schor, 1998.

表３　米国民を対象に行われた「良い生活」の構成要素に関する世論調査（単位：％）

	1975 年	1991 年
別荘	19	35
プール	14	29
カラーテレビ	46	55
２台目のカラーテレビ	10	28
海外旅行	30	39
優雅な服	36	44
自動車	71	75
２台目の自動車	30	41
持ち家	85	87
多くのお金	38	55
平均所得よりも稼げる仕事	45	60
子どもを一人以上もつ	74	73
幸せな結婚生活	84	77
興味をもてる仕事	69	63
「良い生活」を実現できる可能性があると思っている	35	23

（注）「重要である」「重視する」「はい」と答えた割合。

る。これによると、「多くのお金」を手に入れることが重要だと回答した人の割合は三八％から五五％に、「平均所得よりも稼げる仕事」を重視する人の割合は四五％から六〇％に、それぞれ増加している。表の中で言及されている消費財はどれもその重要性が増しているが、（例外的に）関係性に関する二項目――幸せな結婚生活と子どもをもつこと――、ならびに興味をもてる仕事に就くことの重要性は減少している。

三　消費文化と関係性の貧困

米国では、より多くのお金を手に入れることが常に重視される。このような価値観の普及が関係性の悪化を引き起こしているという考えは、どの程度妥当なのだろうか。個人の価値観と関係性の質との相関関係について、証拠はあるのだろうか。

価値観と関係性の相関関係を研究している社会心理学の文献は、多様な方法論と人口標本（サンプル）を用いた数多くの研究調査を通じて、手堅い結果を残している。これらの研究の中でも最良のものは、ティム・カッサーが主著『物質主義の高い代償（*The High Price of Materialism*）』で示した調査結果である。

カッサーや他の社会心理学者の研究は、「消費文化」ないし「消費主義的文化」の役割の分析に焦点を当てている。(5) 消費文化は、生活における強い経済的願望と強い成功願望で構成されており、さまざまな方法で測定される。(6)

価値観や人間関係以外では、各人の自己自身との関わり方について調査する研究が多い。たとえば自己評価、活力（ヴァイタリティ）、他人と積極的に関わる能力、自分の人生を決定する際に自由や自律性を感じるかどうかなどがある。その他の研究は、消費文化と幸福度の関係について研究している。

最後の例から説明しよう。消費主義に大きな価値を置く人は、そうでない人と比べて幸福度が

(5) これらの研究者たちは、「消費文化」の代わりに「物質主義」という語を使用している。しかし、私は消費文化という語を用いたい。なぜなら、イタリア語の materialismo は英語の materialism とは異なるニュアンスがあるからだ。イタリアの文化的伝統では、materialismo は spiritualismo（精神主義）の対義語として使用される。精神主義は禁欲的態度、すなわち人間関係を含めた世俗の事柄と距離を置くことを意味する。だが、筆者が本章で議論している心理学者は、物質主義を精神主義の対義語としてではなく、非道具的活動、つまり内発的動機づけへの関心と対立する態度を示す語として用いている。非道具的活動の中には、関係性などの多分に世俗的な事柄が含まれる。

低く、不安や苛立ちの諸症状やうつ病の高いリスクをかかえている。さらに、彼らはテレビを長時間視聴し、アルコールや薬の摂取量も多く、健康状態も悪い。実際に彼らは頭痛や消化不良や神経痛を頻繁に患い、心臓血管関係の病気に罹る高いリスクをかかえている。

彼らの幸福度が低いのは、彼らにとっては物質的価値がより重要であるため、彼らの人間関係的な経験の質が悪化する傾向にあるからだ。たとえば、カンナとカッサーの研究によると、消費主義に価値を置く人びとは、社会的孤立感や人間関係における疎外感を経験している。(7)疎外感とは、他者に受け入れられないと感じることであり、そういう人は「他人と関わるためにはしばしば仮面をかぶらなければならない」という質問に対して「はい」と答える傾向がある。また、カッサーとその研究仲間による別の研究では、無意識のレベルでは、消費主義的な人は親密な人間関係を避ける夢を見る傾向にあるという。(8)

カッサーの二〇〇二年の研究によると、消費主義的価値観と友人・恋人との関係の質が良好でないこととの間には関連性が見出される。(9)また、シェルドンとフラナガンの研究では、消費主義的価値観がパートナーに対する攻撃的で対立的な行動の増加と関連することが報告されている。(10)

その他の研究によると、消費主義的価値観は人間関係の難しさを特徴づけるさまざまな人格障害と結びついている。(11)たとえば、人間関係の形成に困難を感じる統合失調症質の人や自閉症、他者に対して自己中心的にふるまう傾向のある自己愛(ナルシスト)症、他人に信頼を寄せることが難しい偏執症(パラノイア)などである。

以上で紹介した研究は、個人の価値体系と関係性の質との間に何らかの相関関係が存在することを認めている。これらの研究結果は、関係性の衰退を価値体系の観点から説明することの妥当性を認めている。関係性が悪化するのは、人間関係の形成を難しくする価値体系が普及するからであると言える。

（6）個人の消費文化を測定するのに多様な方法が用いられている。ある研究者は、「人生で最も重要な結果は物質的に豊かになることである」「私は人びとを驚かせるような物を所有したいと思う」「私はもっとぜいたくな人生を送りたいと思う」などの問いにYes／Noで回答するアンケート調査を採用している（Belk 1985; Richins and Dawson 1992）。別の方法は、人生で達成したいさまざまな目標（精神主義、家庭、快楽主義、順応主義など）の中で何を重視するかを、回答者に自己評価してもらい、この評価結果を計算し、消費主義的傾向が回答者の価値体系にどう表れるかを測定する（Kasser and Ryan, 1993, 1996, 2001）。もっと洗練された方法としては、高額の物（ダイヤモンド）や安価な物（花）を指し示す言葉に対して、回答者が「私は（io）」「私に（me）」という語を関連づける頻度を調べるものがある（Solberg, Dienner, Robinson, 2004）。
（7）Khanna, Kasser, 2001.
（8）Kasser et. al., 1995.
（9）Kasser, 2002.
（10）Sheldon, Flanagan, 2001.
（11）Cohen, Cohen, 1996.

四　消費文化が関係性を破壊するのはなぜか？

消費主義的価値観が人間関係の質に対してマイナスの影響を与えるのはなぜか？　多くの研究が示すところによると、消費主義は諸個人の関係性に対する態度と結びついている。つまり、彼らの経験する関係性の質が低いのである。カッサーが「他者のモノ化(objectification)」と呼ぶ現象、すなわち他人を物同然とみなす傾向は、他者に対して寛容になれない心、共感能力の低さ、他者と協力する能力の低さ、他人に対する非道具的な動機づけの薄さに関連している。[12]また、このような傾向にある人は、他人に対して皮肉な態度をとったり、高い不信感をもったりする。

これに関連する調査結果としては、消費主義的価値観を重視する人びとの間で寛容さが減少していることを示す研究がある。[13]また、経済的成功に対して強い願望をもつ人は、友人との連帯やボランティア活動などの社会的活動に従事する確率が低いことを示す研究もある。[14]

消費文化と共感能力の関係についての研究もある。[15]共感能力とは、他者の視点に立って物事を考える能力である。共感能力の高い人は、「誰かを批判する前に、自分がその人と同じ立場であったらどう感じるかを想像しようとする」という類の問いに賛成し、「自分が確信している事柄に関しては、他の意見を聴く時間をもたない」という問いには反対する。以上の研究は、消費主義的価値に高い関心をもつ人は、他者に対して共感的な態度をとらない傾向があることを示している。

そのほか、消費主義的価値観と「道具的な友情」に走る傾向との関係を調べている研究もある。[16] 道具的な友情とは、社会的・経済的成功のために友人を選ぶ傾向を指す。このような傾向は、「私はかっこいい人たちと一緒にいたい。なぜなら自分をかっこよく見せたいからだ」、もしくは「自分の人生がうまくいくように友達が手伝ってくれなかったら、私はその人との友情を続けない」などの問いに賛成することで明らかになる。この研究調査は、消費文化の発展と他人を道具的目的のために使う傾向との間に強い関連性があることを示している。

人間のモノ化を特徴づけるもうひとつの観念が、いわゆるマキアヴェリ主義、すなわち他者を冷笑し信用せず、自己中心の人間関係をもつ傾向である。マキアヴェリ主義の傾向が強い人は、対人関係において冷めた態度をとる傾向があり、自己愛的で精神病患者に似た態度を示す。

五　動機づけの代替

以上で挙げた研究は、消費文化が比較的高い割合で人間関係の形成を難しくしていることを示している。したがって、消費文化の普及は、長期的な関係性の衰退の原因であるということができる。では、消費文化の普及の原因は何か。それは経済システムの性質と大きく関わっている。

(12) Kasser, 2002.
(13) Belk, 1985.
(14) McHoskey, 1999.
(15) Kasser, Sheldon, 2000.
(16) Khanna, Kasser, 2001.

消費文化の普及の原因は、モチベーションのクラウディング・アウト効果理論を通じて理解することが可能だ。この理論は一九七〇年代に認知されるようになった。たとえば社会学者のリチャード・ティトマスは、献血に対する金銭的インセンティブの導入は、人びとの献血意欲を下げると主張している。

同時期に心理学者のエドワード・L・デシとリチャード・M・ライアンは、二つのグループにSOMAと呼ばれるパズルをさせる実験を行った。SOMAは多様な幾何学的構造をもつキューブである。一方のグループは、実験への参加にあたって謝金を受け取ったが、もうひとつのグループは何も受け取らなかった。彼らの観察によると、謝金を受け取った者たちよりも受け取らなかった者たちのほうが、実験が終わっても長時間SOMAに没頭していた。

最近では、託児所に預けた子どもの迎えに遅刻する親に対する罰金の導入が、遅刻数の倍増と遅刻時間の延長を引き起こしたことを報告しているウリ・グニージーとアルド・ラスティチーニの研究がよく知られている[17]。付け加えるならば、罰金の撤廃後も、遅刻数は罰金の導入前と比べて高い水準のまま維持された。

これらの結果は、ある行動に対する経済的インセンティブがその行動に対する個人の意欲を増加させる、という経済理論の基本仮説を反駁する。似たような結果は、成人と子どもを対象とする数十の研究調査——それらは社会生活のさまざまな領域において、多種多様な経済的補償を用いて行われている——において繰り返し現れている。

これらの結果について、モチベーションのクラウディング・アウト効果理論は、外発的動機づけ（道具的動機づけ）と内発的動機づけ（非道具的動機づけ）の区別に基づいて説明する。内発的動機づけとは、いかなる報酬も受け取らない活動を指す。内発的に動機づけられた活動は、外発的に動機づけられた——すなわち活動内容とは異なる目標の実現を目指す——活動の正反対に位置づけられる。たとえば、友人関係は内発的に動機づけられるのに対して、ビジネスにおける人間関係は経済的利潤という目標に動機づけられる。既述した社会関係財という概念は、内発的に動機づけられた関係性を指す。

モチベーションのクラウディング・アウト効果理論は、内発的・外発的なさまざまな動機づけが合算されるのではなく、相互に入れ替わる傾向をもつと考える。たとえば献血に対する金銭的動機づけの導入は、市民的感覚や連帯感に基づく動機づけと合わさるのではなく、前者が後者を代替する。経済的補償を導入した際に献血数の減少が起こり得たのは、そのためだ。ＳＯＭＡで遊ぶ際に謝金を導入しても、内発的な関心によってゲームを楽しむ意欲は増えず、むしろ内的意欲は金銭的動機づけに入れ替わった。託児所に預けた子どもの迎えに遅刻した親に対する罰金の導入は、託児所の機能円滑化に対する意欲を向上することなく、むしろ前者が後者を代替した。罰金導入とともに遅刻が増えたのは、そのためである。

デシとライアンによると、金銭的補償が内発的動機づけと入れ替わるのは、何かを行う理由に対する諸個人の知覚が金銭的補償によって変わるからである。リクリエーションや市民的感覚の

（17）Gneezy, Rustichini, 2000.

ために何かを行うことは、商品を売るために何かを行うこととは異なる。これら二つの動機づけは合わさることができない。諸個人は、自分の行動の道具的動機と非道具的動機を合わせはしない。彼らは当該の物事を行う中で、より優位にある動機を重視する傾向がある。

動機づけの入れ替わりの根底にある問題は、行為に意味を与えようとする人間的欲求である。なぜなら、行為の動機が行為に意味を与えるからだ。

六　市場関係が消費主義を普及させるのはなぜか？

動機づけの入れ替え現象は、経済組織が我々にさまざまな動機を提供することを示している。市場経済は、社会関係に対して内発的動機づけをあまり与えない経済組織を生み出す傾向をもつ。しかし、この傾向は社会関係を破壊しがちだ。なぜなら市場関係は、我々が互いに関わり合うその動機の捉え方を変えるからだ。

市場関係のもとでは、社会関係の動機は道具的になり、個人的・物質的な利潤に基づくものとなる。したがって、市場システムが消費文化を生み出すのは、それが外発的動機づけに基づく人間の行為の可能性を拡大するからだ。換言すれば、市場システムは我々の関係性に意味を与えるが、その意味の根拠は人間が道具的動機にしたがって行動するという事実に求められるのである。それゆえ、外発的動機づけに基づく経済関係の組織化は、消費主義的価値体系を生み出す。

諸個人の価値体系は、個人の生活における優先順位——重要な物事とそうでない物事——を決定する。消費主義的な人にとって重要なことが物質的な目標である場合、たとえば人間関係などの別の目標はあまり重要ではなくなるだろう。

外発的動機づけのみに基づく経済組織は、ある人類学的前提に基づく価値体系を中心に組織されている。この人類学的前提は、人間が社会関係を形成する理由についてある物語を語る。

合理的経済人（ホモ・エコノミクス）はこの人類学的前提が明示化されたものであり、主流は経済理論の基礎にある仮説だ。合理的経済人は反社会的な人間像である。それは、個人の経済的利潤と損失の計算にのみ基づいて合理的選択を考え、倫理的・情動的ないし社交的な次元からは完全に切り離されている。合理的経済人の物語は、我々が道具的な動機にしたがって行動すると説く。なぜなら、物事にはそれ自体目的はないからだ。市場システムはこの人間像と合致しており、内発的動機づけを排除する経済活動を編成する。この種の経済組織が内発的動機づけを重視しない価値体系を普及するのは、このような理由からである。

七　関係性の貧困が消費文化を生み出すのはなぜか？

消費文化は関係性の貧困を引き起こすだけではない。それは関係性の貧困の中でこそ繁栄するのだ。社会心理学の多くの研究が、子どもが成人したときの価値形成の決定に親子関係が重要な影響をもつという学説を支持している。これらの研究によると、育児の意欲が低い親の子どもはおとなになったときに消費文化に没頭する傾向がある。なぜなら、子どもに多くの愛情を注がない親のもとでは、子どもはより多くの不安を感じ、消費によって安全や社会的承認が得られることを約束するメッセージに一層感化されやすくなるからだ。

ある研究によると、一八歳の若者のうち、愛情にあふれる母親――我が子を積極的にほめ、子どもに自分の意見や性向を自由に表現させ、ルールを押し付けたりはしない母親――のもとで育った場合、消費文化に没頭する確率は低い[18]。彼らの多くは自己肯定、良質な人間関係、社会参加、コミュニティへの貢献により強い関心を示す。

他の研究も同じような結果を認めている。消費主義的な傾向の強い一〇代の若者は、自分たちの考えていることや感じていることを両親があまり聞こうとせず、選択の自由を許してくれないと思っている[19]。また、所有欲が強く、ルールを守らないときに厳しい罰則を課す傾向のある親のもとで育った子どもは、成人してから消費主義に走る傾向がある[20]。

愛情の欠如は不安を生み出す。そして、消費文化は不安に対する答えとなる。この点における印象的な実験結果は、「恐怖の管理」に関する研究によって示されている[21]。実験は次のようなものだ。

ある標本集団（サンプル）を任意に二つのグループに分ける。第一のグループに属する人には自分の死（つまり恐怖の条件）について書いてもらい、第二のグループに属する人には音楽について書いてもらう。実験の終了後に、各グループの消費文化に傾倒する度合いを測定する。グループは任意に分けたので、実験結果は似たようなものになるはずである。ところが、実際の結果をみると、第一のグループは第二のグループに比べて消費文化に傾倒する度合いがきわめて高かった。自己の死について考えなければならないことが、第一のグループを消費文化へと促したのだ。消費文化は恐怖を管理するための一形態であり、恐怖によって引き起こされる不安への応答である。

消費文化と関係性の貧困を自己増殖させるメカニズムが存在するのだ。消費文化の中で人間は、社会関係に関連する欲求の充足に満足しないように生活を組織していく。そのため人びとは、増幅していく消費文化に傾倒するようになる。

八　消費文化と自己自身との関係

他者との関係の悪化以外に、消費文化は自己自身との関係の悪化も引き起こす。自己自身との関係の次元は、自己評価、選択の自由の感覚、内発的に自己表現できているかどうかという感覚に関係している。

消費主義的な人は、自己評価に関して問題をかかえる傾向がある。彼らは自分のことを社会に適応できない人間であり、他者から関心や愛情を受け取るに値しない存在だと感じやすい。この自己評価の低さは、愛情に恵まれない家庭環境の中でより深刻化する。

さらに、消費文化に傾倒する人は自律性の感覚が薄い。彼らは自由をあまり感じておらず、自

（18）Kasser, Ryan, Zax, Sameroff, 1995.
（19）Williams, et. al., 2000.
（20）Cohen, Cohen, 1996.
（21）Kasser, Sheldon, 2000.

分の人生、時間、選択を自分自身で導いているとは感じていない。また、自己決定ができているとも感じていない。消費主義的な人が何かを行うのは、義務感に駆られてである。もしくは、そのことを行わなければ、恥を感じたり、罪悪感や不安感に駆られたりするからである[22]。彼らは自分の人生の決定において、重圧感や抑圧感の影響をより強く受けている。

同様に、消費主義的な性向は内発的な自己表現の未成熟を生み出す。パトリシア&ジェイコブ・コーヘンの研究によると、一〇代の若者の間で広がる消費文化は、「自己アイデンティティ」や「自己理解」の経験とほとんど結びつかない。

消費主義的な人が自己自身との関係を悪化させているのは、彼らが内発的動機づけにほとんど注意を向けないからだ。内発的に動機づけられた活動は、人間関係以外にも影響を与える。人間は仕事において内発的に動機づけられることがあるし、余暇を一人で過ごすときにもそうである。自律性/内発性と消費文化が対立するのは、両者が二つの異なる動機づけを表しているからである。消費文化は、取り組んだ活動とは本来無関係な経済的報酬に基づく動機づけのシステムに由来する。これに対して自律性と内発性は、活動に対する興味関心や活動から得られる楽しみや刺激と関わる動機づけから生じる。

問題は、諸個人が自分自身に固有の欲求(ニーズ)とどう関わるかだろう。消費主義的な人は、自分自身がかかえる自律性や内発性の欲求を認めようとしない。自律性と内発性は「基本的な心理学的欲求」であり、内発的動機づけの領域に属するものである[23]。消費主義的な人は、取り組む内容とは関係のない経済的補償と結びついた活動を行う。お金やその他の名誉に関心を向けることで、彼らの日常生活（仕事や余暇）は興味関心を刺激する活動から離れていくのである。

それゆえに、消費文化に傾倒する人は、そうでない人とは異なる選択を行う。また、消費主義的でない人と同じ行為を選択した場合でも、彼らとは異なる感情をかかえる。たとえば、消費主義的でない人は都市のごみ問題を解決したくてごみ拾いをするかもしれないが、消費主義的な人はパートナーから頼まれたからとか、罰金が嫌だからとかという理由でそうする可能性がある。

消費主義的な人は、生活経験の中で自由や内発性の感覚をあまりもてない。なぜなら、彼らが採用する価値体系のもとでは、彼らは内発的な動機づけを積極的に評価できず、他者と関わり合うという欲求を充足できないような仕方で生活を組織するからだ。

九　ヨーロッパの消費文化[24]

ヨーロッパは、米国と同じような傾向をたどっているのだろうか。消費文化は、ヨーロッパでも米国と同じようなリズムで浸透しているのだろうか。この問いに答えるのは容易ではない。なぜなら、ヨーロッパ人の価値観については米国人の価値観ほど知られていないからだ。加えて、

（22）Ryan, 1995.
（23）Kasser, 2002.
（24）第九節で言及している統計データ（appendice）は、http://www.donzelli.it/libro/2153/manifesto-per-la-felicita から入手可能である。

データの比較の問題もある。しかし、ヨーロッパが米国とは異なる道を進んでいると考えるいくつかの要素がある。たとえば、ヨーロッパでは生活の中で友人関係を重視する傾向が強くなっているのに対して、米国では弱くなっている。[25]

さらに、仕事に対する米国人の態度はヨーロッパ人のそれと異なる。「人生で最も大切なものは仕事である」と答えた人の割合は、ヨーロッパ人よりも米国人のほうが圧倒的に高い。このデータに関連して興味深いことは、米国では仕事に対する動機づけが圧倒的にお金であるという事実だ。ヨーロッパ人と比べて多くの米国人が、仕事は商取引の一種であり、もっと多くの時間があればそれを仕事のために使うだろうし、必要がなければ仕事はしないだろう、と答えている。

まとめると、米国ではヨーロッパ以上に仕事が生活の中心を占めている。また、米国人よりもヨーロッパ人のほうが仕事に内的動機づけを求めている。この点は、ヨーロッパにおいて消費主義的価値があまり浸透していないことの表れであろう。

2　欲望の製造――マスメディア

一　競争的な購買の激化

第Ⅲ部1では、消費主義的価値観の普及の主犯格と考えられる経済制度――市場――に注目した。だが、幸せに対してこのようなマイナスの影響を与える価値観の普及の理由を理解するには、市場経済制度の中でも消費主義的価値観の普及に大きな役割を果たすある特殊な制度に注目しなければならない。それはマスメディアである。

すでに見てきたように、幸福の逆説は社会的比較の観点から説明される。諸個人には比較対象となる人がいる。そして、後者が前者の望む消費水準はおろか、基本的ニーズさえも決定する。この比較対象となる人は準拠集団である。競争的な購買は、米国ではとくに新しい現象ではない。過去には準拠集団は隣人や仕事仲間によって構成されていたが、今日ではもはやそうではなくなっている。そうなったのはどうしてだろうか。我々の隣人は、もはやお互いを知り合うこと

（25）第九節で引用したデータはすべて、世界価値調査（World Value Survey）に基づいている。

はない。

変わったのは準拠集団の性質である。隣人や仕事仲間は、マスメディアが創出する我々の「友達」に置き換えられたのである。美しくてファッショナブル、裕福で高級な服を着ている人物イメージの洪水が人びとを魅了し、彼らの想像力を支配する。社会的比較は、自分たちと変わらない所得水準の人をモデルとするかぎりは、幸福感に大きなダメージを与えない。しかし、模倣したい相手が大多数の人が稼ぐ収入よりも五倍、一〇倍、二〇倍、五〇倍も多く稼いでいる場合、それは問題となる。到達不可能な消費水準を目標にすることで、いつまで経っても満足が得られなくなる。

二　マスメディアの役割

マスメディアと広告は、消費欲を高揚させて消費文化を普及するのに中心的な役割を果たしてきた。この点は、ジュリエット・ショーアの二冊の著作におけるマスメディアと消費行動の関係の分析によって明らかにされている。[26]

たとえば、マスメディアと現実認識の関連性についての重要な研究がある。[27] これによると、テレビ依存の人は米国人の平均的な豊かさについて歪んだ認識をもっている。なぜなら、テレビは中流階級の上層部の生活スタイルばかりを取り上げるからだ。彼らは経済的な豊かさは普通のことであり、ぜいたく財を所有する人口の割合を過大に見積もっている。また、テレビを頻繁に見る人びとは物質的所有欲が高まり、より多く消費を行い、あまり貯蓄をしなくなる。[28]

マスメディアによる消費主義の促進は、恐怖心の普及を通じて行われる。すでに議論したように、消費主義は不安に対する応答である。この観点から言えば、テレビ依[illegible]は犯罪の拡大を過大に見積もり、外国人を極度に恐れる傾向がある。したがって、テレビによ[illegible]される歪んだ現実認識は、平均的な豊かさだけに限らない。さまざまな犯罪、とくに外国人[illegible]される犯罪の誇張は過剰な不安を生み出し、消費主義を助長する。

消費主義は、生活スタイルのマーケティングを目論む広告によって、洗練された方法で普及している。広告はますます洗練され、商品の販売促進に従事する側に非物質的なニーズの重要性を意識させるまでに至っている。広告は、より多くの商品の購入が社会的包摂や満足感などの非物質的な利益をもたらしうることを伝えようとしている。広告業者の使命は、商品情報の提供ではなく、商品を通じてプラスの感情を連想させることだ。ある商品の広告は、商品それ自体とは異なる何かを想起させなければならない。正確に言えば、広告は諸個人のアイデンティティを想起させなければならないのである。

個人の性格を消費と結びつける傾向は、マーケティング研究の主流となっている。どのような女性がこの石鹸を買うのか、誰がどのような商標の車に惹かれるのかを発見するために、巨額の

(26) Schor, 1998, 2005.
(27) Gerbner, 1999.
(28) Schor, 1998.

資金がつぎ込まれる。広告業者の間に支配的な通念は、消費は個人の表現形態であるというものだ。「商品を買う、ゆえに我在り」というこの哲学は、消費財の最大手多国籍企業の社長によって明確に語られている。

「商標は消費者を定義します。我々は、我々が着ている物、食べている物、運転している物です。我々が身の回りに集めている商品は、我々の個性の直接的表現です。正確に言えば、我々の深層心理は、自己自身を他人と同一化することを必要としているのです」

〔米国の経営学者〕ラッセル・ベルクのこの言葉では、「我々が所有している物が我々自身である」。ただし、それだけではない。我々は、我々が購入する物である。

したがって広告業者は、最も深い心理的ニーズを引き起こすように広告メッセージを選択する。広告のキャッチコピーが愛、安心、成功などの非物質的なものに焦点を当てているのは、このためである。防御的経済成長モデルが描く代替メカニズムに従うならば、広告は、我々がふだんあまり享受していない非物質的な無償財の代替物を生産する役割を担っている。

広告によってつくられた世界では、商品は恋愛の代替物として最適なのだ。なぜなら、消費者と商品との恋愛関係は双方向的であるからだ。このため広告は、カッサーが〈他者のモノ化〉と定義するものを促進する役割を果たしうるが、関係性の衰退の根底にはまさにこの他者のモ
がある。しかし、現実には商品は人を愛さない。商品は決して感情を表さないし、
として我々を裏切り続けるのである。

ショーアは広告の新たなフロンティアを次のように要約する。

「人びとが不安から逃れられる場所がある。それは彼らの防衛が緩み、幸福が増す場所である。彼らの精神はプディングのように従順である。これは彼らの目の前に商品を突き付ける絶好の機会である」(29)

さらに有名な広告業者は、消費者が「どこを向いても常に商品に晒される世界」をつくらねばならないと主張する。(30) そこで、「あなたの日常生活のあらゆる行動を広告で囲むこと、それが理想だ」というホリスティックなアプローチが提案されるようになる。広告の新たなフロンティアは奇襲と包囲網の混合である。そうすることで広告のターゲットとなる消費者を、できるだけ気づかれないように奇襲しなければならない。

ヴァイラル・マーケティング(31)は、この新しいフロンティアの好例である。これは、たとえば新商品をプロモーションするために、他人に影響を与える能力があるとして抽出されたか、あるいはランダムに選ばれた人びとに商品を贈る手法である。商品を贈られた人びとは、報酬を受け取る代わりにその商品を友人に分配する。こうした形態のマーケティングは、生活における市場の領域と非市場の領域の境界線を破壊する。そして、友情などの感情に関わる領域に侵入し、商業的目的に従わせてしまう。

(29) Schor, 2005.
(30) ibid., p. 75.
(31) 〔訳注〕口コミを利用し、低コストで顧客を得る手法。

「リアル・ライフ・マーケティング」は、日常生活と広告の領域の区別が不確かになったことを示すもうひとつの例である。これはヴァイラル・マーケティングと同じ原理に基づき、影響力のある場所や人間を抽出し、彼らを商品の宣伝のために利用するマーケティング方法である。この方法はたとえば、影響力のある人にお金を払って宣伝効果のある場所で特定の飲み物を飲ませたり、子どもたちにお金を払ってオンライン・チャットで映画や音楽、その他の娯楽商品を宣伝させたり、若者にお金を払ってラジオ番組で特定の歌謡曲をリクエストさせたりする。

広告の手法がますます洗練されるにつれて、消費者の関心を惹くものが何かを把握することに多大な努力が注がれるようになっている。コンピュータにさまざまな映画を分析させて、映画の視聴中に生じる身体反応（まばたき、視線、身体の動きなど）の一つひとつを記録し目録化させるソフトウェアが開発された。

けれども、現在はさらに進んでいる。広告は「ニューロマーケティング」という方法を使って、人間の脳内で起こっていることを直接観察している。たとえば脳をスキャナーにかけることで、人間が脳内に抱く商品の図像（イメージ）を観察するのだ。この分野の先駆者であるハーバード・ビジネススクールのジェラルド・ザルトマンは、ＺＭＥＴと呼ばれるシステムの特許を取得して多大な影響を与えている。彼によると、ＺＭＥＴは無意識の領域にも浸透することが可能である。ある大手の広告業者が言うには、ジョージ・オーウェル的な未来（＝監視社会）は望まれないものではない。そのような未来を創ることが確かに可能になったのである。

コラム

ＰＯＸのヴァイラル・マーケティング

ヴァイラル・マーケティングの成功例の一つは、ハズブロ社（米国の玩具メーカー）の電子ゲームＰＯＸのリリースである。ハズブロ社は、最重要の電子ゲーム市場であるシカゴでマーケティングを始めた。その戦略は、いわゆる「最先端の子ども」、すなわち流行を生み出し、周囲の子どもたちの憧れの的となり、グループの中で影響力をもつ子どもを見つけるところから始まる。

ハズブロ社はシカゴ市の子どもたちに、「君の友達の中で最もかっこいい（クールな）子は誰だい？」と尋ねる。質問は繰り返され、少しずつ名前を尋ねていき、最後には「私です」と答えるまでになる。このようにして「究極のかっこよさ」の基準を満たす「最先端の子ども」が確定される。

選ばれた子どもたちは、タトゥー・シール、Ｔシャツ、帽子、そして一〇体のＰＯＸゲームが入ったバックパックを受け取る。彼らはゲームを友達に渡し、協力の見返りとして三〇ドルを受け取る。このようにしてハズブロ社が影響を与えた子どもの数は、一万七〇〇〇人に達した。

当然ながら、ＰＯＸの全米市場での販促は、より広範で多様な広告キャンペーンを通じて行われた。しかし、このゲームの成功の鍵はシカゴにあった。ＰＯＸは、影響力のある都市の中の影響力のある子どもたちの間で流行したのだ。

三　ありえない宣伝文

広告は実存的なメッセージの内面化を起こす。それは、「あなたが不安で社会に適応できていないと感じているなら、消費を増やすことであなたの気分は良くなる。商品の購入を通じて、あなたは社会から排除される恐怖を解消し、この社会の一員である資格を得られるのだ」というメッセージだ。

以下は架空のテレビＣＭの台本――現実にはありえない宣伝文――だが、このメッセージを簡潔かつ直観的に明らかにしている。

シーン１：一台の軽自動車が玄関の横に駐車している。その中には平凡な――醜くもなく美しくもない――中年の男性が一人乗っている。彼の着こなしはシンプルで、リラックスした優しい表情だ。彼は静かに誰かを待っている。

シーン２：一台の高級車がその軽自動車の隣で、赤信号で停まっている。運転席には制服姿の運転手がいて、助手席には可憐な姿の秘書が、不自然で打算的な気配を漂わせている。後部座席では、三人の有能なビジネスマンが陰険で緊迫した雰囲気で議論している。後部座席の中央には、自動車の所有者であり秘書と運転手の雇い主と思わしき中年男性が座っている。彼は絵に描いたようなビジネスの成功者である。秘書は、「言い争っている……。いまこそこの老いぼれは怒るべきよ。だって、この商談は期待しているほどの利益を生みそうにないのだから。彼は私に宝石を買ってくれる約束を忘れるわ」と思っている。

そのとき、成功者であるこの男性の携帯電話が鳴る。彼は電話に出てこう応答する。「ああ、ピエルチェサリーノか。仕事中に電話をしてくるなと何度言ったらよいのだ……ああ、そうか、すまない。今日のサッカーの試合は忘れていないよ……だけど予定外のことが起こったんだ。たぶん一緒には行けない……いや、しかし心配しないで、最新のスーパー・プレイステーションを買ってあげるから。気に入ってくれると思うよ……いま、しなければならないことがあるから。また後でな……チャオ、チャオ」

「すまない、子どもがどういうものかあなたたちも知っているでしょう」と、彼は三人のビジネスマンに向かって言った。そして、運転手に向かい「だが、急いでくれ（信号はまだ赤である）、遅れてはならない……」。そしてビジネスマンに向かって、「……つまり、あなたたちが同意しないのなら……では、わたしはあなたたちの提案する取引に従うしかない……」。自動車は赤信号でも出発した。

シーン３：画面は玄関前で待っている中年男に向けられる。玄関のドアが開き、可愛らしい一〇歳の女の子が大はしゃぎで軽自動車に駆け込んだ。「パパ、行こう！　私とてもうれしいの……今日は私のダンスの初舞台よ。パパが来てくれて幸せよ……」と少女が言う。

軽自動車は笑い声とともに出発し、二人の声が小さくなっていく。そしてナレーターが知的で、落ち着いた、深い、威厳に満ちた声で言う。

「あなたの時間、あなたの愛……あなたの生活」

このようなキャッチコピーを決して見ることがないのは、なぜだろうか。当然だが、誰もこのキャッチコピーが宣伝するような商品を売っていないからだ。時間や愛情を商品として販売している企業はいない。いやむしろ、それらを多くもつには、より少なく消費しなければならない。しかし実際には、我々は時間と愛情の代替となる商品を高い値段で販売している。したがって、生活の不満から抜け出す道は、「もっと多く商品を買いなさい。必要なのは、もっと多くお金を稼ぐことだけです」となるのだ。

3　人間は商品を買うために生まれたのか？

現代人が感じる不幸せは世代的な側面をもつ。世代が進むごとに過去の世代と比べて幸せを感じることができず、満足のいく人間関係をもてないでいる。この章で私は、これまで話したあらゆる問題――不満足、消費主義、人間関係構築の難しさ、経済競争を煽る広告の圧力、時間に追われる生活――に最も晒されているのが若者であることを示したい。成人がかかえる不満足と同様、一〇代がかかえる不満足は先進国の構造的問題である。両者の不満足には似たような原因と背景がある。問題は、子どもたちを小さなおとなとして扱い、彼らの生活をおとなと同じようにした点にある。

いまから新たに米国に焦点を当てて議論しよう。その理由は、他国と比べて豊富な先行研究と統計データが利用できるからにとどまらない。米国は欧米諸国の傾向の極端な事例を示しているからだ。

一　若者の不満

まず、ショーアが調査した若者の情動および精神面での健康問題から始めよう[32]。米国では、情動や行動に関する問題は一九七九年から九六年にかけて増加している。四～一五歳で不安障害、うつ病、注意欠陥・多動性障害になる割合は、一・四％から一二・八％に急増した。一〇代の若者の八％がこれまで深刻なうつ病を患っている。自殺率も急増し、現在では、自殺は一〇～一四歳の死因の第四位である。

九～一七歳の米国の若者のうち、一三％が不安障害を、六・二％が気分障害を、一〇・三％が破壊的行動障害を患い、二％が薬物中毒に罹っている。つまり、この年齢層の約三一％が「精神障害、あるいは最小限の機能障害をともなう中毒症」を患っているのだ。そのうち一一％は重大な機能障害を、五％は極度の機能障害を患っている。

ミシガン大学の社会調査「子どもの発達に関する補足調査（Child Development Supplement）」（一九九七年）には、親へのアンケート調査結果が掲載されている。これによると、子どもの五人に一

（32）Schor, 2005.

人が不安、恐怖、不幸せ、悲しみを感じたり、うつ病や引きこもりになっている。また、子どもの五人に二人が衝動制御障害や気分障害を患っている。調査対象の親の子どもの五〇%が、少なくともこれらの問題の一つをかかえているのだ。一九八〇年代に九～一七歳の平均的な――つまり「普通の」――子どもが不安障害になる割合は、一九五〇年代の子ども向け精神クリニックで見られた割合よりも大きい。

米国の若者は心理的不安定状態に陥っており、かつてないほど多くの若者が精神安定剤や向精神剤の処方を受けている。それでも、彼らは医者から薬を処方してもらうのを待てない。薬物中毒率とアルコール中毒率は、深刻な水準に達している。

似たような調査結果は英国の若者の生活満足度に関する調査からも得られる。たとえば、住民の幸福度指標の作成のためにノッティンガム市が行った調査によると、同市の七～一九歳の子ども・若者の三二%がメンタル・ヘルスを脅かされるほど不幸せを感じている。[33]

二　若者の不幸せに関する誤った説明

若者がかかえる不満足の原因について私独自の説明を提示する前に、右派陣営と左派陣営に広く普及している説明の誤りを指摘しておいたほうがよいだろう。

まず、左派陣営に普及している、貧困を原因だとする見解から検討しよう。さまざまな研究調査が示すように、貧困は子どもの生活に大きなマイナスの影響を与える。だが、米国における子どもの貧困は、一九八〇年代後半から二〇〇〇年代初頭にかけて二二%減少している。したがって、中産階級の子どもも対象に含まれることを考慮するならば、米国の若者のメンタル・ヘルスの低下傾向を説明するには別の観点が必要である。

対照的に右派陣営は、働く母親の増加、離婚、および教育におけるリベラルな価値の過剰な普及による親の権威の低下に注目している。この説明もまた根拠に欠ける。働く母親の増加に関しては、右派陣営の主張を論駁する多くの手堅い証拠がある。働く母親の子どもの中で精神障害を患っている数は、そうでない母親の子どものケースと比べて決して多くない。同様に、離婚していない家族の中にも精神疾患をかかえる子どもは多く確認される。教育モデルの影響に関して言えば、権威主義的な親の子どものほうに多くの行動障害が確認される[34]。

三　若者の関係性の悪化

米国の成人の生活の質が悪化しているとしたら、彼らの子どもたちの世代はもっと悪化している。成人の生活満足度に決定的な影響を与える二つの側面――関係性と時間――に関しても、似たような傾向が見られる。

米国の若者の関係性は、同世代の間の関係も親世代との関係も、最悪の状況にあるように思われる。いじめ、反抗、破壊行為は過去にない水準にまで広がり、関係性の悪化を示している。マ

(33) Marks and Shah, 2004.
(34) Schor, 2005.

イケル・ムーアの映画でも知られるコロンバイン高校銃乱射事件[35]（一九九九年）のような、信じられない出来事が起こるようになっている。

世代間の断絶、たとえば親子関係、より一般化すればおとなと若者の間の関係の悪化は、米国だけでなく欧米諸国全般に見られる傾向であり、昨日今日に始まったものではない。異なる世代の間でコミュニケーションをとったり共感し合ったりすることが難しくなってきているように思われる。この問題に関するデータは著しく不足しているが、米国の親のなかで、一週間の間に何度も自分の子どもに愛情表現を行う人はたった五七％しかいないという事実に触れておくべきだろう（この場合の愛情表現とは、「ハグをする、冗談を言う、一緒に遊ぶ、愛していると子どもに言う」が含まれる）。

米国の子どもによる時間利用についての研究によると、一週間に家の中で会話をして過ごす平均時間は、六〜八歳では一時間七分（一九八一年）から三〇分（一九九七年）に減少した。九〜一二歳では、五三分から二七分に減っている[36]。

四　競争圧力と時間のプレッシャー

一般的に言って、結果・成功・成果に対する期待は幼少期から増えている。時間に追われる生活は幼少期に始まるのだ。宿題の増加はそのことを如実に物語っている[37]。

私の世代は、いわゆる高度成長期生まれと呼ばれているが、幸運な幼少期を過ごした。グループになって多くの活動を開放的な環境で行っていたし、おとなが子どもを監視することもなかった。私の世代は、みんなで自律的に活動した経験をもっている。自由に活動する時間と空間があり、親のコントロールは少なかった。子どものころから働くことが当然だった過去の世代と比べても、幸運だったと言えるだろう。しかしある意味、私の世代は例外的な時代を過ごしたのかもしれない。なぜなら、現在世代がかかえる労働の負担は私の世代よりもずっと悪化しているからだ。この点は米国以外の欧米諸国にも言えることである。

現在世代の幼少期の経験は、時間の使い方に関してとくに大きく変わった。子どもたちの自由時間は少なくなり、自由時間の質的変化も起こった。さらに、一人で過ごす時間が多くなっている。子どもたちはあまり外出しないし、遊ばない。自由時間の大部分は、テレビなどのマスメディアの視聴に費やされる。多くのマーケティング研究の報告によると、今日子どもたちが求めているのは、宿題の負担の削減とリラックスできる時間の増加である。

既述した子どもの時間の使い方に関する研究によると、一九八一年と九七年を比べたとき、米国の子どもはより多くの時間を買い物、学校、勉強に費やすようになっている。家族との会話が

(35)〔訳注〕一九九九年四月に米国コロラド州コロンバイン高校で起こった銃乱射事件。同校の生徒二名が、教師一人、生徒一二名を射殺した。
(36) Schor, 2005.
(37) 若者の幸福度に関する悲惨な統計結果を踏まえ、英国では近年、宿題をなくす提案がなされ、公共の議論となっている。英国の学校の宿題は、トニー・ブレア政権時に増加した。

減少したほか、社会関係の希薄化、遊ぶための時間や自由時間が減った。おとなと比べると、子どもは労働市場における競争圧力や時間の圧力を経験することはない。だが、学校がその代役を務めている。

さらに、子どもはおとな以上にマスメディアの影響を受けやすい。別の研究調査によると、一週間のうち子どもがマスメディアを視聴する平均時間は、二～七歳で三時間三四分、八～一三歳で六時間四七分である。子どもの時間の使い方に大転換が起こった。歴史上初めて、コミュニティで社会関係を育むよりも、家の中でテレビ、ビデオ、ＤＶＤ、コンピュータ、ＣＤを視聴して過ごす時間が増えているのだ。

五　若者の消費主義

若者の場合でも、関係性の悪化は消費文化の台頭と関連性がある。若者は新しいテクノロジーを採り入れる最初の層であり、家族の中で最も強い消費欲をもち、製品、商品、最新の流行について最も敏感である。若者の世界は常に消費を中心に構築されている。この消費中心の世界が、自分たちの仲間とそこからはずれる者は誰か、友人としてふさわしいのは誰か、注目や憧れの対象に値するのは誰か、地位が高い者は誰かを決定する。

米国の若者の七五％が経済的に富裕になりたいと思っている。この数値は、インドを除いて世界の他の国よりも高い。米国の親の約三分の二が、「我が子は、自分の子ども時代以上に、何を所有しているか、何を着ているかで自己評価をしている」と答えている。九～一四歳の子どもの三分の一以上が、「特別なゲームや服を持っている同世代の子に憧れており」、半分以上が、「おとなになったとき、たくさんお金を稼げばそれだけ幸せになれる」と答えている。そして六二％が、「おとなになってしたい唯一の仕事は、たくさん稼げる仕事だ」と答えている。[38]

米国の若者がどのようにしてこのようになったのか、そしてヨーロッパの若者がどのようにしてこのようになりつつあるのか。この点を理解するためには、広告と学校の二つの制度に注目しなければならない。

六　子どもをターゲットにする広告

「顧客を増やす方法は二つしかない。顧客を自社のブランドに乗り換えさせるか、生まれたときから顧客を育てるかだ」（ジェイムス・U・マクニール、テキサスA&Mのマーケティング学教授）

「もしこの子が早くからあなたのものになれば、この子はこれからもあなたのものになる。企業は常に言っている。『子どもを若いうちから企業の顧客にしたい』と」（マイク・サールズ、キッザラス元社長）

「子どもを顧客として狙うことに関して、大手食品会社ジェネラル・ミルズ社は『ゆりかごから墓場まで』というプロクター&ギャンブル・モデルに従う。わが社は子どもたちを早いうちから顧客として囲い込み、彼らが一生わが社の顧客であるようにする」（ウェイン・チリッキ、ジェ

（38）Schor, 2005.

ネラル・ミルズ社重役）

こうした広告産業と多国籍企業の重役の言葉は、カッサーの著書[39]から引用したものだが、驚くべき内容である。これらの言葉は、過去二〇年間に市場経済で起こった大きな変化を例証している。それは、子どもが広告の主要なターゲットになったということだ。[40]

広告業者の言語体系を検証してみよう。広告業者は「ヴァイラル・マーケティング」「奇襲」「脆弱さ」「絨毯《じゅうたん》攻撃」という表現を用いる。彼らは子どもたちを所有し、育て、離さない。広告業界の言語は戦争用語である。この戦争に勝利するのが誰かは疑いようもない。

過去二五年間に、広告はこれまで以上に子どもや一〇代の若者をターゲットにするようになっている。米国では、子どもをターゲットにした広告の費用総額は、二〇〇四年に一五〇億ドルに達した。これは一九八三年のテレビ広告費の一五〇倍に相当する。広告業界の教祖の一人であるマーティン・リンドストロームは、グローバル企業のブランドの八〇％が子ども向けの広告戦略を必要としていると答えている。

広告戦略の洗練化、効果、そして大胆さは、瞠目に値する水準にまで達している。数百万人の子どもが、年齢、性別、選好、購買力、市場区分（マーケットセグメント）によって分類されている。こうして広告メッセージは、「ターゲット」となる顧客に的確に届くように調整されるのだ。この戦争に勝利するためには、いかなる支出も知的資源の使用も追いつかない。

心理学者、子どもの発達の専門家、脳科学者、社会学者、人類学者で構成されるグループが、巨額の報酬の見返りに洗練されたノウハウを広告業界に提供している。膨大な研究調査が子どもの生活を詳細にわたってカタログ化する。広告業者は、道端やお店、そして学校に至るまで子どもたちの私生活を録画し、彼らの日常生活の詳細を集めている。

広告業者の目的の一つは、うっとうしい親や先生がいない、子どもにとって居心地のよい世界を描いた広告を制作することである。この分野の先駆者は、子ども向けケーブルテレビチャンネルのニコロデオンである。同チャンネルは今日イタリアでも人気を博しており、アメリカでは幼児・子ども向けテレビ番組の主要なテレビ・ネットワークである。ニコロデオンの基本哲学は、研究開発部長のドナ・サビーノの次の言葉によく表れている。

「子どもたちは成果や活動に対する大きなプレッシャーをかかえている。時間がなく、たくさんの負担を背負っている。［……］おとなの世界で子どもとして生きることは辛いことです。おとなは子どもに敬意を払っていません。彼らはどこでも命令します。ニコロデオンでは子どもが命令します」

ニコロデオンのこの基本哲学が成功したのは、それが現実を反映しているからである。ドナ・サビーノは、本書で指摘されている若者のさまざまな問題を完璧に意識している。彼女の対案は、ニコロデオンという自由な世界である。ニコロデオンに登場するおとなは、うっとうしくて口うるさく、抑圧的で面倒な、面白みのない人たちだ。このような手法でニコロデオンは大きな

（39）Kasser, 2002.
（40）Schor, 2005.

成功を収め、多くのフォロアーを生んだ。

たとえば子ども向けの食べ物の広告は、米国では肥満の蔓延の温床となっていると非難されているが、おとなと区別する手段としてジャンクフードを子どもに提案し続けている。おとなに対する信用が失われ、彼らが軽視するものに対して特権的な価値が与えられる。新しいアメリカン・ドリームのための研究所(Center For a New American Dream)の調査によると、一二～一三歳の四〇%が、親が軽蔑している製品を、そうと知ったうえで親に買ってもらおうとしている。

どのようにして広告が現代の歴史物語になり、多国籍企業が子どもの育ての親となったのだろうか。子どもに対する広告圧力の増加の原因は四つある。

最も重要なのは、子どもはおとなと比べて広告の影響を受けやすいという点だ。研究調査の示すところでは、五歳以下の子どもは広告とテレビ番組を区別できない場合が多い。広告は暇つぶしの一形態として知覚されるのである。子どもが広告をそれと意識するようになるのはもっと後で、八歳になってからである。その年齢になると、子どもは急速に疑問を持ち始める。しかし、この疑問は彼らの欲望には影響しない。たとえば、小学校三年生・四年生に六カ月間テレビの視聴を減らす対照実験を行った研究がある。[41] この実験によると、テレビの視聴時間が短いグループ(実験群)に属する子どもがおもちゃの購入を要求する割合は、コントロール・グループ(統制群)と比べて七〇%ほど少なかった。[42]

第二の原因は、子どもがかつてないほどテレビを視聴している点にある。そのため現在では、子ども向け広告は長期的な投資とみなされるようになっている。ニコロデオンの研究調査によれば、平均的な一〇歳児は三〇〇～四〇〇個の商品を記憶するという。

三点目として、子どもの購買力の著しい増加が挙げられる。この要因の一部は経済成長であるが、もうひとつ、親の子どもに対する態度が以前ほど権威主義的ではなくなったことにも起因する。子どもの要求はますます幅を利かすようになり、買い物においてさえもそうなってきているのだ。

四点目として、子どもは家族の買い物に対してもこれまで以上に大きな影響を与えるようになってきていることが挙げられる。ニコロデオンが子ども向けではない商品——たとえば自動車など——の広告を流していることは、そのチャンネルを視聴したことのある者であれば誰もが知っている。

七　どのようにしてマスメディアは若者の満足感を低下させるのか

既述した米国の若者が置かれている状況は、悲しくなるほどに米国の成人の状況と類似している。子どもと一〇代の若者は、物理的・精神的・社会的な点から見て、おとな以上に不幸で苦し

(41) Robinson, 2001.
(42) 〔訳注〕対照実験では、実験を受けない対象である統制群（コントロール・グループ）と実験を受ける対象である実験群に分け、実験群から得られる結果を統制群と比較することで実験の影響を分析する。

んでいる。さらに、彼らは関係性に恵まれておらず、競争によって生じる時間に対するプレッシャーの増加に直面している。彼らはおとな以上に消費主義的で、マスメディアや広告に包囲されている。子どもの状況に関わるこれらの要素の間には、どのような因果関係があるのだろうか。どのような論理によって、おとなと同じ状況が子どもに対して繰り返されるのだろうか。

この問いに対する答えを提示する最重要の研究は、ショーアのそれである。(43) 彼女は一〇～一三歳の子ども三〇〇人の標本を対象に、構造方程式モデリングを用いて諸変数の間の因果関係を調べた。これによって、(人口、性別、人種、年齢層、教育水準、親の労働条件などの諸変数だけでなく)マスメディアの利用、消費主義的価値観への傾倒、親との関係の質、幸福感の間の因果関係が明らかになった。使用された幸福度指標には、うつ病、不安症、自己評価の程度や心身症状(頭痛、胃痛など)が含まれる。本章で扱った問題と比較したとき、欠けているのは時間の活用の指標だけだ。

この調査の最初の結果は、カッサーと彼の研究仲間が行った米国の成人に対する研究調査結果と酷似している。すなわち、消費主義的文化の発展は幸福感の著しい低下を引き起こす。この結果は、調査に使用された幸福度指標全体に対してあてはまる。さらに驚くべき結果は、それとは逆の因果関係が見出されなかった点である。うつ病や不安症、あるいは自己評価の低さは、消費主義的文化を高めない。

加えて明らかになったのは、消費主義的文化の原因についてであり、これはマスメディアへの依存度に強く左右される。我々は、学校や家庭を主要な教育制度と考えることに慣れてしまっている。しかし、マスメディアも教育的な役割を果たしているという事実を認めなければならない。マスメディアへの依存度は、間接的にではあるが、幸福感に大きな影響を与える。マスメディアは諸個人の価値と願望に働きかける。マスメディアが幸福感に直接的影響を与えることはない。だが、長時間マスメディアを視聴する子どもが消費主義的価値に一層埋没していくという事実から、その影響が確認される。

テレビは自分の現状に不満を覚えさせ、所有欲と金銭欲を刺激する。さらにマスメディアへの依存は、それが調査で考察の対象となったどの変数の影響も受けないという意味で、これらの調査結果の第一原因である。したがって、うつ病で不安症の子どもや、親との関係が悪い子どもが、テレビや他のマスメディアに逃げ込むのではない。テレビがこのような子どもを生み出すのである。

ショーアの研究は、関係性の質が幸福感に強い影響を与えることも示している。彼女の研究からは、親との関係が子どもの幸福感にきわめて強い影響を与えることが推察される。反対に親子関係の悪化は、強い消費主義的価値観を子どもに芽生えさせることになる。

（43）Schor, 2005.

4　人間は働くために生まれてきたのだろうか？

一　おとなと若者の間の対立、統治不能になる個人の生活と社会システム

ここでは、幸福感に大きなマイナスの影響を与える三つの側面と、その原因について分析する。これらの側面の一部は、これまですでに言及している。それは次の三つである。

①おとなと若者の間の対立。世代間の対立――近代社会の構造的問題――は、関係性の問題のとても悲しい側面の一つであり、若者の幸福感とおとなの幸福感の双方に大きな負の影響を与えている。

②欧米諸国の多くの人びとが、人生の選択を無理強いされていると捉えるようになっている。これは富裕国の驚嘆すべき現象である。産業革命のころまでは、新しい社会秩序は、人間に伝統社会の束縛からの解放を約束するものと考えられていた。諸個人は自分の意志にしたがって自由に生きることができると考えられていた。だが、そのような約束は守られなかった。この種の自由は、欧米諸国では限られた人びとしか享受していない。

③統治不能となる社会システム。この点は現代欧米文化の驚くべき側面である。それはまた、

きわめて新しい現象でもある。この点から見て、現代の文化的風土は二〇世紀のそれとはまったく異なる。社会の舵取りができなくなり、責任を担って社会システムを統治しようとする人が誰もいない。社会の舵取りができなくなったという認識が現代欧米文化を支配し、グローバリゼーションのレトリックとともに拡大している。グローバリゼーションは何人たりともそれを望ましい方向へと導くことができない力となり、人びとはその流れに従わざるを得なくなっている。

言い換えると、欧米諸国の文化は自分の生活に望ましい方向を与えることができなくなっている。この意味で、うつ病状態と似た状況に陥っている。実際、グローバル化時代の公共の議論の中でよく見られるレトリックは、個人を経済的・社会的環境に順応させることに焦点が当てられている。このレトリックのもとでは、経済的・社会的環境は変えることのできない条件とみなされる。我々は、ますます非人間的になる競争的な環境と高まる不確実性に適応しなければならない。そして、生活の安全と保障を犠牲にして、労働に多くの努力とエネルギーを費やすことに慣れなければならない。この新しい環境に適応できない国民や個人は、貧困と経済的疎外に陥ることになる。

このことが意味するのは、消費財へのアクセスの拡大だけでなく、あらゆる類の進歩の展望を描いた西洋文明の社会的想像力の消滅である。自由時間の増加、生活の質の向上、人間性を尊重する社会生活の形成――これらの展望は、一九七〇年代にはまだ確固とした見通しとして存在していた。しかし現在では、熾烈な経済競争という単一な展望の前に崩れてしまった。この展望のもとでは、経済競争が避けられない現実であることを認識しない人びとは、無慈悲に転落させられるのである。

啓蒙主義と進歩の思想の継承者である欧米文化が、「なぜ、我々はこのようなことになったのか。なぜ、我々は地球生態系の危機をもたらすほどに生産能力を高める文明を創ったのだろうか」という問いに取り組まないでいるのは、驚くべきことだ。どのようにして競争は抑圧的になり、社会の不確実性は増し、生活の質と関係性は悪化したのだろうか。一人ひとりが自分よりもずっと大きくて制御不可能な出来事、我々の生活の質と子どもたちの未来を脅かす一大事に直面しているのは、どうしてなのか。

我々が置かれている状況は、干ばつや冷害の脅威に直面している農村社会の農民と同じようなものだ。なぜ我々は、さまざまな出来事のなすままにこのような状況をつくってしまったのだろうか。そして、経済・社会システムは人間のつくったものであるとするならば、なぜ統治できないものでなければならないのか。これらの問いに照らしてみたとき、欧米文化が意味を必要としていることが明らかになってくる。なぜなら、生活をより良くしていくという目標が失われてしまっては、この経済競争には意味がなくなるからだ。

これらの問いが無視されてきた結果、米国、英国、そしてヨーロッパ大陸の多くの国で、グローバリゼーションとの決別を約束するナショナリズム勢力が急増した。過去数十年の間グローバリゼーション言説は社会の統治不能性を主張してきたが、まさにその言説が自らの墓穴を掘ったのだ。もしグローバリゼーションが我々を不安にさせ、それが統治不能なものであるならば、我々の唯一の選択肢はグローバリゼーションを破壊する壁を立てることだ。制御不能なグローバリゼーションという物語はあまりにも希望のない内容なので、有権者の間に排外的な反動を引き起こした。そして、彼らはグローバリゼーションの破壊を約束する勢力に投票した。

もちろん、熾烈な経済競争に適応しなければならないという言説は目新しいものではない。現在の中国脅威論と同じような言説は、一九八〇年代には日本に対して言われていた。数百万人の日本人が我々欧米人を追い越そうとしている。日本人は、怠け者の欧米人が慣れてしまった速度と比べて信じられないくらい猛烈に働いている。我々はタイタニック号の船上にデッキチェアを準備しているのだ。

だが重要なのは、これらの脅威論が欧米諸国において周期的に公共の議論を喚起してきたという点にあるのではなく、集団的な不安の雰囲気を発生させるのにかつてないほどに成功したという点である。これは我々の文化の失敗を示している。つまり、一つの文明が自信を喪失して恐怖に嵌り込んだことを示しているのだ。

最初の二つの側面は、前節ですでに検討した。おとなと若者の対立に関して、たとえばそのような対立を助長する広告の役割について議論した。しかし、対立の根本原因は広告にあるのではない。広告は、おとなと教師のいない理想的な世界、つまりは製品を買うことでたどり着ける約束の地を描くことで、対立を悪化させているにすぎない。ここで問わねばならないのは、子どもたちにとっての約束の地がおとなのいない世界なのはなぜかということだ。

我々の生活の統治不能性に関して、そのような状況を生み出す物質主義的な価値観の役割についてすでに指摘した。だが、社会システムの統治不能性の認識についてはまだ議論していない。

この節では、生産的な人間が、おとなになったときに深刻な適応問題を生じさせる文化的・制度的選択を通じて形成されることを述べたい。この適応問題は、前述した三つの問題――おとなと若者の対立、個人の生活、社会システムが統治不可能であるという認識――の根本原因である。

二　可能性の感覚

個人の生活と社会システムの統治不能性が認識されるようになった理由は、教育制度が〈可能性の感覚〉にもたらす破壊的な作用に起因する。〈可能性の感覚〉という概念は、レナート・パルマの研究に由来する(44)。

「〈可能性の感覚〉、すなわちさまざまな選択肢を想像できる感覚は、人間という生物種の特性である。人間にとって、何かを試そうとする衝動は、経験をより良い方向へと変え、より満足のいく結果を獲得するための基礎となる(たとえば、料理のレシピがそうである)。人間の頭脳は別の可能性を生み出す能力、すなわち変革を構想する能力をもっている。人間にとって、可能性は現実に先行するのだ(45)」

この特徴は人間の進化の基礎を成す。なぜなら、可能性の感覚があることで、人間は自らの必要性に応じて環境を変えることができるからだ。そして、生活をより便利に、より楽しくすることができる。

問題は、先進社会の文化的・制度的選択が個人の適応能力ばかりに注目しており、経済的・社会的環境を所与として扱っている点である。経済的・社会的環境を人間のつくったものとして扱い、それらを変革する能力については考えない。可能性の感覚、すなわちより便利な生活条件の実現を目指すさまざまな実験を構想する能力は、制度的に抑制されている。

学校はその典型例である。学校教育の骨の折れる学びのプロセスを思い出してみよう。そこでは生徒は、自分たちが適応しなければならない環境に関して基本的なことを学ぶ。まず彼らは、生産活動からあらゆる楽しみの観念を排除することを学ばなければならない。生産を行うための時間は楽しく過ごすための時間ではないのだ。また、生徒が自己流に学ぶことは許されない。学校制度は、生徒が自由に自分の興味を育むことを手助けしない。何を学ぶかは制度が決める。生徒の意見が考慮されることはない。

生徒はさらに、自分たちの身体的な要求を生産活動の要求に服従させることを教えられる。たとえば、子どもたちが一日の大部分を動かずに勉強させられることを考えてみるとよい。そして、生産活動は時間の要請も支配するようになる。学校教育はその基本方針として、生徒に急ぐことを教える。つまり、生徒は時間との関わり方を学ぶのだ。

物事を深く省察することは、どのようなものであれ敬遠される。学校教育ではカリキュラムと時間を強く意識しなければならなくなる。まるで、そこから個人の学びの道が導き出されるかの

(44) Bartolini and Palma, 2002; Palma, 2009.
(45) Bartolini and Palma, 2002.

ように……。さらに、生徒は競争を学ぶ。たとえば成績評価は個別に行われ、グループワークは学校の授業からなくなる。そして最後に、生徒は権力との関わり方を学ぶ。生徒は彼らに関する重要な決定から排除されている。

可能性の感覚の衰退は、経済的・社会的環境が人間のつくったものであり、それゆえに幸せな生活(benessere)の実現に向けて方向転換できるという意識が欠如していることを意味する。伝統社会の束縛からの解放が、諸個人の自由の認識に期待されていたほど肯定的な結果をもたらさなかったのは、まさにこの点による。自由は可能性の感覚を重視する選択と組み合わされる場合のみ、人びとに知覚されるようになる。言い換えると、人間の構想力を所有と利潤計算に還元することは、個人や社会の歴史に対する批判精神と責任感の欠けた人間を育てることになる。

三　時間文化

ここまで私が説明してきたのは、消費主義的価値観の普及によって生じる自己との関わり方の悪化の根源が、市場社会が生産する時間文化にあるということだ[46]。時間文化は、生活に対する不満足感や社会的・心理的な対立の温床である。

近代以前の社会では、自由時間と労働時間は明確に区別されてはいなかった[47]。労働市場制度、すなわち時間の商品化は、生活時間と労働時間の明確な区別を含意するものであるが、時間の認知方法に対してマイナスの影響をもたらした。労働市場は時間を他の資源と同じように扱う。時間はさまざまな活用法、つまり多様な生産活動とさまざまな自由時間の活用の間で分配可能な希少資源である。どのような希少資源も、最善な方法で利用されなければならない。時間を売る人間は、他の財を売る場合と同じように時間に対する所有権を手放すことになる。

実際には、時間は特殊な財である。なぜなら、時間は生活であり、時間の質は生活の質であるからだ。自分の時間との関わりは、自己自身との関わりにおいて鍵となる。そして、自分の時間を所有しているという認識は、人間の幸福感にとって重要な要素である。なぜなら、そのような認識は、自分の生活を自己統治しているという認識をもつのに重要な要素となるからだ。

時間は他の資源と違って蓄積することができない。我々は時間の知覚(percezione)をより良いものにするか、さもなければ悪化させるしかない。人間は時間を手放すことができないし、経験的な観点を離れてそれを捉えることはできないのだ。事実、我々は自分たちが過ごす時間の質を知覚しないですますことはできない。時間の質の知覚は一定の慣性の法則に従う。たとえば、労働のテンポの加速化が自由時間にも影響を与えないとは言えない。生活時間と労働時間の間に浸透不可能な膜があると考えるのは幻想だ。このような幻想は、諸個人が自由時間から得る満足感は労働時間の質とは独立していると主張する経済学者たちの典型的な仮説に反映されている。

時間の商品化は、時間について特殊な心理状態を生み出す。この心理状態は諸個人に気疲れするほどの適応を要求するのだ。

---

(46)この節で議論している考えの多くは、レナート・パルマの研究に依拠している。
(47) Polanyi, 1968.

時間が常に何かによって――もしくは誰かによって――強制されるシステムに諸個人を適応させるために、多大な努力が費やされる。時間を自分で管理できるという感覚(percezione)は幼年期から衰退する。衰退は、子どもの食事のリズムと眠気を「しつける」ことによって始まり、教育制度によってさらに進行する。子どもの時間は、生まれたときから両親の生産活動の時間と一致しなければならない。子どもにおける時間の観念の構築は、一つのモデルを押し付けることで生まれる。

子どもが時間を制約と捉えるようになるプロセスは、権力を受け入れるプロセスと類似している。子どもに対するおとなの権力を認めることは、子どもの時間に対するおとなの権力を認めることなのだ。おとなと子どもの間の対立は、このようにして時間をめぐる対立にも影響を及ぼす。重要なのは、人間の時間に対するもうひとつ別の関わり方、つまり時間を自分でコントロールできるという知覚に基づく関わり方は、社会組織や自分の生活に対する責任を放棄しない人間を育てるということである。

市場制度の対立構造を時間の知覚に延長することは、個人の人格形成の基本的部分に影響を及ぼす。時間に対して敵対心を抱く人間は、自分自身に対して対立的に関わるようになる。そのような人間は、自分自身のニーズにあまり注意を向けなくなる。自分自身の声に耳を傾けなくなった瞬間に、お金・消費・労働を不満足から抜け出す唯一の道として掲げる文化のメッセージに感化されやすくなるのだ。

時間の商品化に由来する影響以外に、市場社会は時間の捉え方に対するもうひとつの影響も生み出した。市場社会は人間を孤立させ、市場（とくに労働市場）の媒介を通じてのみ社会関係を構築しようとする。つまり、個人の経済的利益によって動機づけられる対立関係の構築である。

社会関係および情動的関係の解体と孤独感の台頭は、仕事人間を生み出す。経済的・社会的な承認から生まれる安心感によって、〔市場社会という〕対立関係の砂漠で孤立する諸個人は不安を拭うことができる。現代社会に典型的な労働依存の原因と、諸個人のアイデンティティおよび時間との関係の構築において労働が果たす尋常極まりない役割の原因は、ここにある。

関係性の貧しい砂漠の中で労働を通じてアイデンティティが形成されることで、生産主義的な時間概念が推進される。我々を忙しくさせ、「時間がない」と焦らせて、子どものために費やす時間など愛情を注ぐ時間を生産活動と関係ない無駄な時間と考えるようになる原因はここにある。さらに我々は、生まれたばかりの自分の子どもに、彼らの時間とニーズがおとなの生産活動の時間とニーズに一致しなければならないと教えるようになる。

したがって、欧米諸国が経験する抑圧と強制の感覚の原因のひとつはその時間文化にある。学校や家庭に代表される教育制度は、労働市場が時間の捉え方に与えるマイナスの影響を取り除くよりはむしろ、それを拡大させている。市場社会で幸せに生きることができる人間を育てるのではなく、教育制度は、経済競争および競争によって強いられる時間の制約に直面したときに立ち往生してしまうような人間を育成しているのだ。

5　我々はどのような生き物なのだろうか？

一　合理的経済人（ホモ・エコノミクス）という誤謬

ここまで説明したアプローチは、競争が人間の関係構築の可能性のひとつにすぎないこと、そして協力が多くの場合において有力なオルタナティブであることを主張している。協力はさまざまな形態をとりうる。特筆すべきは、協力の性質は非道具的でありうるという点だ。

協力の可能性は、主流の経済理論の基礎にある人間観――合理的経済人――からは排除されている。合理的経済人は物質主義的で自己中心的な目的を掲げ、道具的な動機に従って行動する。そして、物質的な財の所有だけに関心をもち、無償の活動のために行動しない。彼の同類は、物質的な利益の獲得のために利用しうるかぎりにおいて人間に興味をもち、倫理的・情動的・社会的・利他的な次元とは完全に無縁である。合理的経済人にとっての唯一可能な協力形態は、道具的動機に基づく協力である。

合理的経済人の中身は、消費主義的人間に対して私が述べた内容と似ている。唯一の違いは、消費主義的人間はその性質上、妬みという負の社会的側面をもっているという点である。消費主義的人間は自分の所有する財だけでなく、他人の所有する財にも関心をもつ。他人の所有物は妬みを生み、消費主義的人間を不満足にする。経済的成功が彼らにとって重要な目標となるのは、まさにこの妬みによってである。経済的成功によって、彼らは他人の社会的地位と比較した際に明らかになる自分の獲得した地位に満足する。

合理的経済人は科学的観点から言えば誤った概念である。現実世界でこの人間像と合致することは、極端に消費主義的な人間の場合でも稀だ。

自己利益を考えるのは人間の動機の基本的部分の一つである。この動機に基づいた世界が経済的繁栄を実現したことが、そのことを証明している。しかし、それが唯一の動機であるとするのは誤りだ。過去にも現在にも、合理的経済人の仮説では説明できない多くの重要な社会現象が存在する。

たとえば「投票の逆説」を考えてみよう。一般的に言って選挙には多くの人が参加し、このことが我々の民主主義体制の基礎となっている。我々はなぜ、日曜日に海に遊びに行かずに投票しに行くのだろうか。人間がもし合理的経済人であるならば、この問いに答えることはできない。投票は時間と移動の観点から言えば、費用がかかる。たとえこの費用が限定的であったとしても、合理的経済人は、投票に行って得られる個人の利益が費用を上回る場合にのみ投票に行くだろう。だが、投票して得られる私的利益とは何だろうか。

問題は、政治的投票の唯一の動機が私的利益の維持であったとしても、我々の投票が選挙結果に影響を与える確率は現実にはゼロであるという点だ。この目的が達成される唯一のケースは、たった一人の投票で選挙結果が決まる場合である。しかし、このようなケースは統計的な重要性をもたない。一人だけ投票して勝敗を決める選挙は存在しない。非常に小規模な選挙の場合でさえ、数千票なければ影響は出ない。この場合でも一人の投票は影響力がない。私的利益の擁護ばかりに関心がある人間の場合であっても、合理的計算は投票に行くことに何の動機づけも与えないのである。

人間が合理的経済人として行動することを実験結果は認めない。心理学者と経済学者は、個人の意思決定が私的利益によって動機づけられるのか、それとも寛容さ、公平性、反社会的行動の回避といった社交性によって動機づけられるのか、その度合いを評価する実験を行った[48]。これらの実験によると、私的利益は潜在的な動機の一つではあるが、社交性を求める動機はそれに劣らず重要である。

人類学の数多くの研究によると、世界のさまざまな場所の牧草地の維持管理を(数千年まではいかなくとも)数世紀にわたって保証してきた規制のメカニズムは、社交的な動機づけに基礎を置く協力のメカニズムによってこそ説明可能である[49]。さらに、社会運動に関するミクロレベルでの歴史研究の多くが、労働者と民主主義者が何世紀にもわたって、リスクに見合うほどの私的利益をもたらさない目的のために自分たちの命を賭してきたことを記録している。

幸福の逆説と関係性の重要性――より一般的に言えば、内発的に動機づけられた活動の重要性――は、合理的経済人とは異なる人間像を示している。もし人間が道具的な動機によってのみ行動するのであれば、そのような動機に基づく経済活動はいかなる関係性の衰退も生み出さないだろう。そして、幸福感は所得の増加に応じて増大するだろう。しかし、いままで述べてきたように、幸福の逆説は、人間が物質的な財のみに関心をもつのではないことを示している。関係性の衰退は、内発的動機づけが人間の基本的ニーズの充足に関係しているという事実を示すバロメーターなのだ。

人間の行動が寛容さや市民性に傾倒することに対する関心が高まるにつれて、社会科学のさまざまな分野で重要な研究が出てきた[50]。合理的経済人の仮説は滅びつつある。こうしたテーマに対する関心の高まりは学問の文化的風土の抜本的な変革を示唆しており、経済学もその例外ではない。もっとも経済学者の間では、合理的経済人はいまだに高い信頼を獲得し続けているが……。

二　協力する種としての人間

人間の重要な特徴は、その経済的性質ではなく協力的な性質にある。この点に関して、古人類学は最も印象的な証拠を提示する。いまから約七万五〇〇〇～九万年前に人類の祖先が誕生したアフリカのサバンナでは、我々の先人たちは巨大で危険な動物の狩猟を集団で行い、獲物を分かち合って、集団的な防衛体制を組織していた。そのためには集団の成員の間で高水準の協力が要

(48) Fehr, Gächter, 2000.
(49) Ostrom, 1990.
(50) De Waal, 1997; Hrdy, 2000; Wright, 1995; Ridley, 1998; Field, 2004; Hauser, 2006.

求された。

協力は人類のみに確認される特徴ではない。他の類人猿も協力的な行動をとるし、多くの昆虫もそうである。だが、ホモ・サピエンスの間で為される協力は血縁とは関係なく広がり、協力関係を維持するにあたって倫理的価値が重要な役割を果たす点において独特なものだ。人間同士の協力の大部分は、個人の利益の獲得という道具的観点からは説明できない。道具的観点による説明によると、人間は協力的な行動に対して見返りが期待される場合にのみ、すなわち相手が将来協力するという確信がある場合においてのみ、他者と協力する。ところが、実際の生活や実験で得られる証拠は、将来において協力が繰り返されそうにない相互行為においても協力が起こりうることを示している。

協力の形態は社会によって異なる。しかし、共通しているのは、協力の維持において社会的選好が大きな役割を果たすという点だ。社会的選好とは、共感、寛容さ、誠実さ、忠誠心、恥、罪の意識を感じる能力を指す。人間がこれらの感情を感じる要因は、我々の脳が情報を処理し、協力的な行動をとるように反応するその様式と深く関係している。人間の脳がそのように機能するのはなぜだろうか。サミュエル・ボウルズとハーバート・ギンタスの研究は、人間を合理的経済人とは一線を画す存在へと導く進化の理由をみごとに例証している[51]。

この問いは、我々の遺伝子コードにおける社会的選好に対する性向の存在を決定してきた進化の要因は何かを問うことに等しい。以下では、社会的選好という言葉を利他主義とも表現して議論する。

アフリカのサバンナでは、協力的な行動をとる集団の成員は、非協力的な集団の成員と比べて巨大な動物の狩猟やその他の大きな利益を得る。当然ながら、このことは協力する人間の選択の十分条件ではない。

原始的な二人の人間の例を想像してみよう。一人はエゴという名の自己中心的な人間であり、もう一人はアルテールという名の利他的な人間である。アルテールが利他的な傾向をもち、エゴが自己中心的な傾向をもつことは、遺伝的要因によって決まっているとする。

二人がサバンナを歩いていたとき、エゴが野生動物に襲われた。アルテールは利他主義の本能にしたがって飛び込み、エゴを野獣の爪から救った。すると、野獣はアルテールに襲いかかる。エゴは自己中心主義の本能にしたがって逃げ、アルテールは食べられてしまった。エゴは自分の集団に戻り、この危険な冒険のストレスを発散するためにさまざまな女性と関係を結んだ。

この架空の物語は、自己中心的な人間のほうが生き残り、再生産されることを示唆している。自己中心主義の遺伝子コードは、アルテールとともに消滅する利他主義の遺伝子コードとは異なり、次世代に伝播する。

この物語は、選択が集団内部で起こる場合には自己中心的な人間が有利になることを示唆している。協力する種を出現させるには、選択は集団内ではなく集団間で行われるものでなければならない。この場合、協力的な行動をとる集団はより高い確率でその生存が保証されるという利点

(51) Bowles and Gintis, 2011.

をもつ。したがって、伝播する遺伝子の大部分に利他主義が内蔵される。ボウルズとギンタスの議論によると、アフリカのサバンナでは集団間の選択が一般的である。それはなぜか。

第一に、ホモ・サピエンスは、自己中心主義的な人間がもたらす苦しみから利他主義的な成員を保護する独自の方法を発明した。その方法とは制度の構築である。代表的な事例は原始的形態の司法制度であり、協力の規範を破った人間を集団から追放するというものだ。それだけでなく、再生産の格差を減少させる一夫一婦制の導入や、食べ物の分かち合いや情報の共有化も行われた。

第二に、人類は協力を導く規範を内蔵した小規模の社会化のシステムを拡張および発展させてきた。この点に関して重要なのは、「人間の発達の可塑性（la plasticità dello sviluppo umano）」と、その長期的構造である。発達の可塑性という概念は、人間が吸収できる行動パターンが信じられないほど多様であることを示唆している。子どもが広告の影響を受けやすいのは、この可塑性のためにほかならない。人間の進化の成功におけるこの重要な特徴は、現在では商業目的のための大衆操作によって悪用されている。

規範の内部化も利他主義者の保護も、行動規範を形成・伝達する人間の能力に依拠している。人間は、協力が大きな利点をもつから協力する種となったのである。我々が協力する種となったのは、社会的選好にとって不利に働く選択圧力――つまり集団内部における選択圧力――を最小化する社会制度を構築し、規範を安定化し、それを尊重し、食べ物を分かち合い、新しい成員を社会化できたからである。その根底には、人間という種がもつ類稀な言語的・認知的・情動的・身体的能力の働きがあったことは明らかである。

三　陰鬱な科学は微笑み始める——科学的な嘘の社会的機能

合理的経済人が嘘であるという意識は経済学分野でも広がっており、幸福に関する研究などのさまざまな研究が現れている。合理的経済人の断固とした拒否は、経済学の根本的革命を意味する。なぜならその誕生以来、経済学はこのような人間学的仮説に依拠してきたからだ。経済学が陰鬱な科学として知られるようになったのは、この学問分野を支える人間観が悲しいものだからである。

しかし、陰鬱な科学は微笑み始めている。既存の経済秩序を正当化する諸理論が採用する人間観が嘘であると気づいたのだ。科学的な嘘に基づいて社会秩序全体を構築することがいかにして可能であったかは、将来世代の関心事となるだろう。ところが、この嘘は社会科学において大きな影響力を行使し、それだけでなく、この人間観を普及させるのにも多大な影響をもたらした。その影響力は可能性の地平のデザインに関わっている。

現行の経済システムは多くの人にとって意味のないものに思えるかもしれないが、大多数の経済学者にとってはこのシステムこそが最善の可能世界である。マーガレット・サッチャーの言葉を借りるならば、合理的経済人という人間の性質を考えるならば、「この経済システム以外にはオルタナティブは存在しない（There Is No Alternative ＝ＴＩＮＡ）」のだ。

経済学の嘘は、オルタナティブな可能性の模索を無意味なものにしてしまったのだ。経済学者は社会の進歩を妨げる嘘をつき、我々の可能性の感覚を狭めた。この責任は、きわめて大きい。陰鬱な科学の支持者はこの点に関して無自覚である。彼らは真面目な顔をして、不快な真実を伝える役割を果たしている。経済学者がいなくなれば、現実はより厳しく不快になるのだと。

現実は正反対だ。経済学者が合理的経済人について教えるとき、彼らは科学的知識を伝えているのではなく、自分たちのアイデンティティを講釈しているのである。ある興味深い研究によると、経済学者たちは、数ある社会科学者の集団の中でも合理的経済人に最も近い行動をとる集団である[52]。この点が示唆するのは、経済学者は自分たちが科学的だと信じている現実を創り出しており、彼ら自身が自らの語る嘘の最初の犠牲者であるということだ。

(52) Frank et al, 1993.

第Ⅳ部　幸せのための政策

「システムが我々を見つける前に、システムを見つけよう」
〈クリスチーナ・シローリ〉

「理想を言えば、民主主義の目的は、知力を失うのではなく、むしろ知力を活性化するためのコミュニケーション能力を活用することにある」
〈フレデリック・ベグベデ〉

これまでの分析は、我々が自分たちと子どもたちの幸せを気にかけるならば何ができるかということについて、私自身のメッセージを伝えてきた。出発点は、経済的成功、お金、仕事、成果主義への固執を止めることにあるだろう。

しかし、個人の選択は幸福感の大きな改善に貢献しうるけれども限界がある。米国でダウンシフターと呼ばれる人びと、イタリアで「坂を降りる人びと」、もしくはセルジュ・ラトゥーシュの言葉を使うならば「脱成長」を選択する人びとについての研究が、この点を例証している。ジュリエット・ショーアが言う「労働―消費サイクル」から抜け出して、より少なく働き、より少なく消費する人びとがいる(1)。このグローバルな傾向は、米国やヨーロッパでは数百万人に影響を与えており、専門研究の対象である。米国に関するさまざまな研究は、生活のダウンシフトが幸福感にプラスの影響を与えることを証明しているが、子どもに関してはそうはいかない(2)。

その理由は明らかだ。子どもは、消費の削減という選択肢を容認しない。市場圧力の大海原の中で簡素な生活を送ろうとしても、そうした環境で子どもを育てるのは難しい。消費を減らしながら子どもたちとともに良く生きることができるようになるには、子どもを消費のターゲットにするような社会の仕組みを変えなければならない。

したがって、本書は社会的なメッセージを含んでいる。そのメッセージとは、現代の富裕な世界は幸せを生み出す仕組みをもっていないため、人間は幸せを感じることができないというものだ。今日の経済・社会機構は、幸福感の向上とは異なる目標――主に経済的目標――ばかり見ている。我々がもし幸福感に満ちた生活を欲するのであれば、そのような生活の促進を目指す社会を構築しなければならない。そのためには、生き生きとしたコミュニティや豊かな社会関係の発展を妨げる社会的・経済的・文化的制約を取り除く必要がある。第Ⅳ部では、そのためのさまざまな政策を提案する。

1　都市生活——関係の豊かな都市をつくる

一　現代の都市

都市生活は、関係性の衰退と環境破壊に基づく防御的経済成長の格好の事例となっている。本来、都市は社会的なつながりの場と考えられており、街道や広場や市場などの公共空間では人間関係が生まれ、育まれた。関係性は、数千年にわたって都市計画の焦点であり続けた。やがて都市の近代化は公共空間の質を劇的に悪化させ、都市を生産と消費のためだけの場にしてしまう。現代都市は仕事と消費のためにデザインされており、他者と出会うためにデザインされてはいない。都市は自由で低コストの関係構築機会を欠いている。その一方で、自由時間を他

（1）Schor 1998.
（2）Schor 2005.

人と過ごすための高コストの可能性を数えきれないほど提供している。都市で質の高い余暇を過ごすためには出費しなければならず、そのために我々はお金を熱狂的に追い求める。現代の都市環境が関係性の貧困によって発生する経済成長の象徴的事例であるのは、このような理由からである。

近代以降、二つの大きな衝撃が西洋の都市を襲った。第一の衝撃は工業化であり、それは都市の急速な拡大を引き起こす。とくに二〇世紀後半のヨーロッパでは、そのような都市の拡大は、あらゆる都市アイデンティティを欠いた匿名的な郊外の建設によってもたらされた。

第二の衝撃はより最近のものだが、ジェントリフィケーション（都市再編現象）、すなわち富裕な居住者の流入によって、低所得世帯やスモール・ビジネスが伝統的な居住区から退去させられる現象である。いまや地球規模でのトレンドとなったジェントリフィケーションは、数世代にわたって都市のアイデンティティを構築してきた低所得者層が、高所得者層のためにそのアイデンティティを手放さなければならないという結果を生んだ。

これら二つの衝撃によって、ヨーロッパの都市の大部分――そのスプロールする新しい郊外には低所得世帯が住み着いた――は、アイデンティティの感覚が薄く、社会関係を上手く構築する能力をもたないまま成長した。このことはヨーロッパに大きな変化を生んでいる。アイデンティティのある場所で暮らせることは、階級的問題となってしまった。

これは、少なくともヨーロッパでは前代未聞の現象である。なぜなら数十年前までのヨーロッパでは、低所得者層は常に社会的アイデンティティをもっていたからだ。それは、生活の場のアイデンティティと部分的に結びついていた。ところが、ジェントリフィケーションは低所得者層を負け組に転換させている。社会的アイデンティティをもつことが多くの人にとって高嶺の花となる社会は、歴史的に珍しい経験である。そのような社会は社会的・心理的な溝をつくり出す定めにある。米国はその先行事例として瞠目に値する。

ジェントリフィケーションは、以上の理由から経済成長の駆動力となっている。魂のない、人間味の欠けた近隣コミュニティから逃げようとして、人びとはこれまで以上に仕事し、生産し、急ぎ足で生活し、ストレスをかかえ、自動車で移動する。これらはすべて、彼らが逃げようとする社会環境と都市的人間関係をさらに衰退させていく。そして、生活環境の悪化から逃れるためにより多くのお金が必要となる。物質的な豊かさが増大すれば、それだけ関係性と環境が一層悪化していくという悪循環が生まれるのだ。

このメカニズムは我々の大多数に影響を与えており、資源とエネルギーの無分別な浪費を生んでいる。ただし、すべての人が同程度の影響を受けているわけではない。都市生活では、余暇が提供する関係構築の機会に対して所得格差が与える影響が大きくなる。高所得者層は高級レストラン、楽しい外出、会員制クラブ入会費、遠隔地での休暇の費用を支払う余裕がある。他方で低所得者層は、テレビや他のマスメディア以外に余暇時間を過ごす選択肢はあまりない。もっと重要なことは、年齢や身体的・精神的能力における差異が関係構築機会の不平等を生み出す。事実、これらの格差によって苦しむのは、高齢者、若年層、障がい者などの社会的弱者である。このタイプの不平等は、世代的な不平等と定義されうる。

このことは、都市が本来もっていた社会関係構築機能がいかにして失われたかを物語る。現代都市は社会関係ネットワークの形成を阻んでおり、深刻な不平等――その多くは所得の不平等と無関係だ――の創出を通じた排除の中心となっている。現代都市は経済的富を生産する社会機構の中心軸となる一方で、社会関係・環境・時間の欠乏を生み出す中心軸ともなっている。世界銀行が主張するように「都市が経済成長の駆動力である」のは、こうした理由からである。

都市生活の要石は、公共空間と公共交通機関が組織されるその仕方である。本節では、都市研究におけるいくつかの学術的貢献[3]に言及し、我々が関係性と幸せな生活を気にかけるならば、公共空間と公共交通機関をどのように再編成すべきかを検討する。

そうした再編成の重点的要素は、近年、多くの都市で政策上の焦点となってきている。公共空間の質の重要性に対する意識の高まりは、地方自治体選挙において注目に値する革新的政治を生み出している。二一世紀に入ってボゴタ［コロンビア］、パリ、メキシコ・シティなどの重要都市の市長は、公共空間と公共交通機関の質の抜本的改革の必要性を強調する選挙キャンペーンを行った後に当選した。

コラム

ニュー・アーバニズム――自動車依存を減らす

自動車が我々の生活を支配しなくなり、それに代わる選択肢がある都市では、人びとはより良く生活し、より幸せを感じ、さまざまな社会関係を積極的に構築する。これはニュー・アーバニズムの中心にある考え方である。

ニュー・アーバニズムとは、住民の関係構築の手段として、歩行者優先で高人口密度の近隣コミュニティを重視する都市デザイン運動である。その提唱者によると、そのようなコミュニティの中では住民はよく歩き、他者との日常的な相互作用の機会(出会い、会話、趣味の交流)が増える傾向にある。そのため、近隣住民同士の社交の基盤、近隣コミュニティに関わる諸活動への住民参加、コミュニティ意識が高まる。

幸せの経済学の提唱者ジョン・ヘリウェルによると、我々が歩いたり自転車に乗ったりしているときに経験する出会いは、信頼を構築する傾向にある。ヘリウェルは、「積極的な相互作用の頻度が信頼の鍵となる」と主張する。[4] 隣人と会い、短い会話をしたり、もしくは挨拶を交わしたりするだけでも、信頼は構築され、人や場所とつながっている感覚が育まれる。自動車に乗って孤立しているときは、そのようなことは起きない。

信頼は都市全体で幸せを形成する。最も幸せなコミュニティは、隣人に対する信頼度が高いコミュニティだ。さらに、長距離通勤は幸福感にとって高い犠牲を払うことになる。

都市郊外の自動車依存のコミュニティに暮らす人びとが、歩いて過ごせるコミュニティの住民と比べてあまり幸せを感じておらず、社会関係財にあまり恵まれていないのは、隣人への信頼度が低いからである。歩いて過ごせるコミュニティでは、住居は商店やサービスや仕事場と離れておらず、住民は、郵便局、公園、運動場、カフェ、レストラン、図書館、理髪店、ク

(3) Montgomery, 2013、および以下のコラムで言及する文献。
(4) Montgomery, 2013 から引用。

ラブ活動の場所など、コミュニティのインフラに容易にアクセスできる。そうしたコミュニティは予期せぬ／日常的な出会いを提供する潜在性を有しており、諸個人は歩いて過ごしていなければ出会うことがなかった人びととつながり、情報を共有し、影響を与え合うことができる。

対照的に、現代の都市郊外にあるのは住居だけである。郊外では、日常生活に関わるさまざまな活動を徒歩圏内で行えない。日常のニーズを満たすために、郊外の住民は、交通量の多い幹線道路沿いにあるショッピングモールのような遠隔地まで運転しなければならない。郊外ではしばしば歩道がつくられていない。それは、郊外が歩行者に不親切であることを如実に物語っている。この状況では、住民同士の関わり合いは、偶然によって起こるというよりはむしろ、［イベントやパーティなどへの］招待によって起こる傾向にある。

伝統的な近隣コミュニティと現代の都市郊外を比較する研究によると、前者のほうが住民同士の関わり合いは多く、コミュニティ意識も高い[5]。他の研究の中には、歩行可能性の度合い（＝歩いて生活のニーズを充足できる度合い）に直接焦点を当てているものもある。この度合いは、①住民の純人口密度、②商店の床面積の割合、③道路と土地利用の組み合わせ、④一般に広く使用されている歩行可能性指標の全要素の四つの側面を組み合わせた客観的および／もしくは主観的指標を用いて計算される[6]。

これらの研究は、歩行可能なコミュニティほど社会的相互作用とコミュニティ意識が高まることを記録している[7]。犬の散歩でさえも、コミュニティの社交の基盤を強化する触媒として機能する[8]。

さらに、ギルダーブルームたちの研究は、歩行可能性は社会関係財の構築に貢献するだけでなく、コミュニティの不動産価格の安定、フォークロジャー（担保物件の受け戻し権喪失）の解決、犯罪率の低下にも好影響を与えることを示している。[9] 歩いて生活のニーズを満たせるコミュニティは、ストリートにより多くの視線をもたらし、犯罪の少ないコミュニティづくりに貢献する。

　以上の結果は、北米、ヨーロッパ、アジア、ニュージーランド、オーストラリアのさまざまな都市で確認される。しかし、いくつかの論文は、米国の都市では歩行可能性と社会関係財の間には弱い相関関係しか見出していない。[10] なぜなら米国の都市では、歩行可能性と社会的・経済的問題が空間的に関連しているからだ。米国の大都市では、人口密度の高いインナー・シティ・コミュニティは高水準の貧困、犯罪、交通渋滞をかかえている。

　都市環境はさまざまな仕方で我々の関係性と生活の質に影響を与えている。それは歩行可能性を超えた問題である。たとえば共有の緑化空間、小さな休憩所、玄関先の前庭、コモン・エリア、コミュニティ・ガーデン、十分に広い歩道、窓から自然を眺めることができる家、個人の住環境の美意識などがそうである。[11] 生活環境のこの多様な側面は、近代の都市計画ではほとんど注視されなかった。

（5）たとえば、Kim & Kaplan, 2004; Lund, 2002.
（6）Frank et. al., 2010.
（7）Leyden, 2003; Lund, 2002; Du Toit et. al., 2007; Wood et. al., 2008; Rogers et. al., 2010.
（8）Wood and Christian, 2011.
（9）Gilderbloom et. al., 2015.
（10）Brown & Cropper, 2001; Nasar, 2003.
（11）Basu et. al., 2014 の印象に残る報告書を参照されたい。

二　関係の豊かな都市における空間

都市の関係性は良質の共的空間（コモン・スペース）を必要とする。我々に必要なのは、経済成長の結果ではなく都市計画の結果として建てられた環境に、さまざまな変化を促すことだ。たとえば緑地、公共の広場、歩行者専用エリア、スポーツ施設などがそうである。

都市環境は、人びとに家の近くの公共空間で隣人や見知らぬ人と出会うことを可能にしなければならない。私的空間で埋め尽くされ、公共空間がほとんどないコミュニティ、そして公共空間が汚れていたり、混雑していたり、あるいは閑散としているコミュニティでは、関係性の構築は難しい。我々はコミュニティへの帰属意識や共有の価値を構築しなければならない。そのためには良質な公共空間が必要である。

ヨーロッパの都市はもともと、公共の広場を中心に建設された。広場は、社会階級に関係なく、社会のすべての成員にとって出会いの場だった。それは人間の関係性にとって決定的な場所だったのだ。数世紀を経て、都市は、新しい広場の周囲に新たな居住区を設けることでゆっくりと拡大した。しかし、公共空間と私的空間の適正なバランスは、工業化が引き起こした急速な都市拡張の過程の中でもはや維持されなくなった。民間の建物が増殖し、公共空間は影を潜めていく。

都市計画者によると、人びとは公園に行くために三ブロックしか歩きたがらない。したがって、子どもは公園から三ブロック以上離れた場所には住むべきではないのだ。ところが、多くの都市で郊外エリアがつくられる方法を見ると、「いったい、子どもはリクリエーションのためにどうするのか？」と問わざるをえない。我々は公園やスポーツ施設をぜいたくな財ではなく、病院や学校と同様の基本的ニーズとして考えなければならない。

良質な公共空間は所得格差を部分的に解決し、世代間格差を大きく削減する。歩行者専用エリアや公園は、消費の増加以上に生活の質を向上させうる。人間は社会的な生き物だから、歩く必要や人びとの〈間《あいだ》〉に存在する必要がある。我々は人生の大部分を自宅に閉じ込もって過ごすことも可能だ。だが、幸せであるためには、歩いたり、他者と出会ったりしなければならない。

現代都市では、ショッピングモールは関係構築の場として現れている。友達や家族は余暇時間を過ごすためにモールに行く。その主な理由は、モールが歩行者向けのエリアだからだ。そこでは、子どもたちは親の手を握っていなくても危険に晒されない。

しかし、モールのような空間は、市場圧力が関係性を包囲する私的空間である。人間の相互作用は消費と所有を刺激する文脈において起こる。このことは、購買力をほとんどもしくはまったくもたない人びとの心に排除の感覚を生じさせる。さらにモールは、店舗でお金を使うのではなく、社交の時間を過ごすことができるようなベンチの提供には、とくに関心をもっていない。公共空間は、モールが提供するような関係性構築の空間を提供すべきである。そうした空間は、多様な人間を排除しない、多くのベンチを備え、市場圧力の低い屋外空間であるべきだ。

多くの都市は、川、海、湖、運河などの水へのアクセスを保障すべきである。この理想的な空間は、都市のさまざまなエリアを真っすぐ貫く公園の設置によって可能となる。歩行者専用空間を設けるのに公共支出は必要ない。ゼロ費用でそれをつくった例としては、コロンビアのボゴタ市の日曜日に自動車交通を禁止する政策がある。それは、我々が慣れ親しんでいる事例よりもずっと洗練された関係構築方法である〔三〇一～三〇三ページ参照〕。

すべての社会は、さまざまな形で関係性を構築する方法をもっている。たとえば多くの国では、人びとは週末に働かないし、一年の同じ時期に長期休暇に入る。また、多くの家庭は食事を一緒にとる。社会的つながりを生む場所という都市本来の機能を復活するために、我々はすでにある多様な関係構築の形態を拡大し、刷新しなければならない。

空間へのアクセスは人間の歴史において、常に重要な問題だった。農家と大土地所有者の紛争は、ヨーロッパの歴史において数世紀にわたって確認される。都市空間の私有化プロセスから生じる現代的対立は、この農村紛争の都市版である。だが、現代においてその解決方法は空間の所有権のより公平な分配ではない。求められる解決方法は公共空間の構築である。

三　関係の豊かな都市における交通機関

これまで都市は人びとのためにつくられてきた。五〇〇〇年間、すべての街道は歩行者のためにつくられていた。その後自動車が出現し、都市環境を危険な場所に変えてしまう。自動車は歩行者にとって脅威である。世界で毎年、数万人の歩行者が自動車事故で亡くなっている。そして、その危険は年齢層によって不均等に分配されている。なぜなら、子どもと高齢者が最も危険に晒されているからだ。自動車は世代的な不平等の象徴である。

自動車が大量に走るようになると、騒音と大気汚染が発生する。高価なインフラが必要となり、車道の建設費と維持費を考慮しなければならない。自動車は空間を占有し、バスはゆっくり移動しなければならなくなる。また、駐車場が不足するので歩道にまで停めるようになる。都市での関係性構築は、公共空間が汚れ、うるさくて危険になると、さらに難しくなる。米国の郊外エリアのように都市が自動車のために建設されているかぎり、そのような悪影響は永続する。

我々はみな、交通渋滞、大気汚染、騒音、限られた関係性に苦しんでいる。しかし、低コストで高頻度の公共交通機関の不在は、自動車を購入できない児童や一〇代の若者、購入する余裕のない高齢者、低所得者にとって、とくに不利である。排除を前提とする都市環境は、このようにしてつくられた。

オランダやデンマークのように冬の厳しい国では、人口の三〇％以上が自転車を使って街中を移動する（五五ページ参照）。ほぼすべての街道に自転車専用路が設けられ、田舎道にも二車線の自転車専用路がある。北欧諸国のような平等主義的で環境意識の高い社会が、都市計画において自転車に広い空間を割り当てているのは偶然ではない。自転車専用道路は生活の質の具体的な表れなのだ。

経済成長の進行と同時に悪化する社会状況はいろいろあるが、自動車中心の都市交通はその代表例である。拡大成長型経済では、人びとはより多くの自動車を購入し、交通渋滞は悪化する。多くの技術と燃料を使用するにもかかわらず、現代の自動車は数世紀前の馬車と同じゆっくりとした速度で走ることも珍しくない。

最大の誤りは、より多くの車道の建設を通じて交通渋滞の解決を図っている点だ。新たに建設されたインフラ――駐車場、橋、新しい高速道路――は、交通量のさらなる増加を生み出し、渋滞を引き起こす。多くの都市では、代替案として自動車の利用コストの引き上げによって渋滞を緩和する政策が採用されている。たとえば、駐車場料金や罰則金の値上げ、渋滞税(congestion charge)の導入などである。だが、支払い能力に基づく自動車利用者の選別は、利用コストを払う経済的余裕のない人びとを排除し、社会的まとまりを脆弱にしてしまう点が問題だ。

都市のモビリティの問題に対する唯一の解決法は、低所得者層に限定されない、すべての住民が利用できる公共交通機関の導入である。その目標は、都市のすべての住民に可能なかぎり低コストで真っ当なクオリティの移動手段を提供することでなければならない。渋滞の問題をコストのかかる公的介入で解決しようとしてはならない。そのような解決は、結果的に一時的な効果しかもたない。

ヨーロッパの都市の歴史的街区《チェントロ・ストリコ》は、米国の都市と比較したときに潜在的な利点がある。なぜなら、自動車向けに建設されていないからだ。

米国における都市の郊外への膨張(スプロール現象)は、公共交通機関にとって不利に働いている。低人口密度の郊外エリアにおいて、低コストで高頻度の公共交通サービスを提供するのはほぼ不可能だ。バス停周辺の住宅エリアの平均距離が離れており、人口の密集度が低いので、バスはほとんど無人で運行することになる。反対に、人口密度が高いと公共交通サービスのコストは下がり、サービスの頻度は高まる。移動距離が相対的に短いと、タクシーさえも高価なサービスではなくなる。駐車場を必要としないという点から見れば、タクシーは自家用車と比べて利点がある。また、タクシー運賃はバス運賃よりも高いので、多くの人びとにそれほど離れていない目的地まで歩くように促すことになる。

人口密度の低い都市は、歩行者のために設計されてはいない。米国の多くの郊外エリアには歩道がなく、歩行者は、なかでも子どもがいる場合は、安心して歩くことができない。だから、郊外の通りにはほとんど人がいない。郊外は寂しい場所となり、住民は他者と社交するためにショッピングモールまで行かなければならない。市街地と離れているから、郊外の住民は市街地の劇場やレストランや美術館に行く気が起こらなくなり、文化的活動への参加が減っていく。さらに、公共交通機関がないと、自動車を所有していない住民がより楽しい魅力的な市街地にアクセスできなくなる。

未来における都市の進化を構想するとき、我々は米国の郊外エリアの教訓を学ばなければならない。その教訓とは、自動車中心の移動は、自動車のためにデザインされた都市においても社会的分裂を生み出すということだ。そのような都市では、公共交通機関が効率よくサービスを提供できない。一方、ヨーロッパの都市の大多数は、自動車のためにデザインされていないという点で潜在的に有利である。もしこれらの都市が大量の自動車利用を可能にするためにその人間的次元を変えようとするならば、その潜在的利点は不利益に変わってしまうだろう。

2　子どものための政策

現代都市の特徴以外に若年世代の幸福感を低下させているもうひとつの要素は、子どものころから生産者と消費者になるように求める圧力の増加である。この圧力を行使する主要なアクターは、学校、家庭、マスメディアなど、子どもの人格形成に影響を与える諸制度である。あらゆる変革はこれらの制度から始めなければならない。本節で私は、学校と家庭に焦点を当てる。マスメディアについては次節で扱う。

二〇〇〇年にノーベル経済学賞を受賞したジェームズ・ヘックマンは、人的資本への投資はすべて、年齢の増加に応じて収益逓減すると述べている。人間はその能力の大部分を幼年期に発達させる。関係性を確立し育む能力は、その代表例である。

おとなと比べて子どもが言語――言語は究極の関係性構築技能である――をずっと容易に習得することを思い出してみよう。あるいは、幼年期に両親との関係が悪いと、その影響が生涯を通じてその人の関係性に及ぶことを考えてみよう。つまり、人間の経験はその人格形成にプラスの影響もマイナスの影響も与える。若い時期であるほど、その影響は強くなる。子どもが最優先されるべきなのは、そのためである。我々はいま以上に子どもに投資しなければならない。ただし、いまとは異なる仕方で子どもに投資すべきである。

我々はとくに、子どもの情操的知性に投資すべきだ。情操的知性とは、諸個人が自分自身の感情や他者の感情を認知し、自らの思考と行動を導くために感情に関わる情報を使いこなすこと、また、環境に適応したり目標を達成したりするために感情を管理および／もしくは調整する能力のことである[12]。この定義は、私が幸せな生活の核心として提示した三つの側面のすべてを含んでいる。それは、自己自身との良好な関係、他者との良好な関係、さまざまな可能性を想像できる感覚（以下、**〈可能性の感覚〉**と表記する）である。

良好な関係性は関係構築の技能を必要とする。後者は他者と協力する能力のことを指す。たとえば、自分自身の感情と他者の感情を理解する能力、コミュニケーション能力、互恵的にふるまう能力、他者を信頼する能力、他者に信頼感を与える能力、良好な関係性の構築が可能な人物とそうでない人物を識別する能力などがそうである。関係性構築の技能は非認知的能力である。それは生活の情操的な領域と深く関係しており、大部分は幼年期に獲得される。

一　学校教育制度の欠陥

我々は学校でどのようなことを学ぶのだろうか。カリキュラムに盛り込まれた多くの重要なこ

(12) Coleman, 2008.

と、そしてそれには表立って現れないさまざまな大切なことを学ぶ。生徒は教育内容を通じて社会や関係性の捉え方を学び、人生で重要なものとそうでないものは何かを学ぶ。学校教育制度がこうした教育内容を暗黙的に生徒に伝えるのは、なぜだろうか。この点を検討していこう。

（1）認知的知性 vs 情操的知性

学校教育制度は完全に、認知的なスキルに焦点を当てている。情操的知性に投資することなく、膨大な資金が情操的知性の発達を妨げるために使われている。一般的に言って、学校は、生徒が協力して生活環境を形成する能力を発達させるようにデザインされてはいない。生徒には、認知的知性だけが人生の成功において重要だというメッセージが伝えられる。しかし、情操的知性は、仕事上の成功を含めた人生の可能性の開花の鍵となる。(13)

学校教育制度が認知的技能に焦点を当てる傾向は実証主義思想の産物であり、一八〇〇年代に始まった。実証主義思想は、感情を認知能力の妨げとなるシステムとして、知性とは完全に区別されるものであると捉えた。だが、これは古びた時代遅れの考えである。現在では、認知能力は感情の能動的役割を必要とし、認知的能力と感情は相互に補強し合うことが分かっている。(14)学校教育制度の主張する感情に対する認知能力の優位という考えは、認知的技能を高めるという目標にとってすら有効ではない。

（2）外発的動機づけvs内発的動機づけ

学校は消費主義的価値観の促進に大きな役割を果たしている。学校は生徒に、内発的動機づけは大切ではないと教える。能動的な参加を促す学びの生徒への提供は、学校教育制度の目標に含まれていない。生徒が勉強するのは、たとえば社会的に排除されるリスクを避けるため、あるいは良い仕事を見つけるためなど、勉強がその他の目標の手段として役立つからだ。学校は生徒に、何か面白いことをするのは重要ではない、役に立つことをするのが重要なのだと教える。

しかし、このようなメッセージが有効でないことは、過去数十年間に明らかになっている。ある研究によると、小学生にとって、学問的に内発的な動機づけは、達成度、知能指数（ＩＱ）、能力に対する自信と正の相関関係があり、不安とは負の相関関係がある。(15)

また、ＯＥＣＤ（経済協力開発機構）は最近、世界七〇カ国以上に暮らす五〇万人以上の高校生を対象に研究調査を行っている。この研究によると、「課題に対する興味関心や楽しみに触発された」など内発的に動機づけられた生徒は、外発的に動機づけられた生徒――彼らは教室で最も優秀な生徒になりたいという願望をもつ生徒たちである――と比べて、試験に対して不安を感じない傾向がある。(16) 問題は、不安が学力を低下させる点だ。

（13）Goleman, 1995; Mayer et. al., 2000.
（14）Mayer, 2001; Damasio, 2005.
（15）Gottfried, 1990 ; Cloninger, 1996 も参照されたい。
（16）OECD, 2017.

生徒の不安指数の高い国の多くは、学力到達度において平均点よりも低い結果を出している。反対に、競争圧力が低くて生徒の不安も低い国は、既述した国よりも良い試験結果を残している。外発的動機づけは不安を駆り立て、不安は学びの質を低下させるのだ。ＯＥＣＤの研究が述べるように、外発的動機づけは「学力を低下させる完璧主義」を育む温床となりうる。

（３）競争 vs 協力

「お前は孤独だ。これが競争だ」――学校は生徒にそう教える。学校制度は、生徒一人ひとりの成績評価をはじめ、個々の生徒の間に競争を推奨するためにできることは何でもする。協力を推進するようなグループワークは限定的に取り入れられるか、あるいはまったく存在しない。我々の現行の教育制度の信条は、個人単位の成功である。教室での競争は、下位の生徒に最も優秀な生徒に追いつくインセンティブを与えるので、学力の標準を高めるというのだ。

ところが、入手可能なさまざまなエビデンスはこの議論を支持していない。一部の最上位集団との比較は生徒一人ひとりの自己評価の妨げとなり、下位の生徒を元の位置に閉じ込めることになる。自分自身の学力に対する自己評価が低いと、多くの生徒は辛い学校教育の経験から抜け出せなくなる。(17) 優秀な学生との比較によって圧力をかけるのではなく、自分に対して自信をもつことこそが学びの鍵となる。また、激しい競争は不安を駆り立て、学力の低下を導く。

コラム

日本の学校教育の過剰な競争

日本の受験プロセスは、極端な競争が不安、フラストレーション、排除、犠牲者をつくり出す様子を最もよく例証している。東京や他の日本の都市部の親は、難関私立小学校に入学するチャンスを増やすために、幼稚園のころから子どもを受験プロセスに参加させる。子どもは四～五歳から塾通いを始め、試験を受け続ける。それがトップレベルの仕事について退職できるかどうかを決めるのだ。

東京に暮らす親の約八％が、都内の難関私立小学校への入学を期待して、五歳になった自分の子どもを予備校に入学させる。実際に受験プロセスは、きわめて早い時期から一級市民／二級市民など、市民社会に階級構造をつくっている。

日本の青年の自殺率は尋常ではない水準だが、それはこの極端に競争を強いる学校教育制度と関係がある。なぜなら、試験結果や大学入試の結果が青年の自殺の主な理由として挙げられているからだ。学校での競争が同様に激しい韓国でも、一〇～三〇歳の市民の死因のトップは自殺である。

（17）Murphy and Weinhardt, 2013.

（4）成果主義VS情動的側面の重視

「お前は成果を上げなければならない。そして、成果は試験によって測定される」

これこそが学校教育制度が生徒に伝えるメッセージであり、試験を重視する理由である。このような制度的選択は、試験が教育の質に影響を与えないという考えに基づいている。しかし、それは誤りである。筆記試験と口頭試験の偏重は、学び、試行錯誤、イノヴェーション、独創的で批判的な思考を破壊するという研究結果もある。[18] 過剰に詰め込まれた教育プログラムと課題の締め切りの重圧によって生徒は急ぐことを強いられ、これもまた教育の質に影響を与える。

教師はこれらの危険に気づいている。一九八〇年代後半から始まった一連の教育制度改革によって、ヨーロッパの初等教育・中等教育の教師――とりわけ英国の教師――は、外から押しつけられた教育プログラムの変化が政府の要請と生徒のニーズの間の対立を高めていることを心配するようになっている。[19] 政府は教育の「成果」を求め、教師が教育と学習の情動的側面に深くコミットしていることを無視すると同時に、教師の「効果的な」マネジメント能力の必要に焦点を当てた政策を導入した。教師に説明責任を求める傾向が増え続け、創造的なワークをしたり、互いをケアする関係性を生徒たちと発展させていく時間や機会が少なくなった。[20] 教育学者たちの一部は、「成果主義が教育における情動的側面を破壊している」と結論づけている。[21]

学校教育制度が管理主義的になることで、教師と生徒双方の内発的動機づけがクラウディング・アウトする危険は明白だ。そのため、ＯＥＣＤは二〇一七年の教育に関する報告書で、「政府は教師の役割を授業時間の数や他の数量的なパラメーターだけで決めてはならない」と述べている。なぜなら、「生徒の学校での帰属感覚に対する大きな脅威のひとつは、教師との関係が悪いと認識しているかどうかであるからだ［……］。教師は、生徒が学校における満足度を高める条件をつくる大きな役割を担っている［……］。満足度の高い生徒は、教師との関係が良好であると答える傾向がある」。

ＯＥＣＤは、学力の成果を測定する指標やインセンティブに焦点を当てるのではなく、「関係性のマネジメント能力」において教師を育成することを推奨している。(22)

（5）学力の成果 vs 幸福感

学校教育制度はどれもみな、幸せな生活を実現するのではなく、高い学力水準を達成することが責務である。実際、学校は生徒の満足度を下げながら、高い学力水準の実現を推進している。学校では初等教育のころから、机の前で動かず、静かに勉強することが求められる。「お前は、楽しい時間を過ごすためにここにいるのではない。成果を出すために、ここにいるのだ。成果を出すことは楽しい時間を過ごすのとは違うのだ」と生徒に暗黙のうちに教えている。子どもは遊

(18) Deci and Ryan, 2002.
(19) McNess et. al., 2003.
(20) Pollard et. al., 1994; Woods et. al., 1997; Menter et. al., 1997.
(21) McNess et. al., *op.cit.*
(22) OECD, 2017, p. 237.

びを通じて学ぶことに慣れているので、勉強という新しい活動のルールはこれまでとまったく異なる。

その結果、多くの子どもは、「勉強は退屈だ、読書は疲れる」と無意識レベルで感じるようになる。最善の場合であっても、読書が楽しいことであり、勉強が挑戦するに値する冒険でありうることを発見するのに数年を要する。最悪の場合、彼らはこうした発見に一生出会うことはない。言葉と身体運動という知性の発達にとって最も重要な二つの側面が学校教育の場から締め出され、子どもの世界とおとなの世界の間に大きな溝ができる。

過去数十年間、成果主義の圧力は多くの欧米諸国の教育制度で増加した。試験勉強のための時間を優先するなかで、社会活動に費やされる時間は減少した。その結果、学校は不安症が蔓延する場となっている。既述した二〇一七年のOECD調査によると、調査対象となった高校生の五五%は、「試験準備を十分にしていても試験のことを考えると不安になる」と答え、六六%は「成績が悪いとストレスを感じる」と答えている。だが実際には、高い学力水準の鍵は幸福感である。学校でのワーク、宿題、試験に対して不安を感じることは、学力結果に対してマイナスに働く(23)。

二　人間性を尊重する学校にする

学校で生徒は、自分の時間、身体、関心との関係やヒエラルキーや他者との関係を発展させるように教えられる。ところが、学校で教えられる関係性は、彼らの情操的・認知的技能、そして究極的には彼らの幸福感を犠牲にしている。学校は、現在行っているのとは反対のことを行うべきである。

生徒は、生産活動から幸福感を排除するように教えられている。しかし、学びの欲求を喜びと結びつけることがもっと推奨されるべきだ。生徒は教育内容を受動的に受け入れるように訓練されているが、自分にあった教育を選択できるようになるべきである。生徒は自分たちの身体的なニーズを見過ごすように教えられている。だが、むしろ身体的ニーズを満たす教育こそ推進されなければならない。生徒は急いで課題をこなし、表面的で無批判でかまわないと教えられている。だが学校は、深く考える創造的な学びのための時間を尊重すべきである。

生徒は組織の中では受け身であるべきで、権威に従うべきだと教えられる。しかし学校は、確立した権力や組織は幸せな生活を推進するために使われるものであり、その正統性はこの目標を達成することから生じるのだと説明すべきだ。生徒は協力よりも競争を学び、学校は社会的包摂よりも排除の土壌を生み出している。そうではなく、学校は変革と包摂の駆動力であるべきだ。

三　変革のための圧力

この状況が続けば、多くの生徒が小・中学校から高校に進むに連れて、しだいに学校と関わりをもたなくなることが予測される。一九九〇年代半ばの米国の調査に基づくと、高校に進学する

(23) OECD, 2017.

までに四〇〜六〇％の生徒が慢性的に不登校になっている。(24) 学校とのつながりの欠如は、生徒の学力や行動、そして健康にマイナスの影響を与える。(25) 生徒の学校への帰属意識は過去一〇年間に低下している。(26)

ＯＥＣＤによると、生徒が学校に積極的に参加する度合いは、自律性、能力、つながりに対する彼らのニーズがどれだけ満たされるかによる。これらのニーズは、目的を共有する結束力あるグループに生徒が参加するときに、つまり他者を尊重し、包摂的で開かれたコミュニティとして学校が機能するときに、満たされる。(27) ＯＥＣＤの事務総長首席補佐官ガブリエラ・ラモスは、「学びに秘訣は存在しない。あなたが自分の価値を認められていると感じ、周囲からよく扱われていると感じ、成功するための手を周りが差し伸べてくれているとき、あなたはより良い成果を上げることができる」と述べている。これはまさに、学校教育で行われていないことである。

ＯＥＣＤはかつて学力テストの結果の数量化を試みることで知られていたが、ついに生徒の満足度と生徒同士および生徒と先生の間の関係の質に焦点を当てるようになった。また、ユニセフ（国連児童基金）は、学びに子どもの能動的な参加を採り入れることで、子どもに優しい小学校改革を提案している。つまり、意思決定において子どもの意見が反映されるような改革、教室と運動場が子どもに優しい参加型アプローチでデザイン・管理されるような改革、子どもが学びの主人公となるような改革、あらゆる可能な手段が子どもの動機と興味関心を刺激するために用いられるような改革である。(28)

主要な国際機関がこれらの点について見解の一致を見せている。これは学校教育を社会全体で変えようとするさまざまな動きの一つである。近年、学校教育制度を人間的にしていこうとする動きが高まってきている。宿題の削減や全廃を支持する保護者団体の数は、すべての欧米諸国で増えている。生徒の反対運動も増加している。学校教育制度を非難するヴィデオ、インタビュー、トークはインターネット上に拡散している。これらは主に、学校教育制度が生徒の一人ひとりの興味関心と創造性を破壊すると主張する。生徒は意思決定プロセスに参加できず、自分の才能や興味関心を表現したり発展させたりする方法をもてない。

さらに重要な点として、学校での大衆教育は、その制度が確立してから一五〇年間ずっと変わっていない。インターネット上の映像では、教育制度は創造性や個性を破壊し、知性を乱用するものとして批判されている。映像の中で学校教育を糾弾する人は、電話と自動車が現在と一五〇年前でどれだけ異なるかを、それぞれの写真を見せながら説明する。違いはとても大きい。しかし、彼が現代の教室と一五〇年前の教室の写真を見せると、映像の中の聴衆から声が上がる。なぜなら、まったく変わっていないからだ。学校教育制度以上に一九世紀から変わっていないもの

（24）Klem and Connell, 2004.
（25）Blum and Libbey, 2004.
（26）OECD 2017.
（27）idid., p. 237.
（28）UNICEF, 2007.

を探すことは、きわめて困難だ。「学校は生徒を未来に備えさせようとしているのか、それとも過去に備えさせようとしているのか？」と糾弾者は問いかける。

四　学校教育制度の変革

残念なことに、協力、創造性、参加、包摂、可能性の感覚、および高い学力水準を促進する学校を望むのであれば、教育制度を抜本的に改革しなければならない。だが良いことに、複数の有力な選択肢が存在する。事実として、教授法は国ごとだけでなく、学校ごとや学校内でも大きく異なる。我々はこの多様性を活用して、どの教授法がより良く機能するかを理解できる。

（1）参加型教育

革新的な教育のさまざまな効果を探究している有力な報告書がある。(29)この報告書は数十カ国に暮らす数十万人の第四〜第九学年〔日本の小学校四年生から中学三年生に相当〕の生徒から得られたデータを検証し、彼らが受けた教授法を水平性（参加型）／垂直性（トップダウン型）の度合いに応じてランク付けしている。

教育実践が垂直的である場合、教師は主に講義を行い、生徒に質問を求める。この間、生徒はノートをとったり教科書を読んだりしている。教室は教師を中心に組織される。なぜなら、教室で中心となる関係性は、教師と生徒の間の関係だからだ。対照的に、水平的な――つまり参加型の――教育実践は、共同プロジェクトに関してグループワークを行う生徒に焦点を当てる。

このシステムでは、生徒が先生に尋ね、問いに答えてもらう。教室は生徒を中心に組織される。なぜなら、教室で中心となる関係性は生徒同士の関係だからだ。表４は、各国の参加型教育の受容度のランク付けである。

この研究調査によると、水平的な教育実践は社会関係資本の形成を促進するが、垂直的な教育実践の場合はそうではない。この点は、さまざまな学校や国の生徒同士の関係性についても当てはまる。

　さまざまな生徒、教師、学校を多岐にわたって調査した結果、水平的な教育実践が、他の生徒や教師と協力する価値を

表４　参加型教育の国際ランキング

国名	IPT	国名	IPT
スイス	0.95	香港	0.49
デンマーク	0.87	エストニア	0.48
スウェーデン	0.85	ポルトガル	0.47
アイスランド	0.85	スペイン	0.47
オランダ	0.85	イタリア	0.44
英国	0.84	ブルガリア	0.37
カナダ	0.82	ハンガリー	0.34
ノルウェイ	0.74	チェコ	0.33
米国	0.72	オーストリア	0.28
スロヴァキア	0.72	韓国	0.27
リトアニア	0.71	ルーマニア	0.27
オーストラリア	0.7	キプロス	0.26
ポーランド	0.64	トルコ	0.21
ドイツ	0.64	ギリシャ	0.19
イスラエル	0.58	ロシア	0.18
スロヴェニア	0.56	日本	0.1
ラトヴィア	0.53	アイルランド	0.06
ベルギー	0.51	フランス	0
フィンランド	0.51		

注：参加型教育指数(IPT)は、0(垂直的教授法の最大値)と1(水平的教授法の最大値)の間で示される。
出典：Brulé and Veenhoven, 2014.

(29) Algan et. al., 2011.

信じること、アソシエーションへの参加、諸制度への信頼、市民社会への参加など、生徒の社会関係資本を構成する複数の次元と正の相関関係を有していることが分かった。また水平的な教育実践が、自己評価や積極的な態度など、さまざまな非認知的技能と強い相関関係があることも示された。これらの発見は、社会関係資本を支える信頼や技能が協力の実践を通じて獲得されるという主張と矛盾しない。水平的な協力関係を促進する学校教育は、協力的な人間の形成を促すと考えられる。

さらに、参加型教育が普及している国では、人びとの幸福感は高い傾向にある。(30) この相違の大部分は、教育実践が精神面での自律性に与える影響の観点から説明されうる。参加型教育は諸個人の自律性を育み、自律性は幸福感を高めるのだ。

(2) 社交的・情操的学習

参加型教育実践は情操的知性を高める。この点は、参加型教育実践と社会関係資本の間に正の相関関係がある理由のひとつであると考えられる。情操的知性は、社会関係資本の基礎となる協力的技能を提供する。社交的・情操的学習(Social and Emotional Leaning = ＳＥＬ)プログラムと呼ばれる特殊な学校教育プログラムは、情操的知性を高めるために用いられる。このプログラムは、情操的知性に関する研究から開発された。

この分野の影響力のある研究は、幼稚園から高校まで二七万人の児童・生徒を対象に、さまざまな領域におけるＳＥＬプログラムの効果を検証している。(31) 二一三の学校で採用されているＳＥ

Lプログラムのメタ分析を通じて、同プログラムが社交的・情操的技能、自己や他者に対する態度、社会的行動、行動障害、情操的障害、および学力にプラスの影響を与えることが分かった。

（3）オルタナティブな学校

欧米諸国の教育制度の多くが、人間性を尊重する学校教育プログラムを構築する実験を行っている。[32] 実験のいくつかは地域固有のものであるが、そのほかモンテッソーリ学校やシュタイナー学校など、国際的なネットワークを構築した歴史の長い成功例もある。

こうしたオルタナティブな学校教育モデルは、多くの相違点があるとはいえ、共通の特徴をもっている。たとえば、これらの学校では、学習は個々の生徒のニーズと興味関心に基づく能動的なプロセスとして組織される。また、経験、省察、協力、参加、喜びに焦点が当てられている。そして、試験をほとんどもしくはまったくと言ってよいほど重視しない。

モンテッソーリ教育は一〇〇年近くの歴史をもつ学校教育方法であり、現在でも支持を獲得し続け、米国の五〇〇〇以上の学校が採用している。多様な年齢の生徒で教室を構成し、特別な教材を用い、生徒が選んだワークを長い授業時間枠の中で行い、共同作業を重視するという特徴が

（30）Brulé and Veenhoven, 2014.
（31）Durlak et. al., 2011.
（32）Sliwka, 2008.

ある。また、成績評価や試験がなく、学力と社交的能力の双方において個人指導とグループ指導を行う[33]。これらの要素のいくつかの効果は、人間の学習発達能力に関する研究調査によって支持されている[34]。

モンテッソーリ教育の影響力を評価し、この教育モデルが伝統的な教育モデルよりも子どもの社交性と学力を促進するのに役立つと評価する研究がある[35]。この研究によると、幼稚園終了までに、モンテッソーリ教育を受けた子どもは標準的な読解や数学の試験でより良い結果を残し、運動場でより積極的に交流し、高い社会的認知能力と自制心、および公平さや正義に対する高い関心を示した。小学校を終了するころになると、モンテッソーリ教育を受けた子どもはより複雑な文章構造を用いて創造的に文章を書き、社会の矛盾に対してより積極的に反応し、学校というコミュニティとのつながりをより強く感じている。

シュタイナー学校に関する研究も似たような結果を残している。この研究は、シュタイナー学校と学力・創造性・社交能力の発達の間に正の相関関係があることを示した[36]。

五　成果主義の文化と学びを重視する社会

学校教育制度の改良方法を理解し、オルタナティブな学校の原理を学校教育制度に導入している国もある。北欧諸国はずいぶん前から正しい方向に進んでいる。北欧諸国は、学校教育に関連する不安症の国際比較の順位は低く、水平的教育と学力到達度の順位は高い[37]。他方で、南欧・東欧諸国は間違った方向を選択しているように思われる（二〇三ページ表４参照）。

とくにフランスの学校教育制度は、参加型アプローチを受容できないようである。フランスの学校教育の高度に選別的なアプローチが、歴史的に世代間の経済的なモビリティ（流動性）を促進してきたことに起因するだろう。フランスの労働者階級の子どもたちは、良い学校で優秀な成績を収めることで経済的地位向上のチャンスを獲得してきた。しかし、文化的にも民族的にも多様化した社会では、フランスの学校教育制度がもつ超選別的なシステムは多くの学生にとって罠となり、彼らを周辺化する要因となった。

学校教育制度を人間的なものへと変えていかない国は、その代償を払わなければならない。従来の学校制度は、工業化していく社会を社会的に管理する必要性から一九世紀にデザインされた。その基本目標は労働者階級と兵士の育成である。当時の教育は、命令に従う能力を発展させることに焦点を当てていた。従順であることは、労働市場と軍隊で高く評価された技能である。

だが、このような学校教育は、幸せな生活の実現のために適切でないばかりか、経済的な目的にも合わなくなってきた。知識経済、学習型社会、脱工業化経済、生涯学習など、新しい経済を表すいろいろな名称が現れている。そこでは、創造性（クリエイティヴィティ）が個人にとっても

（33）Montessori, 1964.
（34）Lillard, 2005.
（35）Lillard and Else-Quest, 2006.
（36）Woods et. al., 2005.
（37）OECD, 2017.

国にとっても経済的成功の重要な要素となってきている。受け身の教育、表面的理解、従順さを強調する学校教育制度は、そうした経済制度には適さない。

過去数十年間、欧米諸国の政治家たちは「学習型社会」と「成果主義」の二つのレトリックを集中的に使ってきた。この二つのレトリックの間には明確な対立が存在する。レジリエントで、フレキシブルで、生涯かけて学び続ける労働力の内発的動機づけは、未来の経済的・社会的発展の基礎となるだろう。彼らは、教師と生徒が創造的な方法で共に学び合うことを邪魔する現在の制度的制約が緩和されることを求めている。

六　親ができることは何か?

関係構築能力の形成にとって、人生の最初期における親との関係性は重要な役割を果たす。この点を踏まえるならば、育児休暇期間の抜本的延長や、仕事と家庭生活の両立を促進する政策は、子どもの関係構築能力に対する投資として捉えるべきである。

では、親は自分の子どもに対してどのような個人的選択ができるだろうか。親が行う多くの選択は、現在および将来における子どもの幸せ――消費主義の水準、自己自身や他者との関係――に影響を与える。最も重要な選択は、子どもに捧げる時間の量と質である。家族みんなでの食事や会話など、家庭で親と一緒に過ごす時間が多い生徒の生活満足度は高い(38)。

親の選択の中には、それが子どもの時間や行動に多くの制約を与えるかどうか、子どもの興味関心を積極的にサポートするのかそれとも制限するのか、どれだけの恐怖を子どもに与えるのか、どれだけの〈可能性の感覚〉や自由を子どもに与えるのか、といったものがある。根本的に、これらの選択は親が自分自身の生活の中心にどのような価値を置くかによる。親の価値観は子どもの価値観に大きな影響を与えるのだ[39]。

親が抱く恐怖心は、その選択に影響を与える。彼らは子育てをしながら、社会的不適合で、非生産的で、非協力的で、他人を敬わない人間を育ててしまうのではないかと恐れている。しかし、これは根拠のない恐怖心だ。このような人間を育成しているのは、現行の教育制度である。親は、世間の主流の価値観とは異なる子どもを育てることを恐れてはならない。

主流の価値観と異なる子どもとは、幸せを感じ、不安や抑うつを感じず、攻撃的ではない子ども、満足いく人間関係を構築できる子ども、自分の人生をコントロールできているという感覚をもてる子どもである。このような主流と異なる子どもは、より生産的である。幸せを感じる人間はより良く働き、職場で他人と積極的に協力し、さまざまな問題をより良く創造的に解決できる。

七　親がかかえる子育ての圧力

子どものかかえる不満は、親がかかえる不満に反映される。一般的に言って、子どもをもつことで生活満足度が増加することはない。むしろ、さまざまな生活領域において満足度の低下が起

（38）OECD, 2017.
（39）Kasser, 2002.

こる。とくに、パートナーとの関係性においてそうである。新しく親となったカップルは、ストレス症と精神病の高リスク集団に属している。女性の一〇～一五％が産後うつ病に罹っており、母親による幼児殺しは欧米諸国で増加している。(40)

多くの欧米人が親になったときに苦労を経験するのは、驚くべきことではない。現代の都市生活は、親にかつてないほどの権力と責任を、つまり自分の子どもの社会生活を管理する力を与えている。子どもは自由を失ったので、放課後をどう過ごすかは親に委ねられる。親は子どもにとって神のような存在になってしまった。

親は自分たちが子どもに対して大きな権力をもっていることに気づいており、不安を感じている。この権力を使うことで過ちを犯すことを恐れているのだ。親の役割は、家庭の外での関係性が希薄になるなかで大きな課題となってきている。対立的で道具的な関係性にあふれる世の中で、家庭は情動的な関係性のオアシスとなっている。現代の親がかかえるストレスが高いのは、孤独、高まる仕事の要求、子育ての大きな責任、子どもが親にかつてないほど依存しているために生じる子育て費用の増加などの問題にはさまれて、身動きがとれなくなっているからである。

親のかかえるストレスは、子どものかかえる不満と表裏一体である。現代の子どもの生活は、二つの理由から親との対立の温床となっている。ひとつは都市生活が引き起こした子どもの親への依存であり、もうひとつは子どもをターゲットにした広告によって駆り立てられる消費欲である。子どもの生活の改善を目指すあらゆる政策は、親の生活の改善を導くだろう。なぜなら、そのような政策は親子の緊張関係や対立を緩和するからだ。

コラム 「問題は彼らだ」

一般的に、若者の不満に対するおとなたちの議論に通底するのは、「問題は彼ら、若者だ」という仮説である。おとなは現代の若者について、たいした意見をもっていない。彼らは、一〇代の若者は学校生活に積極的でなく、彼らの価値観は表面的であり、セックスとお金のことしか考えていないと感じている。また、若者は非協力的で、他人に敬意を払わず、信頼に値しない人間であり、いじめをしたり反抗的態度をとったりする傾向があるとも感じている。

以下の手紙で私は、自分たちが問題だと言われたときに若者がどのように反応するかを想像して書いてみた。

おとなたちへの手紙——問題はわたしたちにある

あなたたちは、わたしたち一〇代の若者が望んでいることは、お金を稼いだり、有名な陸上選手やポップスターになったりすることだと言う。あなたたちは、わたしたちのことを怠惰で反抗的だと言う。けれども、あなたたちの世界は、少年向けに暴力的なヒーローと中毒的なビデオゲームしか与えず、女の子向けのロールモデルとして性的に強調された人形しか与えない。

あなたたちの世界では、わたしたちは外でゲームをしたり、友達と会ったりする場所や時間もない。あなたたちは、極端なまでにおとなに依存する人間にわたしたちを育てている。そし

(40) Warner et. al., 1996.

て、あなたたち自身は、わたしたちのあらゆる可能性があなたたちの毎日の選択に依存しているがために、その責任の重荷に耐えられなくなっている。あなたたちは、わたしたちの生活にいくつものプレッシャーをかける。わたしたちは早く成長しなければならない。わたしたちは成果を上げ、競争しなければならない。わたしたちには、友達と連れ立って歩き回る時間や場所がほとんどない。

あなたたちがこれらすべてのことをしているのは、わたしたちのこれからの人生のためだと言う。だが、あなたたちは、わたしたちがいま、すでに人生を生きていることを忘れているのだ。あなたたちは、どのような人生にわたしたちを向かわせようとしているのか？　あなたたちのような生き方をするように教えることが最善の選択であると、本当に思っているのだろうか？

わたしたちは、わたしたちのためにつくられてはいない世界に住んでいるが、それはあなたたちにとってもそうだ。あなたたちは時間がなく、希望をもたず、幸せを感じていない。

わたしたちに提供できる最善の選択肢は、わたしたちが若いときに自由時間を奪い、年老いたときにそれを返すという人生だ。けれども、わたしたちは人生の大半で自由な時間をもたなかったのだから、年老いてから時間をもらっても何をしていいのかわからない。わたしたちの反抗に対してあなたたちが提供するオルタナティブは、あなたたちの使い捨てられた人生と、すり減ったいらだちに満ちた人間関係だ。

この世界――わたしたちのためでもあなたたちのためでもないこの世界――はおとながつくったものではない、このような世界を望んではいない、とあなたたちは言う。では、この世界で起こっているすべてに責任を負っているのは誰だろうか？

確かなのは、わたしたちではないということだ。しかし、あなたたちは自分たちでもないと言う。わたしたちは、誰も責任を負わない世界に住んでいる。

あなたたちが提供する唯一のものは諦めだ。わたしたちを囲むあらゆる物事は漂流し、あなたたちは時間の欠乏と不満足感によって抑圧された生活を送るのだ。あなたたちおとなは、わたしたち若者が問題だと言う。でも、問題はあなたたちおとなにあるのだということを理解しなければ、あなたたちはわたしたちの問題解決の手助けをすることはできないだろう。

3　広告に対する政策

一　広告規制の提案

広告はおとなの幸福感にマイナスの影響を与える。児童や一〇代の若者に対する影響はさらに深刻だ。広告はおとなの価値観や欲望をつくるが、それ以上に子どもの価値観や欲望の形成に大きな影響を与える。

子どもは広告が普及する消費主義に感化されやすく、自らの生活の質を悪化させてしまう。広告は子どもをいままで以上に不安にし、自己評価を低下させたり頭痛・腹痛などの心身症を増加させたりして、彼らの幸福感を下げる。(41) いくつかの研究では、親との関係の悪化、寛容さの低下、反社会的行動をとる確率の増加など、人間関係上の問題の増加も報告されている。(42)

端的に言おう。広告は有害だ。広告は価値観、欲望、関係性、幸福感、行動を操作する。では、我々にできることは何だろうか。

アルコール、タバコ、ギャンブル、ポルノ、武器、麻薬などの危険な財に対して行うのと同じことをすればよい。つまり、制限、義務、高い課税、そして禁止を課すことで広告を規制するのだ。たとえば、次のような措置が挙げられる。

①広告に高い税を課し、広告の経費を増やして、その市場圧力を減らすことが可能だ。消費主義を促進する潜在可能性が高い広告であるほど、高い税率をかければよい。税収は関係性を豊かにする政策の資金に充てることが可能だ。

②商業用広告とその他の価値を推進する広告の間のバランスを保つために、テレビ広告を規制することもできる。一対一の比率——つまり一回の商業用広告に対して、非消費主義的な価値観を促進する広告を一回放送することをテレビ局に義務づける——は、テレビ広告がもたらす過剰な消費圧力を緩和するだろう。

いくつかのヨーロッパ諸国は、ギャンブルを規制するために、これら二つのアプローチを組み合わせた政策を採用している。ビデオ・ポーカー、スロット・マシーンなどには高い税金を課し、税収はギャンブルの危険性について警告する広告キャンペーンの資金に充てている。

さらに広告の禁止も可能だ。

①特定の年齢層を対象にした禁止措置。たとえば、子どもや若者を対象とする広告の禁止。

②特定の製品に対する禁止措置。たとえば、ジャンクフード広告の禁止。

③特定の広告方法に対する禁止措置。たとえば、友人に製品を買わせるためにディスカウントを約束する広告や、社会的包摂を促す製品であると喧伝する広告など、関係性の領域に侵入する広告を禁止する。

④特定の場所における広告の禁止措置。学校や通学バスでの広告（米国では広く普及している）を禁止する。義務教育の学校で子どもを広告に晒すのは、倫理的ではない。生徒を広告のターゲットにすべきではない。

広告の規制は目新しいアイデアではない。一八七四年に英国議会は、子どもを「攻撃的なビジネスマンと金貸し業者の巧妙な罠から保護する」ために、「幼児救済法（Infants' Relief Act）」を採択した[43]。

スウェーデンは一九九〇年以降、一二歳以下の子どもに対するテレビ広告を禁止している。また、ノルウェーとギリシャは児童向け広告を禁止している。ギリシャでは、午前七時から午後一〇時までの間、子どものおもちゃの広告をテレビで放映できない。ニュージーランドはジャンク

（41） Kasser, 2005; Nairm, Ormrod, Bottomley, 2007; Schor, 2005.

（42） Cohen and Cohen, 1996; Gatersleben, Meadows, Abrahamse, Jackson, 2008; Kasser and Ryan, 1993; Kasser, 2005; Schor, 2005.

（43） James, 1965, p. 8.

フードの広告を禁止しており、多くのヨーロッパ諸国はタバコの広告を禁止している。フランスは、国営テレビ局での広告を禁止している。オーストリアとベルギーのフランドル地方は、子ども向けテレビ番組の直前・途中・直後で子どもを対象にした広告を放送できない。

多くの国には強力な広告規制局が存在する。英国広告スタンダード規制局（British Advertising Standards Authority）は最近、ジェンダーに対する固定観念を促進したり、通俗的なジェンダーイメージに合わない人を蔑《さげす》んだりする広告や、女性を性的対象として描いたり不健康な身体イメージを促進したりする広告を禁止する法律が二〇一八年から施行されると発表した。

いくつかの国でのこうした進展にもかかわらず、広告規制は欧米諸国の政治的議題としてはなかなか浸透しない。なぜだろうか。広告を擁護するに値する議論があるのだろうか。

米国では広告は非難の的になっており、若者の間に肥満、暴力、貪欲、精神病を促進するとして糾弾されている。一九七〇年代に起こった第一次子ども向け広告反対運動の後、一九九〇年代には新たな反対運動が現れた。二〇〇四年には、米国心理学会が子どもに対する広告の影響力について重要な調査報告書を発表。そこでは、「八歳以下の子どもが主たる視聴者の場合、彼らを対象としたテレビ番組の放送中に、テレビ広告を制限すべきである」と提案した。(44) また米国心理学会は、学会員が子どもを対象とするマーケティング調査に参加することを防止するために、学会の倫理規約を修正すべきかどうか議論している。

さらにヒラリー・クリントンは、「あまりにも多くの企業が子どもたちを〈金を生む子牛〉とみなし、彼らを搾取できると考えている」と述べている。(45) 彼女は、幼稚園児向け広告と公立小学校における広告の禁止を支持した。

広告は保守派の人びとの間でも問題となっている。なぜなら彼らは、子どもをターゲットにした広告がおとなを尊敬しなくてよいというメッセージを伝えることで、従順でない子どもが育つことを恐れているからだ。「米国的価値のための研究所（Institute for American Values）」という右派組織と連携しているグループは、消費文化が子どもをターゲットにしている現状に批判的な見解を表明している。

二　広告を擁護する主張と、それへの反論

産業界は、子ども向け広告が再び非難の的になっていることに気づいている。二〇〇三年の子ども向け広告業者の会議（KidPower）の年次大会では、広告活動に対して高まる不人気とヨーロッパ諸国において広がる広告禁止措置に関して警鐘が鳴らされた。同会議のパンフレットには、「子ども向け産業は、子どもを貪欲に、暴力的に、肥満にすると考えられる製品を子どもに売っているとして非難されている」という文言が掲載されている。広告を擁護する議論は、ショーアがまとめているように三つの主張がある。(46) これらの主張は世界中の「子ども向け産業」によって

（44）http://www/apa/org/pi/families/resources/advertising-children.pdf, p.11.
（45）Schor, 2005 から引用。
（46）Schor, 2005.

採用されている。

（１）第一の主張「消費は子どもの自律性を育む」について

広告を擁護する第一の主張は、消費は子どもの自律性を育むというものだ。おもちゃを買い、その使い方を学び、さまざまな製品を選択する可能性に恵まれることで子どもは自立するという主張である。

実際のところ、これは商品を買う自由を支持する議論である。商品広告の自由はまったく別問題だ。商品を買う自由は、広告がなくても保証されうる。ある形態の広告は大衆操作を行う。この観点からいうと、広告に関して問題となる自由は、操作する自由と操作されない自由である。この二つの自由は両立不可能であるから、我々は二つのうちのいずれかを選択しなければならない。一方で、買う自由と操作されない権利は完全に両立可能だ。

子どもの自律性を支持する子ども産業の議論は、自律的選択が子どもの精神的発達にとって重要であるという私の主張に沿うものであるとはいえ、そうした選択を所有に関わる選択に制限している。しかし、自律性のニーズは私的所有の範疇には収まらない。所有を強調する諸価値は、その他の価値と結びついた自律性の意味を抑圧しかねない。端的に言うと、所有を執拗に刺激することは本当の意味の自律性を促進しない。

さらに、商品を買うことから得られる満足感の裏側には、買えないことから生じる不満がある。所有という行為のプラスの側面には、避けられないマイナス面がある。そのマイナスの側面とは、所有できなかった人がフラストレーションをかかえるというものだ。フラストレーションを悪化させることが、子どもをターゲットにした広告の目的である。経済格差から生じるフラストレーションは、人生の早い時期に現れる。一〇代の若者の多くは、標準的な消費水準についていくことができないために、社会的に適応していないという感覚に苦しんでいる。人生の早い時期から所有欲を刺激することは、物質的目標の推進にとっては重要であるとはいえ、貧しい人びとを負け組に変えてしまう。

商品を購入できないフラストレーションの影響力は、低所得世帯の子どもだけでなく、大多数の子どもに及んでいる。自分が望むものすべてを買う経済的余裕がある人はほとんどいないので、欲望製造工場である広告産業は、子どもを自律的にするという謳い文句の副産物として、フラストレーションを発生させるのである。

（2）第二の主張「広告はテレビの無料サービス、よりよい製品、経済成長と雇用を促進する」について

広告を擁護する第二の主張は、その経済的利点を強調する。経済的利点の一つ目は、広告はテレビ放送を無料にするというものだ。しかし、テレビが無料なのは表面的な次元においてのみである。実際には、我々はテレビコマーシャルで放送された製品を高い価格で購入することで広告料を払っているのである。テレビを見ない人もこのコストを払っている。テレビが子どもやおとなに与える悪影響を考えるならば、テレビはあまりにも無料でアクセスしやすくなっていると言

えるだろう。

さらに、広告はマスメディアの独立性を弱める。たとえば新聞社やテレビ局が、紙面やテレビコマーシャルで製品を宣伝しているスポンサー企業について好ましくない事実を知ったとしよう。そのとき、マスメディアの独立性とその経済的利害関心の間に対立が起こる。なぜなら、問題企業の不祥事を報道すると報復を受けるかもしれないからだ。その企業はスポンサーから撤退するかもしれない。このような問題は頻繁に起こる。

経済的利点の二つ目として、広告がより良い製品の促進につながると主張する人もいる。だが、実際に起こっているのは正反対のことだ。広告は費用がかかるうえに、道理に合わないブランド・ロイヤルティを発生させる。[47] 広告は、新しい競合相手の市場参入を妨げる障壁を生み出すのである。さらに、広告の高額な費用は新規参入者には高嶺の花だ。広告は、多国籍企業の寡占支配を生み、財市場での健全な競争を妨げる大きな原因である。

広告が経済成長と雇用を生むという議論は説得力がない。経済成長は目的ではなく、より幅広い豊かさのための手段である。そして、広告によって促進される経済成長は、幸せな生活にとって望ましいものではない。なぜなら、それは消費主義の普及と関係性の悪化によって支えられているからだ。

広告の削減が雇用にマイナスの影響を与えるという議論も、また根拠に欠ける。広告の削減は、広告部門を除けば、いかなる雇用の減少も導かないだろう。なぜなら、広告の削減は労働供給量——すなわち諸個人の労働意欲——を減少させるからだ。[48] また、広告部門における雇用の減少は望ましい。個人や社会にとって有害な活動に才能と時間を費やす人びとの数は、少ないほうが良い。

(3) 第三の主張「悪いのは親だ」について

広告を擁護する第三の主張は、親はいつでも広告の悪影響から子どもを保護できるという意見だ。彼らは、商品を欲しがる子どもにノーと言ったり、テレビを消したりすることができる。したがって、子どもの栄養状態が悪く、攻撃的で、消費主義的なのは、親が教育者としての役割を放棄したからだという。

この主張は、広告が子どもに消費主義を促している事実、ならびに消費主義が望ましくないことを認めている。ところが、論者たちは消費主義普及の原因を子どもの親に帰趨しているのだ。彼らは、親がその権威を行使して子どものマスメディアへのアクセスを制限すべきだと言う。この主張は、親の責任感と罪の意識に訴えかけるという点で、これまで紹介した主張の中で最も効果的である。同時に、最も馬鹿げた主張でもある。

親が悪いという主張は、次の二つの重要な問いに答えていない。まず、深刻な家庭内対立を生

---

(47) Schor, 1998.

(48) 〔訳注〕広告が減ると消費が刺激されなくなり、生活に必要な所得の量も減るので、必要な労働量も減るということ。

み出す広告産業のような一大産業を存続させる合理的理由は何かという問いだ。次に、親が子どもの消費主義に対して何らかの責任をもっていたとしても、そのような消費主義的価値観を絶え間なく宣伝する巨大産業がこのように正当化されるのはなぜかという問いだ。

親自身もマスメディアの犠牲者である。マスメディアは、最も危険なのは麻薬やいじめであり、マスメディアそれ自体は悪くないというメッセージを親に投げかけている。

ここで我々の関心を引くのは、若者をターゲットにした広告を禁止すべきではない正当な理由は存在しないということだ。したがって、広告を禁止したり制限したりする政策案が政治的議題になりにくいのは、これらの政策案の望ましさに対する疑いとは別の次元の理由によるのだ。その理由が何かは次節で扱うことにしよう。

4　民主主義を変える

一　ポスト・デモクラシー――一％のための民主主義

米国連邦取引委員会は一九七八年に一冊の報告書を発表し、その中で「七歳以下の子どもは、子ども向けのテレビコマーシャルを適切に評価する認知能力をもっていない」と結論づけた。(49)同報告書は子どもをターゲットにした広告の禁止を提案したのだ。当初、米議会は子ども向け広告の禁止に関心を示したが、禁止措置に激しく反対する広告業界の強力なロビー活動によって急速に勢いを失っていく。議会は一九八一年に禁止措置法案を取り下げ、連邦取引委員会からそのような意見提案を発信する権限を奪った。

米議会と連邦取引委員会の関係にまつわるこのエピソードは、広範で多様な公共の利益が集中化した経済権力とぶつかったときに民主主義の機能不全が生じる典型例と言えるだろう。現代民主主義は、政治学者コリン・クラウチが「ポスト・デモクラシー」(50)と呼ぶ深刻な危機的状況に陥っているのだ。

ポスト・デモクラシーとは、経済界のエリートたちの政策決定に与える影響力が増大し、公的生活の優先事項の決定プロセスに一般市民が参加する可能性――投票だけでなく、討議や自主組織などを通じて参加する可能性――が少なくなった社会状況を意味する。

ポスト・デモクラシーの時代には、権力をもった少数者の利害関心の影響力が多数者である民衆のそれよりもずっと大きくなり、政治システムは少数者の目的に従って変えられていく。政界のエリートたちは、世論を操作し導くことを学んできている。有権者の投票行為は、政治家たちの選挙キャンペーンの影響を受ける。選挙キャンペーンは広告業界から拝借した洗練された宣伝

(49) Schor 2005, p. 100.
(50) Crouch, 2005.

技術を駆使して、政治を公衆に「見せる」ようになっている。一方で政党の政策プログラムはますます無内容になり、政党間の違いもはっきりしない。

ポスト・デモクラシーは、選挙という儀式やマスメディアでの政治討論など、形の上では民主主義を保持している。しかし、民主主義の実質を保持しているかというと、そうではない。民主主義の実質とは、大多数の民衆の声と利害関心が国の政策に影響を与える可能性があることを指す。反対に大企業の影響力と民衆の影響力との間に大きな不均衡が生じると、近代民主主義以前の時代のように、政治は支配階層だけを考慮するようになる。

この点に関する強力な実証研究がある。(51) 一九八一〜二〇〇二年のデータを用いて、約一八〇〇の政策課題に関する米国のエリート層、利益団体、平均的な市民それぞれの選好を調査した研究だ。

調査結果によると、経済界のエリートとその利益団体は米国政府の政策に実質的な影響力をもつ。他方で平均的な米国市民と大衆の利害関心を代表する団体は、政府の政策にほとんどあるいはまったく影響を与えない。大多数の市民が経済界のエリートおよび／あるいはその利益団体に反対しても、敗北するのだ。富裕層の影響力はとくに強い。富裕で権力をもったエリートが米国の政治システムを支配している。彼らは米国の政治を、民主主義よりもむしろ寡頭政治に近いものに変えている。言い換えると、富裕な一％の人びとのための民主主義になっているのである。

その結果、民衆の側に失望と無力感が生まれる。それこそが民主政治の正統性、信頼、政治参加の危機の根底に潜むものである。民主政治のこの危機は、社会的事柄に対する関心が薄れていることを意味しない。民衆の政治離れとは反対に市民のアソシエーションによる社会運動が活性化しており、社会生活への参加を求める声が大きいことを示している。民主的な政治参加の危機は、既存の（ポスト）民主主義制度を通じて社会的事柄に参加する可能性の危機である。

二 ポスト・デモクラシー台頭の原因

民主主義がポスト・デモクラシーへと変わった原因には、経済的側面がある。利用可能な資金は利益集団によって大きく異なる。何らかの経済的権益を守る規制や法律を獲得するには費用がかかるので、資金のこの不均衡は大きな意味をもつ。そのような費用には、ロビー活動費、政党や立候補者への資金援助などがある。

そのため、経済的な権益が非経済的な権益よりも政治の保護を獲得しやすくなる。その理由は、前者が自分たちの活動を支援するための巨額の資金を意のままにできるからだけではない。彼らを保護することで経済的利潤が増大するからでもある。ロビー活動に必要な費用は一種の投資なのだ。反対に、非経済的な権益を政治的に保護しても、経済的に優位な結果を生まない。したがって、そうした権益を保護するために必要な費用は、支出であって投資ではないとみなされる。それゆえ、経済的な権益が非経済的な権益――たとえば子どもの幸せの保護――と対立するとき、資金配分に大きな不均衡が生じる。

（51） Gilens and Page, 2014.

マネーは、どの権益が政党の保護を獲得するかを決定するのに重要な役割を果たす。なぜなら、マネーはどの政党が選挙で勝利を収めるかに決定的な役割を果たすからだ。多くの資金を得た政党は、選挙で勝つ確率が高い。資金の多寡は、政党の大義をプロモーションするコミュニケーション手段ならびに宣伝手段を決定するからだ。

問題は、欧米諸国の選挙運動の費用が過去数十年間に急上昇している点である。二〇一六年の米大統領選では、候補者と政党の選挙キャンペーンに最低でも五〇億ドルが費やされた。これは二〇一二年の大統領選の総費用の二倍以上の額である。選挙資金運用の専門家たちは、四年ごとに史上最高値の選挙費用を新たに報告する。他の欧米諸国も似たような傾向にある。

ポスト・デモクラシーの点で言えば、子どもをターゲットにする広告の規制が政党政治の政策課題になりえない理由はごく単純である。政党にはマネーが必要であり、広告を利用する企業は政党の優良な資金援助者である。仮にヒラリー・クリントンが大統領になったとしても、彼女が子ども向け広告の禁止措置に取り組まないであろうことは容易に想像できる。その理由は、大統領選の選挙キャンペーンへの資金援助を通じて企業が彼女の政策案に影響を与えるからだ。

このような問題は、関係性を豊かにする政策の実施に対する大きな障害となる。なぜなら、本書で提案しているこれらの政策は、関係性や幸福感などの非経済的な権益の保護を必要としているからだ。関係の豊かな社会へと導く道は、社会の大企業への依存を減らすことを目的とする、ポスト・デモクラシーの改革を通じて具現化されうる。では、どのような改革が可能だろうか。

三　ポスト・デモクラシーの改革方法

ポスト・デモクラシーを真の民主主義に転換するには、政党助成金と政党のマスメディアへのアクセスを支配するゲームのルールの変革が必要である。クラウチによると、政党の公的助成金、マスメディアへのアクセスの規制、政党支出の上限の設定を適切に組み合わせれば、好ましい結果が得られるだろう。とりわけ必要なのは、以下の措置の実施である。

①大企業からの献金への依存を減らすために、政党への公的助成金を支給する。イタリアや他の多くのヨーロッパ諸国では、政党への公的助成金は存在する。その上限について妥当な水準を検討しなければならない。

②政党支出に厳格な上限を設定する。まず取り組むべきは、選挙支出に大胆な上限を設定することである。そうすれば、巨大ビジネスの圧力に対して政党と候補者の独立性が高まり、民主主義がより健全に機能するようになるだろう。政治の費用をもっと下げるべきだ。この措置によって、さまざまな政党の主張の間にバランスをとることができる。

たとえば米国では過去数十年間に、共和党の候補者が大統領選キャンペーンで優位に立っている。なぜなら、大企業から共和党への献金が増えているからだ。一方で興味深いのは、バラク・オバマが二〇〇八年の大統領選で、インターネットを通じて支持者から少額の支援金を膨大に集めて民主党の不利な状況を克服し、勝利したことである。つまりインターネットの発達は、民衆が自分たちの声を政治に反映しようとするときに直面する不利な状況を是正する機会を提供しているのだ。

③政党が利用するコミュニケーション手段および広告の利用に制限を設けることは、選挙支出に上限を設定するのと同様の効果を生むだろう。たとえば、候補者のテレビコマーシャルを禁止すれば米国政治は大きく変わる。米大統領選で使われる多額の選挙キャンペーン費用の大部分は、テレビコマーシャルの費用である。

④クラウチが言うように、「政党とそのブレーンたちの集団、および企業団体の間に流れるお金や人脈を厳しく規制する新しいルールが必要である」[52]。また、民間のスポンサーと公務員の関係、および公的支出と意思決定の関係を明確化し、法的に規定しなければならない。

イタリアの政治経済学者エルネスト・スクレパンティはもうひとつ興味深い提案をしている。それは、選挙結果の取り消しを保証する電子投票(E-Voting)の利用だ[53]。

選挙結果の取り消しが可能になれば、有権者が政治的意思決定の代表者である政治家をコントロールすることになる。現在、有権者が政治家をコントロールできるのは選挙期間中に限定されている。選挙で選んだ代表者を取り消す権利は有権者による政治家のコントロールを継続的なものにし、選挙で選ばれた政治家が有権者の意志に反して党利党略や政界・経済界の圧力に屈するリスクを、実質的に減らすことになるだろう。

有権者による選挙結果の取り消しが可能であったなら、我々の歴史の重要な瞬間において物事が大きく変わっていただろう。イタリアや英国で起こったことを考えてみよう。これらの国の政府は二〇〇三年に米国によるイラク戦争を支持したが、国民の大多数は戦争に反対だった。もし代表者を無効にできる権利が保証されていたなら、米国のイラク侵攻の是非について投票を求められたこれらの国の議会は、果たして有権者の意見と政党の規律のどちらに従っただろうか。政治家にとって究極の選択肢が彼らの議員としての地位であることは、容易に想像できる。ただし、選挙結果の取り消しには技術的問題がある。取り消し行為は、問題となる議員に投票した有権者によって実施されねばならない。では、投票情報が公開されない場合、どのように議員に投票した有権者を識別するのか。

電子投票では、有権者はニックネーム(ユーザー名)とパスワードを使用して投票を行う。したがって、第三者に有権者の個人情報が漏れない形で、特定の候補者に投票した有権者の識別が可能となる。つまり情報技術を使って、自分たちが選んだ代表者に対して一定期間もしくは継続的なチェックを行うことができるようになるのだ。

これらの提案は、そのプラス面とマイナス面を評価してより深く議論すべきである。とはいえ、民主主義制度の変革が可能であることが分かるだろう。歴史的に築き上げられた民主主義の形態はさまざまな限界を示しており、その修正は喫緊の課題である。なぜなら、現に存在する民主主義制度は包摂の道具ではなく、排除の道具となってしまっているからだ。

(52) Crouch, 2005, p. 109.

(53)〔訳注〕スクレパンティは、マルクスが主張する直接民主主義の理想を実現する手段として、電子投票による政治家の罷免を提案している(参照――Ernesto Screpanti, *Democrazia Radicale*, 2009, http://www.democraticidiretti.org/, 最終アクセス日二〇一八年五月一七日)。

コラム

電子政治(E-Politics)

　インターネットのおかげで、新しい形の政治参加と意思形成が可能になった。たとえば、インターネットは友人とのサッカーゲームからアラブの春のような革命まで、あらゆることの組織化を容易にしている。したがって、新しい政治運動の組織化とその資金援助を容易にした。

　この新しさは、政治の風景をいままでよりもダイナミックなものに変えている。近年ヨーロッパで重要な選挙結果を残している新しい政治運動の多くは、オンライン上での組織活動や討論に基づいている。たとえば、スペインのポデモス、イタリアの五つ星運動、北ヨーロッパ諸国の海賊党(パイレーツ党)がそうである。

　直接民主主義に関連して、インターネットが開く新しい空間の範囲についてさまざまな議論が行われている。少なくとも、コンピュータ画面をクリックすることで発案事項に対して回答できるのは、組織化と参加の費用の削減につながるだろう。イタリアの五つ星運動は、代表制民主主義はインターネットによってその基盤が解体される運命にあると主張している。これは、経済を特徴づけている「中抜き＝仲介を外すこと」のより一般化されたプロセスの一部として捉えられる。

四　ポスト・デモクラシーとグローバリゼーション

現在、我々はさまざまな大問題に直面している。革新的で大胆な政治的選択だけがこれらの問題に対応できるだろう。現代のポスト・デモクラシー的な諸制度は、そのような対案を生み出す能力をもっていない。グローバリゼーションによって引き起こされた諸問題は、その良い例である。

過去数十年間にヨーロッパに出現した新しい社会運動はすべて、グローバリゼーションが引き起こした問題をめぐって生じている。たとえば反グローバリズムの運動は、多国籍企業の地球規模での活動が引き起こした暴力に応じて増加している。もうひとつの例は、イタリアの北部同盟、フランスの〔ルペン率いる〕国民戦線、オーストリアの〔ハイダーの〕自由党、オランダの〔ピム・フォルタインが設立した〕フォルタイン党など、大衆扇動的で人種差別的な新しい政治勢力の台頭である。これらの極右勢力が台頭しているのは、グローバリゼーションと結びついた移民流入に恐怖を感じる人が増えているからである。

こうした人種差別的な政治勢力はグローバリゼーションの諸問題を語るが、その原因を移民になすり付ける。だが、移民はグローバリゼーションの主要な犠牲者であり、問題を引き起こした原因ではない。これらの勢力が提案する解決策は、不法移民を締め出すための国境や領土の徹底した統制など、まったくもって非現実的だ。

グローバリゼーションの諸問題へのより良い対案は他にある。それは多元的なグローバル経済秩序の構築である。そのためには、貧困国の少ない資本を巧妙に搾取するグローバル金融権力の利権を解体しなければならない。また、大規模な貧困問題をかかえている国で新しい世代の消費者を増やそうと目論むグローバル企業の利権も解体しなければならない。

世論を喚起して、それを人種差別的ではない方向へと動かしていく方法が存在する。ヨーロッパでは大きな関心事となっている問題がある。たとえば、食べ物の品質がそうだ。ヨーロッパの多くの国では、遺伝子組み換え作物の商品化から撤退が決められた。不安定な労働条件によるストレス、子どもたちの生活の質の悪化なども、世論の大きな関心を呼び起こしている。

問題の本当の原因は、利潤の盲目的追求と、消費文化を推進し、コミュニティを破壊し、世界を不安定にさせる巨大企業にある。しかし、何が人びとの不満を問題の真の原因に向けさせないようにしているのだろうか。ポスト・デモクラシーの時代には、グローバリゼーションに対する根拠のない大衆扇動的な対案のほうが、実質的に効力のある対案よりも優勢に立つ。なぜなら、後者は巨大企業の活動を推進する経済的利権の解体を要請するからだ。これこそがポスト・デモクラシー時代の困難な課題である。

この状況において、大衆扇動的な対案に対する対抗軸は、人種差別的言説への反対しか残されていない。これは過去六〇年以上にわたってヨーロッパで起こったさまざまな出来事の反省から生じた、政治的に正しい反応である。だが、人種差別的言説に反対するだけでは効果はない。反人種差別運動は、グローバリゼーションがもたらす経済・政治問題の具体的解決と結びつかなければ孤立してしまうだろう。ポスト・デモクラシーはグローバリゼーションが引き起こす問題に対する政治的選択と公共の議論を歪め、単純な反対運動に終始しない建設的な提案の普及を阻害する。

有効な代替案が存在しないなかで、非現実的で費用のかかる提案〔国境封鎖による移民監視の強化など〕が人心を捉えるようになる。そのためポスト・デモクラシーは、人種差別的で大衆扇動的な右派勢力の道を開くことになる。

5　働き方をどう変えるか

一　労働の呪いの継続

「汗水たらして働きなさい」――労働は、人間の原罪に適用されるべきかくも大きな罰として捉えられている。労働の呪いからの解放が経済成長の最も魅力的な約束の一つとして捉えられているのは、このためである。あらゆるタイプの機械の助けを借りて、働き方をより快適で生産的にしよう。そうすれば労働が我々の生活に課す重荷は少しずつ減っていくだろうという約束だ。

この約束は大きく裏切られたようにみえる。肉体的な疲労という点では、世界の富裕国の住民の大部分の労働生活は劇的に改善している。しかし、汗水たらす労働の消滅は別の問題を生み出

図5　米国人の平均所得と平均労働満足度の推移（1972～2004年）

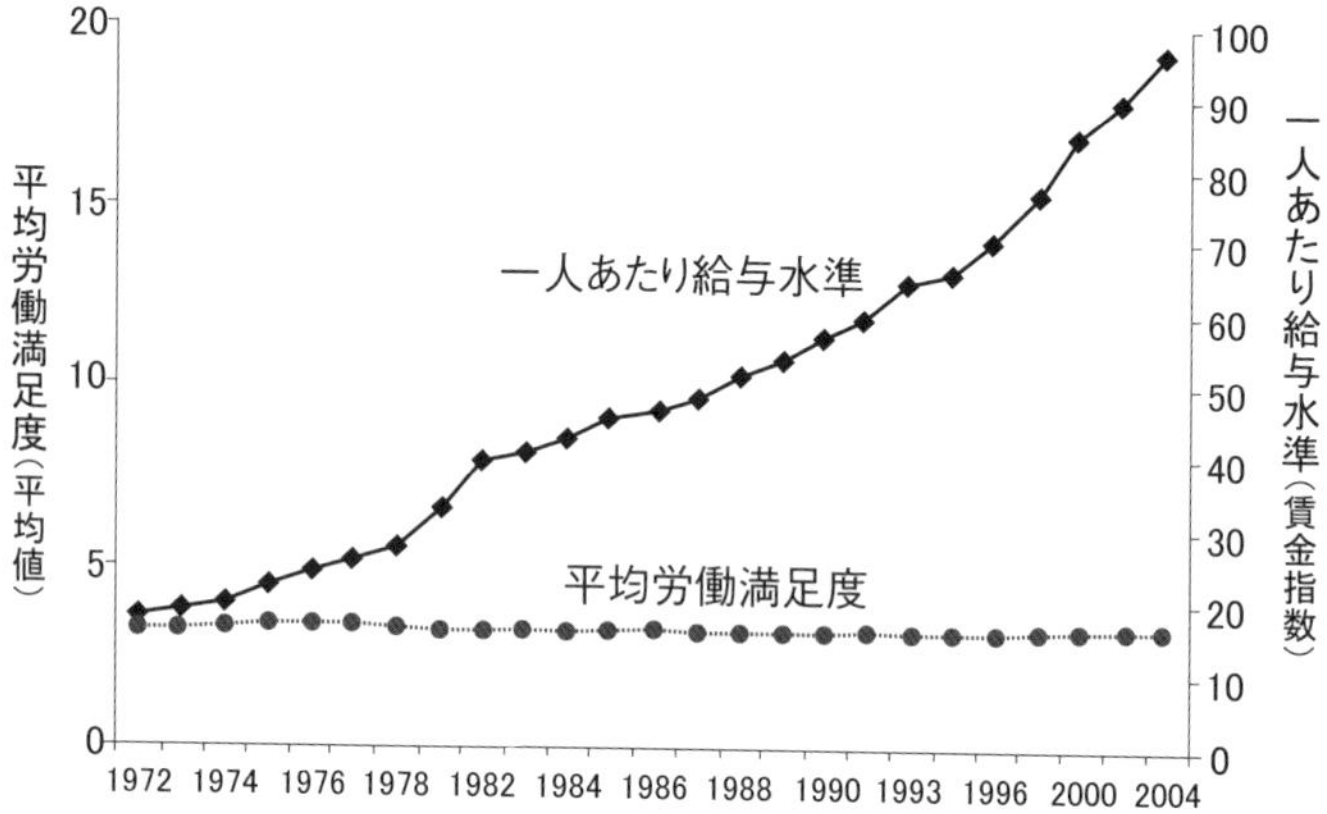

出典：労働満足度に関する一般世論調査（General Social Survey）。所得に関してはOECDデータに基づく。両データをもとに筆者が作成。

した。現代人の労働の質は、しばしばストレス、プレッシャー、疲労、忙しさといった言葉で表現される。農村社会の生活は肉体的な疲労によって特徴づけられていたが、それに代わって現代社会では精神的な疲労が目立ってきている。

諸個人が労働を通じて経験する満足度（労働満足度）の時系列的変化を調べると、労働が西洋人の生活に課す重荷が実質的には減っていないということが統計的に分かる。たとえば米国では、労働満足度は過去三〇年間ほとんど増加していない（図5）。

この傾向は、主流の経済理論にとって驚くべきことであると同時に、失望させる内容である。主流の経済理論では、労働満足度は給与水準の強い影響を受けると考えられている。図5を見ると、米国の労働者の給与水準は過去三〇年間に著しく増加している。では、給与の増加にもかかわらず、労働満足度が実質的に変わらないのはなぜか。この問いを通じて、我々は幸福の逆説と非常によく似た逆説について考えることになる。それを「労働満足度の逆説」と呼ぶことにしよう。

労働満足度の逆説は、幸福の逆説の重要な構成要素である。労働は成人の日常の大部分を占めており、諸個人が労働を通じて経験する満足感は、彼らの生活に対する満足感の基本的要素となる。労働に対する満足感は幸福感に大きな影響を与えると主張する研究もある[54]。したがって、労働満足度が期待はずれの傾向であることが、幸福度の低下に大きく寄与していると言える。

労働満足度の逆説の主な説明因子としては、第Ⅰ部1で言及したような労働時間の増加が挙げられる。労働の苦しみからの解放という約束は、自由時間の増加を主に意味していた。だが、この約束は、過去数十年間に大きく裏切られている。もうひとつの重要な約束は労働の質の改善である。次項で説明するように、この観点においても主流の経済理論を失望させる傾向が確認される。労働時間の質の点から見ても、労働の呪いは続いているようだ。

二　労働満足度と内発的動機づけ

労働満足度の決定因子に関する多くの研究が、労働満足度の逆説を説明するさまざまな指標を提供している。これらの研究では、給与水準が労働満足度にプラスの影響を与えることが確認されている。同時に、その他の要素も重要な役割を果たすという指摘がある。給与水準以外の要素

(54) Layard, 2005; Diener and Seligman, 2004.

の一覧表を見ると、人間にとっての基本的なニーズが物質的領域よりも重要であること、またそれらは内発的動機づけと関係していることが分かる。

特筆すべきは、これらの研究が人間関係のニーズの重要性を再確認している点だ。たとえば、同僚との関係の質は労働満足度にとって決定的に重要な要素である。一緒に仕事をする人間同士の間で信頼関係が確立されているかどうかは、労働満足度に非常に大きな影響を与える。ある研究によると、同僚との信頼関係が満足感に影響を与えると答えている勤労者の割合は四〇％に及ぶ(55)。さらに労働満足度は、上司との関係が、互いに尊敬し、協力し合い、支え合う関係にあると考えられるときに増加する。

管理職のコミュニケーション・スタイルは根本的に重要である。満足度がより高い仕事は、管理職のコミュニケーション・スタイルが既述した基準を満たしており、双方向的な意思伝達が頻繁である仕事だ。

関係性のニーズ以外の要素も労働満足度に影響を与える。たとえば、職務が多様であること、自分で仕事をコントロールしているという感覚をもつこと、自分自身の能力を表現する機会があることなどだ。労働の場合であっても、自律性と自己表現のニーズが中心的位置を占めることが分かる。反対に、負担とストレスを生み出すあらゆる仕事は満足度を低下させる。

三　何をすべきか？

労働満足度にとって、関係性・自律性および自己表現のニーズは重要である。つまり、内発的動機づけは満足度の高い生活の基本的要素なのだ。

この事実を踏まえれば、労働満足度を改善するために何をすべきかについて明確なレシピを抽出できるだろう。それは、興味をもてるような仕事、ストレスの低い仕事、意味のある仕事、人間関係・社会関係構築の手段となる仕事の四目標に集約される。これら四つの目標を達成するにはどうすればよいだろうか。以下に取り組むべき道筋を述べる。

①働く人の自由裁量と自律性を高める。

②圧力、管理、インセンティブなど、労働組織の中でストレスを生み出す要素を減らす。

③仕事のプロセスが面白くなるように、労働内容をリデザインする。たとえば「ワーク・リデザイン」という実験では、銀行員で構成されたグループの職務を、専門的な観点からより興味がもてて満足が得られるような内容に変えた。このグループにおける労働満足度は短期間に増加し、長期的(一年間)には労働生産性も増加した。一般的に、数世紀にわたる労働の細分化の傾向は限界に達してきている。労働の細分化は過去二世紀の間に生産性の飛躍的増加に大きく貢献し、産業社会の発展に寄与してきた。生産性の増加以外にも、細分化によって労働はより測定可能なものになり、(成果向上のための)経済的インセンティブを与えやすくなった。ただし、その結果として、労働は興味を刺激するものではなくなった。労働の細分化には利点だけでなく負の側面もある。この負の側面が考慮されなければならないだろう。

(55) Helliwell and Huang, 2005.

④労働と生活の他の側面を両立可能にする。フレックス労働制を推進する政策、職場の近くに託児所を設置する政策、在宅労働を促進する政策、家族と過ごしたり勉強したりするための休暇の増加を推進する政策が必要だ。

⑤職場の人間関係の質を改善する。企業文化は同僚同士の関係の質や会社組織で異なる職位にある諸個人の間の関係の質が根本的に重要であることを自覚しなければならない。管理職の教育には、他の労働者を正しく評価することの重要性や、互いに尊重し合う関係の重要性を意識させるなど、関係性の側面も含まれるべきだ。また、仕事に対する友情の形成も促進されるべきだ。

四　幸福感は増えるが生産性は低くなる?

経済的インセンティブ、圧力、ストレス、競争などの規律を緩めて労働満足度を高めるシナリオは、どの程度労働生産性を低下させる可能性があるのだろうか。次のように考える人がいるかもしれない。

前項で素描した対案は我々の労働満足度を上げるが、同時に労働生産性を下げて経済システムの競争力を弱体化させる。その結果、我々はいまよりもっと貧しくなるだろう。つまり労働に対して我々が経験する圧力と競争が減ると、我々は無気力と闘わなければならなくなると。

一般的に、経済学者はこのようなシナリオを描く傾向がある。内発的動機づけと満足感を犠牲にすることは、生産性の向上のために払うべき代価であるとみなされる。これが経済を支配するシステムであることを考慮すれば、おそらくゲームの元は取れるだろう。ストレス、不満、圧力、緊張、競争、対立、人間関係の難しさ、繰り返しの多い退屈な労働は、生産性の向上のもうひとつの顔だ。これらは高い給料を生み出す経済的繁栄の基礎を成す。

いまから主流派経済学者のこの議論を実証的に検討してみよう。このような議論が迷信であることは、証拠をみれば分かる。事実、労働満足度の高い労働者の生産性は、そうでない労働者よりも高いのだ。組織心理学の多くの研究は、生産性の重要な側面が労働満足度と正の相関関係にあることを明らかにしている。

たとえば、いわゆる「市民の組織編成能力」(つまり、割り当てられた職務に必ずしも結びつかないスタイルで他者や組織と協力する能力)に関する研究によると、そのような能力は労働満足度[56]、労働に対する積極的な感情[57]、温和な性格[58]と正の相関関係にある。

また、職務遂行能力の多くの側面が労働満足度と正の相関関係にある。労働満足度の高い労働者は実務能力が高く、他者と協力的で、友人関係を築きやすい[59]。彼らは頻繁に転職しないし、欠勤も少なく、時間を守り、同僚を手助けする能力をもつ[60]。この相関関係は、比較的複雑な労働環境においてより強く現れる。労働者の満足度は顧客の満足度にも関係してくる。たとえばある研

(56) Borman et. al., 2001; Organ and Ryan 1995; Miles et. al., 2002.
(57) Barrick and Mount, 1993; Deluga and Mason, 2000; George, 1990; George and Brief, 1992.
(58) George, 1995; Miner, 2001.
(59) Bateman and Organ, 1983.
(60) Spector, 1997.

究は、労働者の幸福感は小売部門の顧客の信頼と連関しており、会社の利益に大きな影響を与えることを明らかにしている(61)。

五　経済的インセンティブの限界

経済学では、インセンティブを与えることは、労働者の能力の質や量を報酬によって測ることを意味する。そのためには、能力の質や量は指標化され、コントロールされなければならない。つまりインセンティブの増加は、何らかの能力指標と結びついた報酬の増加および／あるいはコントロールの増加を意味するのだ。

労働組織論では、「インセンティブを可能なかぎり最大化することが望ましい」と金科玉条のように主張される。経済学者にしてみれば、インセンティブを拡大する可能性が限界にぶつかることこそが問題なのだ。しかし、労働者の能力のすべての側面が容易に測定できるわけではない。問題は、人間の労働はとても複雑な活動であり、それは観察や評価の難しい側面をもつという点にある。通常はその一部しか測定できない。その結果として、インセンティブの提供は労働者の能力の測定可能な部分だけを評価し、他の側面を評価の枠組みから捨象することになる。この問題は、肉体労働者から高所得の管理職まであらゆる分野の職種にあてはまる。

たとえば、労働者同士の協力は非常に測定が難しい。この問題はよく知られていて、企業の現代史における重要なトピックとなっている。その代表例がソロモン・ブラザーズだ。

世界的な投資銀行の一つであるソロモン・ブラザーズは、インセンティブの強い報酬制度を長年採用しており、競争の激しい企業文化で有名だ。ところが、強力なインセンティブに基づく報酬制度はさまざまな問題を引き起こし、社員の間に協力が生じなくなった。一九八〇年代には、これらの問題を解決するためにハーバードの著名な経営学者に助言を求めた。彼はインセンティブ制度の修正を提案し、後に世界中の大企業に普及したストック・オプション制度を導入した。収入の一部を自分が働いている企業の株式として持つことで、社員個人の利害関心と会社全体の利害関心の同一化を推進したのだ。

この解決法は、きわめて当然の措置のように見えるだろう。なぜなら、この論理はインセンティブ付与の延長上にあるからだ。経済学者の目から見れば、インセンティブ付与制度が不完全であることが問題なのだ。つまり、彼らが社員の能力にインセンティブを与えるのは、個人の努力という観点からのみであり、社員同士の協力という観点からではない。

ストック・オプションのエピソードが明るい結末を迎えなかったことは興味深い。最終的にストック・オプション制度は多くの企業破綻を生み、二〇〇〇年代初頭の米国資本主義に大打撃を与えた。これらの突然の破綻はエンロンやワールド・コムなどを襲ったが、こうした大企業の会計収支（バランスシート）の見た目は健全で、金融コンサルタントから投資先として推奨されていた。破綻後に明らかになったのは、これらの企業のバランスシートが巧妙かつ大幅に粉飾されていたことである。企業会計の捏造が、経営難にある企業を繁栄させるという奇跡を起こしていた。

（61）Harter et. al., 2002.

ストック・オプション制度によって、歪んだインセンティブが与えられたのだ。株式市場は、企業のバランスシートを参照して証券価値を安定させる。企業会計から推定される利益の見通しが安定的かつ楽観的であればあるほど、その企業の株価は上昇する。この条件のもとで、ストック・オプション制度は企業会計を取り繕うインセンティブを増大させた。この制度は株価を上昇させるように企業会計を書き換えて、管理職の報酬を増やす方向に働いたのである。

ストック・オプション制度の発明は、キツネに鶏小屋の鍵を渡す(consegnare alle volpi le chiavi del pollaio)[62]結果となった。当然ながらこの結末の根底には、能力の測定方法という大問題が存在する。企業会計の正確な報告は管理職を担う者の資質の一つである。だが、それを測定するのはきわめて難しい。真実の検証は災いしか導かない。このエピソードの結末は、能力の完全な測定方法が不在の状況で、インセンティブ付与が直面する限界を示している。インセンティブが上手く機能する魔法のような世界とは、労働の成果が容易に測定可能な世界である。しかし、現実の世界は魔法の世界ではない。インセンティブの拡大を通じた問題解決は、解決しようとした問題をさらに悪化させせうる。

六　インセンティブの低下は生産性の低下につながるのか?

労働の内発的動機づけに関する研究は、仕事の能率がインセンティブの拡大とは異なる方法で促進されうることを示唆する。

有名な事例がこの点を教訓的に例証している。その事例とは、興味と利益につられてヴァイオリンのレッスンを続ける少女の例である。[63] レッスンのある段階で、一定の時間練習した生徒に贈られる「ゴールド・マーク」が導入された。その結果、少女は難易度の高い新しい曲の練習に興味を失ったという。少女の目的は演奏能力の向上ではなく、可能なかぎり多くの時間を演奏に費やすことに変わり、すでによく知っている簡単な楽曲に集中するようになった。インセンティブはゴールド・マークであったが〔つまり金銭的な報酬ではなかったが〕、それが練習に費やした時間を重視したがために、少女はヴァイオリンの技術を学ぶという当初の目的を見失ったのだ。

この事例は、心理学者と経済学者が研究している労働の組織化に大きな示唆を与える。彼らはさまざまな条件とインセンティブのもとで、被験者にいくつかの任務を遂行してもらう実験を行っている。研究結果によると、労働者にとって担当する職務が興味を刺激する場合、経済的インセンティブの付与は内発的動機づけを大きく低下させる。[64]

他の研究も同様の結論に達した。オランダ企業の幅広い事例に基づく有名な研究では、インセンティブは管理職をコントロールして仕事を円滑に推進するには効果的であるが、対象物との関係が個人的な関わりに基づく場合はそうではないとことが指摘されている。[65] 後者の場合、関係か

（62）〔訳注〕欧米のことわざで、キツネのようにずる賢い人に大事な仕事を任せることをいう。「キツネに鶏小屋の番をさせる（Fox guarding the henhouse）」という表現もある。
（63）Deci and Flaste, 1995.
（64）Frey and Jegen, 2001; Deci, Koestner, Ryan, 1999.
（65）Barkema, 1995.

ら生まれる内発的動機づけが働くため、インセンティブによるコントロールは役に立たない。航空会社では、時間厳守にインセンティブを付与することは仕事のモチベーションを大きく下げる[66]。航空会社の社員の仕事が遅れると飛行機の発着に遅れが生じるので大問題だ。この研究によると、遅れの原因を一人の従業員に帰趨するのは、時間厳守の徹底にマイナスに作用する。遅れがあまり生じない航空会社は、航空機の遅れの原因を示すのに「チームの遅れ(Team Delay)」と表現する。

したがって、インセンティブの増加は(長期的に見て)生産性の低下を引き起こす可能性がある。インセンティブは、仕事の能力の多くの側面にとって大切な内発的動機づけに代わる傾向がある。この効果は、仕事の中身が興味深いものになるにつれてより強く現れる。多くの仕事は、働いている人が自己表現できる内容をもつ。人間は、明らかに面白くない仕事であっても、自分が担当する仕事の中に何らかの興味深い要素を見つけるものである[67]。これら興味を刺激する要素は、インセンティブの過剰な導入によって破壊される傾向があるのだ。

七　資本主義と内発的動機づけ

経済的インセンティブは、少なくとも以下の二つの条件においてうまく機能する可能性がある。第一は成果が道理に合う形で測定可能な場合であり、第二は仕事があまりに面白くなくて内発的動機づけが存在しない場合である。これらの条件を満たさない場合、経済的インセンティブは生産性に悪影響を及ぼす傾向がある。重要なのは、経済的インセンティブではほとんど測定不可能で、なおかつ強い内発的動機づけをもたらす仕事のような極端なケースの存在ではなく、むしろこれらさまざまな性質が、程度の差こそあれすべての仕事に内在しているという事実である。ただし、以上の分析から、経済的インセンティブがなくても上手く機能する経済を構築することが可能だと結論づけてはならない。ある人が楽しくない仕事をしなければならない場合、その人に信頼を寄せるだけでは不十分だ。その意味で、経済的インセンティブは重要である。しかし留意すべきは、その他の要素も重要な役割を果たすという点である。

個人の利益だけを拠り所に働くことができる経済学者は一人もいない。私的利益を重視する経済体制である資本主義ですら、職業倫理や労働倫理としての内発的動機づけに基礎づけられていなければ上手く機能しない。人びとが対立ばかりする社会では、資本主義は続かないのだ。

(66) Austin and Gittel, 1999.
(67) Csikszentmihalyi, 1997.

6 健康のための政策

一 健康をどう改善するか

国民の健康を改善するためには何をすべきか。多くの人は、経済的富の増加、とくに保健医療支出の増加が合理的な対案だと考えるかもしれない。だが、この考えは間違っている。

この点について、リチャード・ウィルキンソンとケイト・ピケットは次のような例を使って説明する(68)。平均的な米国人新生児のジョンと平均的なギリシャ人新生児のヤニスがいる。二人の平均余命はどちらが長いだろうか。

ジョンの家族の世帯収入は、ヤニスの家族の世帯収入の二倍である。加えて、米国人一人あたりの保健医療支出は、ギリシャ人一人あたりの支出の二倍だ。米国の一人あたりCTスキャン機器の数はギリシャの六倍である。ゆえに、ヤニスはジョンよりも長生きしないように我々には思われる。しかし実際は、ジョンの平均余命はヤニスよりも一・二倍ほど短いのだ。

この例は、多くの国では平均寿命と保健医療支出の間に何の関係も見出されないという事実を示している。病気の予防と治療のために、公共部門と民間部門は保健医療分野への支出を続けている。米国における一人あたり保健医療支出は、スウェーデンと比べて二倍、日本と比べて三倍に相当する。ところが、米国人の平均寿命は日本人よりも五年ほど短く、スウェーデン人よりも三年ほど短い。

二　幸福感と健康の関係

他国よりも健康に多くお金を費やす国で、国民の健康が悪化しているのはなぜだろうか。疫学がこの問いに答えている。

疫学は、諸個人の健康と国民の健康の決定因子を研究する学問である。一九世紀の疫学は当時死因の第一位だった伝染病の研究に集中していた。疫学者が提供した証拠は、国民の健康条件の改善へ向けたさまざまな保健衛生運動の出現に貢献した。かくして都市の貧民街に下水道網が設置され、ごみの回収がなされ、公衆浴場がつくられ、住環境が改善した。貧民街はチャールズ・ディケンズの小説で描かれたような悲惨な状況から抜け出し、住民の平均寿命――当時は非常に短かった――は実質的に伸びたのだ。

二〇世紀を通じて伝染病は病気と死亡の第一の原因ではなくなり、心血管疾患や癌が重大な病気となってきた。そこで疫学者は、リスク要因を回避する健康的な生活スタイルを推奨して健康を増進する道を個別に示すようになる。疫学は、「タバコ、アルコール、脂肪の多い食事を避け、

(68) Wilkinson and Pickett, 2009.

運動不足を解消しなさい」というスローガンを掲げた。

疫学の第三段階は、その他のリスク要因――いわゆる社会心理学的要因――に注目が集まるようになった二〇世紀後半である。この段階では、人びとの幸福感が健康と平均寿命に直接的な影響を与えることが発見された。[69]また、悲観主義、自分の人生をコントロールできない感覚、ストレス、他者に対する敵対感情や攻撃的感情が重大なリスク要因であることが分かってきた。たとえば、心血管疾患のリスク――富裕国での死因の第一位――は、うつ病や精神病を患っている人の間では二倍に増え、幸せを感じていない人の間では一・五倍に増える。[70]幸福感の健康に対する影響は、喫煙や運動不足が与える影響よりもずっと大きいと考えられる。

幸せを感じられなくなると、自分の健康状態に対する知覚さえも悪化する。これは必ずしも客観的な健康の悪化に対応してはいない。だが、自分の健康状態が悪いと思っている人は、診断費用や医療従事者の責任という点から保健医療システムを圧迫する。[71]ある医療従事者の証言によると、彼らは医者を頻繁に訪れる心気症(ヒポコンドリー症)患者や不安症患者の悪夢を見るという。なぜなら、これらの症状をもつ患者にとって医者は話し相手の一人だからだ。

三　社会的な癒し

健康リスクの社会心理学的要因を特定する過程で、疫学者たちは関係性の貧困に注目するようになった。経済学者たちが近年認知し始めた幸福感に対する関係性の重要性は、疫学者たちによって数十年前から指摘されていたのだ。[72]

医者は経済学者よりもずっと遅れているように思われる。彼らが疫学者の発見を十分に知っているなら、健康診断の際、血圧を測ったり、腹部を触診したり、食事や運動や喫煙に関する情報を集めたりする前に、「友人がたくさんいますか？」と尋ねるべきだろう。そして、「友人との関係に満足していますか？」「あなたの愛するパートナーとの関係はどうですか？」「よく参加するグループやボランティア団体はありますか？」「それらはあなたにとってどれだけ重要ですか？」「他人を信頼していますか？」などを尋ねるべきだろう。

---

(69) 一九三〇年代に、ある若い修道女のグループが短い自伝を書くように促されていた。近年、これらの自伝に表現されている感情を分析する研究が行われている。その研究によると、積極的な感情の増加と寿命の間には強い正の相関関係がある。自伝の中でより積極的な感情を表出していた修道女の九〇％が八五歳まで生きた。一方、積極的な感情を表出しなかった修道女のうち八五歳まで生きたのは三四％だった。修道女たちは、食事や生活水準の点では非常に似たような生活を送っていた点に留意されたい（Danner, Snowdown, Friesen, 2001）。

(70) Keyes, 2004.

(71) Argyle, 2001.

(72) 関係性の貧困以外にも、疫学者によって特定された健康リスクの社会心理学的要因には所得の不平等がある。所得の不平等の増加にともない死亡率と疾病率は上昇し、平均寿命は低下する傾向がある（Wilkinson and Pickett, 2009）。しかし、所得の不平等の一部は社会関係の崩壊によって引き起こされた可能性がある。実際に、不平等が進んでいる社会は、社会的まとまりが弱く、関係性が衰退している。

「愛情にあふれる人間関係豊かな生活を送っています」と我々が答えれば、医者はそれを歓び、「健康に長生きするために正しいことをしていますね」と励ますべきだ。

一九七〇年代に始まり現在でも続いている多くの研究が、健康維持にとって最も重大なリスク要因として関係性の貧しさを挙げている[73]。友人がいて、愛情にあふれる人間関係に恵まれ、グループやアソシエーション活動に参加し、アイデンティティをもち、社会的なサポートを得ることは、健康維持のための最善の方法だ。つながりのある社会は、人びとの健康に大きな影響を与える。さらに、人生の初期段階におけるストレス——生誕前に受けるストレスも含める——は、人間の身体的・情操的・認知的発達とその後の人生全体の健康に重大な影響を与える[74]。たとえば、コロンビア大学のある研究によると、脳梗塞や心筋梗塞に罹った患者のうち、社会的に孤立している人は、社会関係に恵まれている患者と比べて五年以内に新たに罹る確率が二倍高い。人間関係から孤立していることは、動脈硬化や運動不足などの古典的なリスク要因以上に新たに脳梗塞や心筋梗塞に罹る確率を高めるのである[75]。

これらの結果は、深刻な健康問題をかかえる人だけに限ったことではない。ハーバード公衆衛生大学院は一万六〇〇〇人以上の高齢者を対象に六年間の調査を行ったが、この調査によると、社会関係が豊かで活動的な高齢者は物忘れが著しく少なかった。

社会的に孤立すると人間は弱くなり、風邪さえもひきやすくなる。孤立した人間は、より社交的な人間と比べて風邪をひく確率は二倍高まる。後者のほうがウイルスに晒される可能性がずっと高いのに[76]。他の研究は、他者と良好な関係にある人ほど怪我の傷が早く治ると報告している。

さらにパトナムは、これまでボランティア団体に所属したことがなかった人が一つの団体への参加を決意すると、それから一年間に死亡する確率が五〇％ほど減ると報告している[77]。

米国の各州を比較すると、ボランティア活動への参加の平均値にある州は、成人の死亡率、乳児死亡率、心血管疾患と癌による死亡率もまた、平均値に収まっている[78]。同様に米国各州の健康指標と関係性の豊かさに関するさまざまな指標との間には、密接な相関関係が見出される[79]。

---

(73) Berkman and Glass, 2000; Stanfeld, 2006.
(74) これらの研究結果は、Jetten, Haslam, Haslam (eds.), 2010 および Wilkinson and Pickett, 2009 に収録されている。
(75) Jetten, Haslam, Haslam (eds), 2010.
(76) Cohen, 2005.
(77) Putnam, 2004.
(78) Kawachi, Kennedy, Lochner, Prothow-Stith, 1997.
(79) Putnam, 2004.

コラム　幸せな生活が健康に影響するのはなぜか？

急性的なストレスに対応するために、人間の身体は驚くべき構造をもっている。ストレスを感じる出来事に直面すると、人間の身体組織はそれに対する闘争反応と逃避反応を作動させる。副腎に秘蔵されていたホルモンが蓄積されていたエネルギーを解放させ、免疫システムが作動する。血管が収縮し、心肺機能が活性化する。血液中の凝固因子が増加し、出血した場合には傷の修復にとりかかる。脳はより活動的になり、抑うつ感を減らそうと努める。

この反応は、すぐに終われば健康にとても良い。ただし、慢性的になると注意が必要だ。脳の記憶力と認知能力が低下し、うつ病と不眠症のリスクが増加する。免疫システムは低下する。血管の慢性的な収縮は高血圧と心血管疾患のリスクを高める。消化機能と性機能も低下する。ストレスに関する生物学的研究は、問題はストレスそのものではなく慢性的なストレスであると教えてくれる。慢性的なストレスが我々の健康を破壊するのだ。

四　幸せに生活することは予防策となる

疫学的研究は、なぜヤニスの平均余命がジョンよりも長いのかという問いへの答えを提供する。それは、基本的な保健医療サービスを備えた国に暮らす人びとの健康は、社会心理学的なリスク要因——とくに関係性の貧困——によって悪化しうるということだ。

二〇〇五年に英国の医者は二九〇〇万の抗うつ剤の処方箋を発行し、そのために国民保健サービス（NHS）が負担した費用は四億ポンドだった。二〇〇三年に米国は、精神病を患う米国市民の治療に一〇〇〇億ドルを費やした。(80) この驚くような金額の規模がどれほどのものかを理解するためには、それが史上最大の公共工事であるイギリス海峡（ラ・マンシュ海峡）の地下トンネルの工事費用の数倍であることに触れれば十分だろう。

幸せを感じられない生活のコストは高くつく。生き辛さに対して薬を処方するのは、適切な商品を買えば問題は解決されると信じる社会の特徴の一つである。この点から言って、精神科医は消費社会の重要な一員である。

精神科医は時代ごとにうつ病治療の聖杯——つまり、生活を破壊せずに生き辛さを和らげる抗うつ剤——を見つけてきた。ジグムント・フロイトはコカインにそれを見つけたと考えた。二〇世紀半ばの精神科医は、アンフェタミンと三環系抗うつ薬にそれを見出した。二〇世紀末にはプロザックや他の類似の物質が聖杯となったが、いまではそれらは中毒症を引き起こし、プラシーボ（偽薬）効果ほどしかなく、自殺を誘引することが分かっている。世代が変わるたびに、前の時代の聖杯が失敗のアーカイブに入れられる。電気ショック治療や精神外科のように……。

精神病治療の経費は巨額ではあるものの、生き辛さによって引き起こされる保健医療支出のご

(80) Wilkinson and Pickett, 2009.

く一部を占めるだけだ。幸福感と関係性が健康全体に与える幅広い影響を見ると、生き辛さや貧しい関係性が不健康な生活を誘引することが分かる。保健医療支出の大部分は、幸福感と関係性を破壊する社会組織によって引き起こされている。それは、防御的な経済成長に火をつける防御的な支出の模範例である。

この点は、健康を改善するにはどうすればよいかという本章の最初の問いに大きな示唆を与える。保健医療支出の増加は、健康の改善なき幸福感の低下を反映しているかもしれない。健康は幸福感の問題であり、幸福感は社会関係の問題である。関係性が改善することで健康が改善し、保健医療支出が削減される可能性がある。

したがって、病気の予防の大部分は保健医療制度の外でなされるべきであり、幸せを感じられる生活条件の推進に焦点を当てるべきだ。このような予防策は目新しいものではない。歴史を振り返ると、健康の改善は常に保健医療制度の外でなされてきた。たとえば人びとは、人間の平均余命の増加は、伝染病を撲滅した抗生物質などの医薬品の発明に起因するものと考えがちである。このような信仰は近代医療の発達によってもたらされたが、実際のところ真実ではない。一九世紀後半に起こった平均余命の増加は、公衆衛生、生活条件、栄養状態の改善によってもたらされたのだ。

先進社会は保健医療支出の誤った再分配という重荷を背負っている。なぜ誤っているかというと、予防よりも治療を優先させているからだ。この誤った分配は、市場経済によって生み出された経済的インセンティブと結びついている。生活の質を売る者は誰もいない。しかし、生活の質の低下によってもたらされた損害に対する治療を売る者は多い。経済的インセンティブはまた、集団検診に基づく予防策を過度に強調する。最初に採るべき予防策は、関係性を豊かにする政策を通じてなされる幸福感の促進である。にもかかわらず、巨大製薬会社は健康診断テストを売り込み、幸福感を高めるための政策を支持しない。

このような社会には無駄が多い。我々は不満を生み出す生活様式にお金を使い、不満によって引き起こされた損害を修復するためにさらにお金を使っているのだ。

五　病気の治療から病人の治癒へ

本書で紹介している関係性を重視するアプローチは、病の治療がどのようになされるべきかという問いに関して多くの示唆を与える。医者と患者の関係が、病気の予防だけでなく病人の幸せと効果的な治療にとって重要であることを考慮するならば、関係性の質が医者と患者の関係において中心的課題となるべきだ。関係性の質は、重病や治療不可能な病気の場合にはとくに重要である。医者はそのような場合、恐怖に怯えて気分が落ち込み、不安を感じている患者と接しなければならず、患者との間に生じる関係性の雰囲気に配慮しなければならない。

しかし多くの場合、医者は良質な関係性の構築方法を学んでいない。彼らは病気と関わるように訓練されているが、病人と向き合うようには訓練されていないのだ。医者は、医療現場での患者の扱われ方に内在する関係的・精神的側面を理解するようにトレーニングを受けるべきである。

関係的・精神的側面が効果的な治療の基礎となるということは、一握りの研究が認めている。たとえばある研究によると、医療スタッフが患者に共感を示し、意思決定プロセスに彼らを参加させるとき、患者は身体的にも精神的にもより良い健康状態を示す。検査の数も少なくなり、患者は健康回復へ向けて積極的に行動し、処方された治療法に協力的となり、治療方法に高い満足を示す[81]。

医者と患者の関係性への注目が欠如しているのは、経済的インセンティブが原因である。製薬会社は、医者と患者の良質な関係を商品化して販売することはできない。これらの企業は薬品を販売するのだ。だから、病気の治療法に内在する関係的側面に関する科学的知見が進歩しない。医者と患者の関係性を重視する研究が少ないのは、このためである。商品として販売されないものを研究対象とする場合、知識はなかなか進歩しないのだ。

六　医療知識

前項で私は、我々のニーズを満たすために役立つ財を販売可能な商品に変えることの難しさについて議論した。知識はその代表例であるだろう。

古代より知識は、物の中にではなく人間の身体に内蔵されるものであった。知識の伝播は非市場的なメカニズムに基づいてなされる。多くの場合、コミュニティの隣人同士や親子関係など、情動的につながっている隣人関係を基礎としていた。その後、知識は商品となり、知的資源の普及を目指すよりは、むしろその普及が妨げられるようになってきた。知識を商品化するこの制度は機能し続けてきた。なぜなら、近代は技術進歩の加速化を生み出したからだ。言い換えると、市場インセンティブが知識生産に与えるプラスの効果が、そのマイナスの効果――知識の排除を生み出す――よりもずっと大きかったのである。

たとえば医療知識の生産を促す市場インセンティブは、我々の健康の維持、長生き、良質な生活を支える薬を生み出した。その結果、製薬産業は富裕国のＧＤＰに貢献する成長産業となる。だが、市場インセンティブへの極端な依存があらゆる場合において上手く機能するわけではない。市場インセンティブは、商品化された知識の生産が十分に実用的な道であるかぎりにおいてのみ機能する。

製薬産業は、化学に基づく研究プログラムが革新を生み出すことができるかぎりにおいて、大きな社会的効用をもたらす。化学は経済的インセンティブに応えるための理想的な科学である。なぜなら、新しく開発した細胞分子を特許化できるからだ。しかし、既存の細胞分子よりもより良い治療効果を示す新たな細胞分子をつくることには、常により大きな困難がつきまとう。特許化の速度は過去数十年間に、徐々に低下している。化学に基づく医薬品研究開発プログラムは停滞気味だ。いまではバイオテクノロジーに注目が集まっている。

商品化とは別の形でいくつかの効果的な治療法を考えることは可能だ。たとえば、何らかの食事法で癌腫瘍の発生の予防が可能となることを想像してみよう。この発見は人類にとって莫大な

(81) Williams et. al., 2000.

恩恵となるが、その方法を発見した人には何の利益ももたらさないだろう。食事法の内容はインターネット上で自由に閲覧可能となるだろう。そのため、こうした食事法の研究に対する支出は、たとえば新しい化学療法や、それよりも効果的な放射線治療に向けられた研究費より、ずっと少なくてすむ。しかし現在、癌腫瘍の問題解決がこのように進んでいないのは明らかである。

私は、癌腫瘍が食事で治療できると主張しているのではない。そうではなく、仮にそうだったとしても、市場インセンティブの支配下では、我々がその事実を知ることはないだろうと言いたいのだ。

したがって、医療の進歩は関係性を重視する知識の拡大にある。つまり、従来型の医薬品研究開発への巨額な投資だけではなく、医者の共感能力を向上させるための教育や商品化不可能な治療法分野における研究の推進が重要である。この観点から言って、多国籍企業に支配されている従来型の製薬部門の大規模化は、化学分野のイノヴェーションの見通しが頭打ちしていることを考えると、社会的には無駄遣いだ。製薬部門は絶滅寸前の恐竜のようなもので、整理縮小されなければならないだろう。

ところが、巨大製薬会社は事業の整理縮小に乗り気でなく、生き辛さの製造者となって自らの危機に対応している。医薬品の研究開発は、病人と診断される閾値(基準)を下げる方向に進んでいる。新薬の生産が困難であるから、新たな病人をつくっているのだ。さらに、研究開発はあらゆる不快に薬で対処しようとしている。そして、医薬品テストを分別なく拡大している。製薬業界の新たなフロンティアは、新しい医薬品テストを発案して集団検診(マス・スクリーニング)を強要することにある。

医薬品の公的な研究開発が頓挫することで、状況は悪化している。一方で、国立大学は研究資金不足の深刻化という問題をかかえている。他方で研究費用は、設備コストと実験コストの増加が原因で過去数十年間に爆発的に上昇した。その結果、医療部門の知識は現在、製薬会社によって生産されるようになっている。幸せな生活にとってきわめて重要なこの医療部門における知識生産が、深刻な危機に直面している民間企業の利害関心に完全に委ねられているのだ。これは、とても危険な道である。

製薬会社の利害関心が健康や幸せな生活を求める人びとの関心と対照的であることには、大きな理由がある。欧米諸国が過去に経験してきた医療研究の状況とは異なることを認識しなければならない。この状況は過去数十年間につくられた。その原因は、化学に基づく医薬品研究開発プログラムの行き詰まりと、資金不足に悩む公的研究機関にとって維持不能な水準にまで達している研究費用の上昇にある。

我々は、医療研究に対するインセンティブを根本から改革しなければならない。以上の議論を考慮するならば、優先すべきは、商品化可能な医療知識の生産とは異なる方向での医療研究の増加と、それに対する公的な資金援助である。

7 関係を豊かにする政策への反論

一 第一の反論——失業が増える

関係を豊かにする政策に対する主な反論は、この政策が消費の削減を主張しているため、景気後退を引き起こして失業の増加を導くというものだ。セルジュ・ラトゥーシュが提案する「脱成長」に対しても、こうした反論がある。

この反論は、消費の維持を前提とする従来型の失業対策から生じている。従来型の議論によると、雇用創出のためには大衆の消費が増えなければならない。人びとが多くの消費財を購入すれば、企業はより多くの商品を生産する。そして、生産規模拡大のためにより多くの労働者が必要となるという考え方である。つまり、失業と闘うためには雇用の増加を追求しなければならないということだ。この観点に基づくと、人びとの消費量が減ると雇用が減る。

この議論の問題は何だろうか？　失業とは、仕事を探しているが、見つけることができない人の数である。この第一の反論は、求職者数が一定の状態において、関係を豊かにする政策が雇用の減少を導き、失業の増加を招くと考えている。

この議論の誤りは、人びとの消費を増やせば、そのお金を稼ぐためにより多く働かなければならなくなるということを見落としている点にある。雇用と購買力は相互に連関している。各世帯は、世帯の成員が必要とする支出額に基づいて、どれだけの仕事をするかを決定する（たとえば、家族のうち何人が仕事をし、何時間働くか。パートタイムの仕事か、それともフルタイムの仕事か）。したがって、当該世帯の支出額が減れば働く必要性も減る。

失業と闘うもう一つ別の方法が存在するのだ。それは、生活の維持に必要な労働時間と働かなければならない人の数を減らすことである。私が提案するアプローチは、お金のニーズを減らすことで諸個人の労働のニーズも減らすという方法だ。社会組織は二つの方法で、このニーズに影響を与えることになる。

第一に、社会組織は無償財の利用可能性を決定する。たとえば第Ⅳ部1で提案した都市政策と環境政策は、こうした無償財を享受する可能性の増大を目指している。

第二の方法は、諸個人の価値観の社会的構築に関係する。人びとがお金を自分の生活問題の解決法であると考える度合いは、社会的に構築された価値観の影響を受ける。本書の大部分は、「私的所有を中心価値とする社会的想像力はどのようにしてつくられたか」という問いに答えることに捧げられている。本書が提案する学校や広告に対する政策は、都市政策の場合と同様、諸個人の選択に影響を与える文化の変革に焦点を当てているのである。

関係を豊かにする政策が失業の増加を導くという反論は、根拠に欠ける。これまでと同じ所得水準を維持しようとするなかで、すべての人が突然消費量を減らせば、経済は停滞して失業は増加するだろう。しかし、関係を豊かにする政策は、各人が労働に捧げる時間と求職者数の削減を目指すのである。

(1) 関係の豊かな社会と脱成長

セルジュ・ラトゥーシュは脱成長を提案している。彼によると、富裕国の経済はGDP縮小という治療法が必要である。この提案は、主として現行の経済システムの持続不可能な性質を根拠にしている。富裕国の経済システムは地球環境破壊を引き起こし、自ら破局的な事態を招いているからだ。

関係の豊かな社会をつくるという私の提案と、ラトゥーシュの脱成長論との間の類似点と相違点は何だろうか。二つの提案の根拠となる動機に違いがあることは明らかである。私は、先進国の経済的・社会的組織が人間関係と幸福感に与える影響の点から、それらの組織の持続不可能な性質を主張している。関係の豊かな社会という提案は、こうした動機から生じている。

したがって、ラトゥーシュの主な動機が地球環境の持続不可能性であるのに対して、私の動機は関係性の持続不可能性である。しかし、これはあくまで力点の相違にすぎない。実際ラトゥーシュは、経済発展によって引き起こされた広範な社会的損害を明確に指摘している。とくに彼は、貧困国の社会生活と伝統的な制度が被った損害に注目する。他方で環境の質の低下は、本書で強調している防御的な経済成長プロセスの分析において重要な役割を果たしている。

以上で述べた相違を超えて、脱成長と関係の豊かな社会の間には共通の基盤がある。防御的な経済成長を続ける資本主義を終わらせることは、脱成長を意味する。より一般的に言えば、両理論は「経済成長批判」に立脚しているという点で共通している。つまり私もラトゥーシュも、経済成長を人間の生活条件改善の主目標とすることが幻想であると主張しているのだ。現代社会の根底にある社会的想像力は、より多くの商品を購入できることが経済的な進歩だという考え、すなわち経済成長という観念によって支配されている。広告産業に費やされるお金の総額は、この精神の植民地化に多大なコストがかかっていることの一端を示している。

我々の生活の改善のための現実主義的な展望は、これまでとは別の生活によって可能だ。そのような別の生活は、所有を減らすことを意味しない。むしろ、我々の歴史を振り返ってみたときに、本当に役立つものをより多く持つことを意味する。本当に役立つものとは、より多くの自由時間、より良い人間関係、そして良質な環境である。私が提案しているのは生活水準の低下ではなく、私的所有に基づく我々の消費モデルの変革である。現行の消費モデルは減らさねばならないが、関係性や環境などの無償の共有財へのアクセスは増えるべきである。

(2) 脱成長のための手段

脱成長という目標を達成するためには、どのような手段があるだろうか。ラトゥーシュは、環境税すなわち、環境に損害を与える諸活動に対する課税の適用範囲の拡張を提案している。たとえば、化石燃料(石油、石炭など)に対する課税はこれらの燃料の購入コストを上げるので、その使用量を減らし、その結果として地球温暖化の主因である温室効果ガス排出量の削減を導くだろう。さらに彼は、広告に対する高額の課税および労働時間削減の法制化を提案している。ラトゥーシュが提案する財政政策は、我々の環境と精神に有害な経済活動部門における生産活動に制限を設けるという論理に基づく。たとえば、広告はその対象である。他方で労働時間の全般的な制限は、生産活動自体に全般的な制限を設けようとするものである。

私は、制限を設定する論理と幸せな生活の諸条件を増加する論理の統合を提案したい。広告業者がよく知っているように、「幸せを感じる人間はあまり消費しない」のであれば、幸せを感じられる生活の条件を増やすことは、脱成長を実現するための主要な道筋となる。それゆえ私が提案する政策案は、都市生活、学校教育、労働、保健医療サービスにおいて、人間関係を通じて得られる経験の質を改善していくことを目指す。

環境政策もまた、関係性の発展に応じて上手く機能するようになるだろう。この観点から言えば、ラトゥーシュが強調する地球環境の質に加えて、ローカルな環境の質が重要性をもつ。温室効果の阻止は地球環境の破局を防止する。同時に、都市における良質な河川公園の建設がもたらしうる河川の水質汚染改善が、人びとの幸福感と都市環境における関係構築の可能性に大きな影響を与えうることを忘れてはならないだろう。

また、脱成長がいまよりも簡素なライフスタイルの採用を通じてのみ実現可能だと勘違いしてはならない(82)。脱成長の実現のためには社会の仕組みを変えなければならない。個人の選択は、集団的選択に多分に依存する。したがって、脱成長は個人の行為だけでなく集合行為にも依拠する。なぜなら、社会の仕組みは諸個人の選択に大きな影響を与えるからだ。

生活様式を根本的に変えるためには、お金のニーズを減らさなければならない。人びとが脱成長を選択する条件を整える必要がある。そのような条件は、いまよりも多くの幸せを感じられる生活の構築を可能にする社会機構を通じて獲得される。

（3）法律によって労働時間を削減する？

労働時間の削減を法制化する提案は、合意を得られる可能性がある。最近のＥＵの研究によると、域内の労働人口の五〇％が週あたり労働時間を平均三四時間まで削減することを希望している。そう回答した人びとは、労働時間削減にともなう所得減少を受け入れる準備ができている。

近年フランスで採用された労働時間削減に関する法律——週あたり労働時間を三五時間に減らすことを定めた法律——がもたらした結果をみると、この類の法律が、関係の豊かな社会の構築へ向けた積極的な政策をともなわなかった場合、関係性の改善と幸福度の向上においてさまざまな問題に直面することが分かる。フランスでは、週三五時間労働法の結果生じた自由時間の大部分は社会的交流の増加に利用されず、主にテレビの前で過ごす時間が増えただけだった(83)。

その理由は、働くためにあるような世界では、人びとは自由時間が増えたところで何をすればよいか分からないからだ。増加した自由時間が社会関係の構築へ費やされるようになるために

（82）Gesualdi, 2005.
（83）Saffer and Lamiraud, 2008.

は、社会が関係性の発展を可能にする方向で組織されなければならない。テレビを視聴するためにあるような社会において、人びとがその自由時間の大部分を社会関係構築の代わりにテレビ視聴に捧げるのは、ある意味で当然だ。それゆえ週三五時間労働法の教訓は、脱成長を実現するために関係の豊かな社会というプロジェクトが必要である理由を例証している。

労働時間を制限すると、その最初の影響が所得の低下となって現れるという点で、初めのうちは経済停滞を招く。関係性の質に対するプラスの影響は、もっと後になってゆっくりと現れるだろう。生活の質を向上する社会的ネットワークと多様な人間関係の構築には、時間を要する。したがって、経済停滞の影響とそれに続く人間関係財の増加の間で起こる混乱は、労働時間削減策に対してなされた当初の社会的合意を根本から揺るがす可能性がある。

ビジネスの圧力、都市生活の質、学校や家族などの教育制度を現行のまま維持しようとする世界では、労働時間の制限はおそらく所得の欠乏に起因するフラストレーションを発生させるだろう。そのため、このような措置は推進されるべき政策案のひとつに入ることはない。労働時間削減という対案については、関係の豊かな社会が労働に対して何を補足するかという点を慎重に吟味していかねばならないだろう。

二　第二の反論——資金がない

(1) 財政の新たな収入源

関係を豊かにする政策のための資金がないという反論が、さまざまな場でなされている。イタリアでは財政は徹底的に緊縮されており、我々の巨額の公的債務を考慮するならば、資金がないというのは本当である。

現在の経済危機は、この反論がまったくもって論理的整合性を欠くことを証明している。学校、保健医療、その他の社会保障に対する支出は数年間にわたって削減されている一方で、金融システムがほんの少しでも縮小すると、それを維持するために巨額の資金が投入される。問われるべきは資金がないことではなく、その優先順位である。財政政策の優先順位がポスト・デモクラシー化した制度によって決定されているという点こそが問題だ。それゆえ、社会生活にとっての重要事項に向けられる資金が存在しないのだ。

関係を豊かにする政策のコストは、ほとんどかからない。実際のところ、富裕国は多くの無駄なことにお金を浪費している。その無駄なお金を使えば、関係を豊かにする政策を支えるための歳入を獲得できる。無駄なお金とは、たとえば、広告、自動車交通、健康問題に費やされている資金のことだ。

広告に重税を課せば、それが直接的に国の財源になる。自動車交通も高いコストを発生させている。大気汚染に関連した病気を治療するために保健医療制度にかかっている費用や、都市の生活しづらい環境に関連して起こる不健康を治すためにかかる費用を考えてみるだけで十分である。あるいは、駐車料金や駐車違反にかかる費用を考えてみよう。

健康問題さえも巨額な無駄遣いの源泉である。多くの人びとが幸せを感じられない状態にあることは、持続不可能な健康上の圧力をつくり出す。幸福感を高めれば、健康維持に必要な支出の大幅な減少が見込まれる。製薬産業が現在のような規模を誇っているのは、お金の無駄遣いだ。世論には、健康、罰金、ストレス、対人的問題などにかかる経済的負担から解放される、新しい財政政策を受け入れる余地があるだろう。都市改良計画は、以下に述べるような革新的な財源を見つけ出すことができる。

(2) 関係の豊かな社会の資金をどのようにまかなうか

イタリアや他の多くのヨーロッパ諸国の生活の質は、これまでの五〇年間に都市計画の抜本的な改良が実現されていれば、もっと異なったものに、そして確実により良いものに、なっていただろう。このような都市計画の改良は、これからも必要であり続けるだろう。公園や住宅の建設のために都市のまわりに広大な敷地を用意することが可能だ。たとえばスウェーデンでは、一九〇四年以降、国の行政機関が都市周辺の土地を購入し、大都市エリアを拡張していった。こうした抜本的な政策が必要である。なぜなら、数百万人の市民の今後数世紀にわたる生活の質は、現代都市計画の選択の質に依存するからだ。

このような政策は、都市改良計画の財政基盤に必要な資金を提供しうる。都市の拡張によって発生する地価高騰の恩恵が民間の手にだけ及ばなければならない経済的理由は存在しない。建設用地ではなかった土地を建築可能区域にする政策決定は、土地所有者に巨額の収益を生み出す。地方自治体はこれらの土地を建築可能ではなかったときの地価で買い上げ、建築可能区域となった後の地価で売りに出すべきだ。ただし、関係の豊かな都市づくりの望ましい基準に従って、都市化のプロセスの規制を止めてはならない。都市周辺の土地価格を再評価することで、関係の豊かな都市づくり政策のための資金が生まれるだろう。

（3）税に消極的な中間層

公共支出の拡大に基づくあらゆる政策案は、合意獲得の可能性をめぐって反論を受けるのが常である。実際に過去数十年間、あらゆる欧米諸国の中間層は財政拠出に対して消極的な姿勢を高めている。減税は政策討論のキーワードである。減税に対する世論の賛成意見は増えており、右派であれ左派であれ多くの政党の政策案もその方向に傾いている。米国では、財政拠出に対する消極的な考えは一九八〇年代に、レーガン大統領の誕生とともに現れた。イタリアでは一九九〇年代に強まり、ベルルスコーニ首相と極右政党の北部同盟の政策案に具現化されている。

世論のこの傾向の一部は、民間部門は公共部門よりも効率的だという考えから生じている。こうした考えは、イタリアでは政治家の贈収賄疑惑が続いた後に爆発的に広がった。しかし、これは現実には説得力に欠ける議論である。

欧米諸国では過去二五年間に民営化が進められてきたが、その結果世論は、「どの経済部門においても、誰かが正しいことをより非効率的に行うことで、誰かが間違ったことをより効率的に行うようになりうる」と納得し始めている。イタリアでは、民間部門の一連のスキャンダルならびに民営化にともなう公共サービスの質の悪化によって、民間部門があらゆる経済問題の解決策となると考える人は少なくなっている。

財政拠出に対する消極性のもうひとつの理由は、伝統的に公共支出という考えが所得の再分配という考えに結びついていたことに起因する。これまでとりわけ左派陣営では、国家の経済的役割は市場経済によって発生した不平等を改善することにあると考えられてきた。この視座において、市場経済は経済的繁栄のパイを成長させることはできるが、社会のあらゆる階層に十分に妥当な取り分を分配する能力に欠けているとみなされる。

だが、再分配政策は政治的合意を失っている。その理由は三つある。

第一に、格差問題は国家規模では解決できないからだ。増え続ける貧困国に囲まれた少数の富裕国で構成される世界において、貧困層が自らの生活向上のために期待をかけるのはただ一つ、富裕国で数年間働いて経済的成功を収めることである。そうした世界では、移民が労働者階級になる可能性が非常に強い。その結果、移民の流入が富裕国の賃金水準の低下を誘発する。

この枠組みの中で何らかの再分配政策を行っても、効果は上げられない。なぜなら、再分配政策は移民の増加を引き起こし、労働者階級の諸条件を改善しないからだ。新たな移民に資金の移転が起こるだけである。国際的な労働力移動は、効果的な再分配政策に対する大きな制約となっている。再分配政策が上手く機能するためには、国際的な枠組みでの政策が必要である。どのような国際経済機構モデルがこの政策を保証しうるかは、あまりにも大きなテーマなので本書で扱うことはできない。

再分配政策の魅力が失われている第二の理由は、関係性の貧困によって社会的まとまりが失われているからだ。人間は、この世界で自分を助けてくれる人の数が少ないと感じていると、他人を助けるためにお金を払うことを一層ためらうだろう。財政支出に消極的な世論は、社会への帰属感覚を失った、孤独で他人を恐れる人びとが多く暮らす社会の産物である。コミュニティの崩壊は福祉国家の基盤を揺るがす。福祉国家は、その国に暮らす人びとが「私的な利害関係の集合体ではないかぎり」上手く機能する。[84]

第三の理由は、所得の不平等が格差問題の唯一の重要な問題ではなくなっているからだ。自由時間の不足、可能性の感覚の不足、生活の質の不足などの新たな貧困がある。これらは人間の幸せにとってより重要な貧困問題であり、多くの世帯に影響を与えている。これらの不平等は多分に世代間に及んでいるので、〔資本家、ホワイトカラー、ブルーカラーなどの〕経済的階級よりもずっと多様な階層に広がっている。新たな貧困が経済的貧困と一致しないことを考慮するならば、所得の再分配政策がこれら新しい貧困の削減に貢献する保証はどこにもない。

私の提案が所得の再分配政策と一線を画すのは、このためである。関係を豊かにする政策は、幸せな生活を享受する機会の再分配を目指すものだ。さらにそれは、生活の質の向上を包括的に実現することを目指している。関係を豊かにする政策は、すべての人を対象にする。誰もが広告に支配されたくないし、より生活しやすい都市やより良い関係性に関心をもっている。誰もが穏やかな生活を送りたいし、より人間性を尊重する世界に暮らしたいと思っている。したがって、関係を豊かにする政策は、所得の再分配を目指す従来型の政策以上に社会的合意を獲得すること

（84）Bruni, 2009, p. 23.

ができるだろう。

幸せについての研究の注目すべき政策的含意の一つは、それが再分配のための課税を支持するという点にある。なぜなら、経済成長によって発生する社会的比較が人びとの幸福感にマイナスの影響を与えるからだ。他人と争って物を買う傾向を制限し、所得の不平等に象徴される経済的インセンティブを減らさなければならない[85]。

この提案はしかし、所得の貧困以外の貧困問題に取り組まないという難点があるだけでなく、社会的合意に到達するのがとても難しい。なぜなら、伝統的に左派政治の特徴である再分配政策を強調しているからだ。人びとの警戒心、社会的孤立、恐怖心が増加している現在の流れを変えなければ、再分配政策に対する社会的合意はおそらく低下していくだろう。

(85) Layard, 2005.

第Ⅴ部 二〇〇八年の金融危機

1　恐るべき米国の消費者の誕生

一　恐るべき米国の消費者

二〇〇七年の夏に始まったサブプライム危機は、防御的資本主義によって発生した消費主義の終わりを告げる出来事である。過去数十年間、平均的な米国人は過剰な消費主義に走り、世界経済を牽引してきた。恐るべき米国の消費者は、ヨーロッパとアジア（とくに中国）で生産された大量の消費財を購入していたのである。

しかし、所得の不平等は米国経済の潜在的な消費能力を低下させていた[1]。所得の増加が富裕層に一極集中する経済では、勤労者の所得の増加は相対的に緩慢である。その結果、中間層の没落が起こった。大衆消費の駆動力である中間層の所得が減少する状況では、消費の低下が起こってしかるべきである。ところが、図6が示すように、米国の消費は勤労者の所得の増加率を超えて増加した。

図６　所得を上回る世帯消費（米国、1979～2007年、単位はドル）

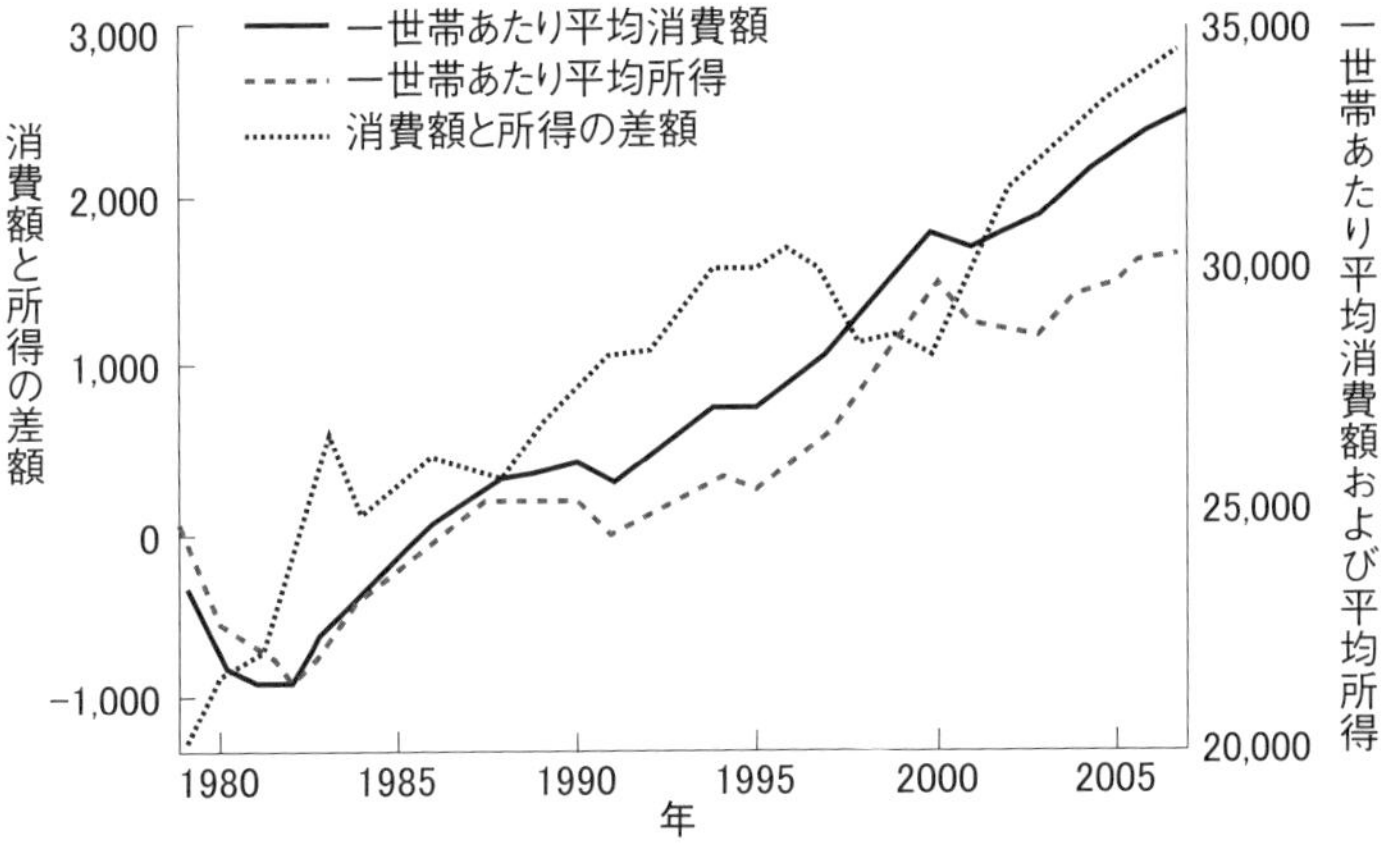

注：数値は1980年の米ドル購買力平価。
出典：Jagannathan e altri, 2009.

二　米国消費者の恐るべき負債

米国人はどのようにして、消費のための資金をまかなったのだろうか。よく知られているように、巨額の負債を蓄積することによってである。米国の各世帯は、大規模で立派な住宅や多くの消費財を買い込んだ。クレジットカードや銀行ローンは数百万人の米国人に購買力以上の支出を許した。

米国のＧＤＰの増加分が富裕層に再分配され、勤労者の給与は少ししか増加しない。その結果、

（1）米国のＧＤＰの中で給与所得者の総所得が占める割合は、二〇〇〇年には四九％だったが、二〇〇七年には四六％に減少した。自営業者やフリーランスの所得を加えた数値で見ると、五七％から五四％に落ちている。ＧＤＰにおける勤労者の総所得の減少幅は、世帯あたり三六〇〇ドルになる（Jagannathan et. al., 2009）。

図7　米国世帯の所得に対する負債の割合の推移
(1979～2007年)

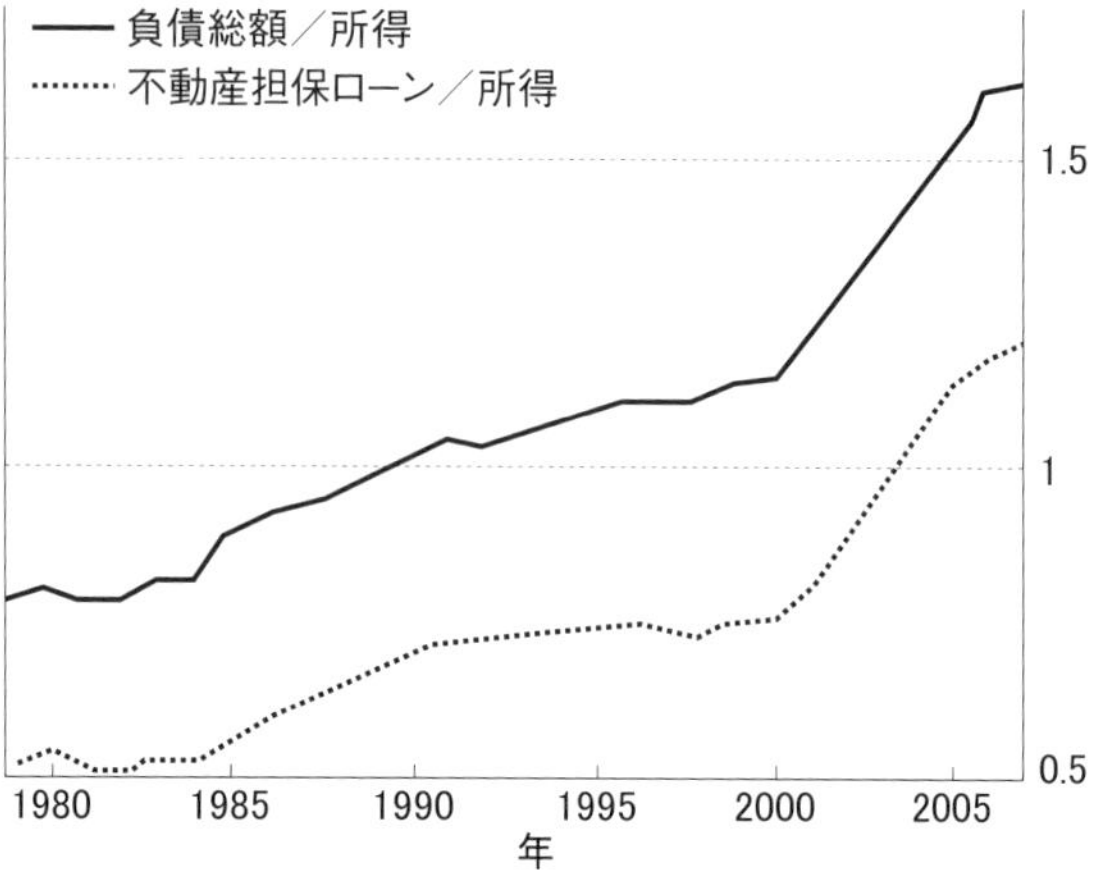

出典：Jagannathan et. al., 2009.

ジョーンズ氏——平均的な米国人——は、その消費欲を満たすために負債を積み重ねていったのだ。米国の家計部門の負債は、所得の増加率よりも急速に増加していく。一九七九年から三〇年も経たないうちに、米国の一世帯あたりの平均負債総額は、平均所得の二倍近くに膨れ上がった(図7)。

二〇〇七年夏に始まったサブプライム危機の根源には、この巨額な民間債務がある。その後に続くすべての出来事、すなわち米国金融システムの崩壊、金融危機の世界的波及、信用収縮は、米国の消費者がかかえる負債に根をもつ病理から派生したものだ。

したがって、金融危機の性質を理解するためには、このような負債がなぜ存在したのかを説明する必要がある。しかし、その理由は自明ではない。なぜなら、すでに確認したように、米国の消費者の負債は彼らの過剰な消費行動に端を発するからだ。我々は、米国人が世界の中でも経済的に豊かな消費者であり、基本的ニーズの充足にあまり悩まされていない国民であることを念頭に置かなければならない。

世界で最も購買力の高い消費者である米国人が、自分たちの購買力を超えた消費を支えるために借金をかかえてしまった理由は、まだ明らかにされていない。所得の不平等の増加によって平均的な米国人の消費が抑制される傾向が存在していたことを考慮するならば、なおさらその理由は分からなくなる。数百万世帯の購買力を低下させる力学が働いていたのだから、米国の消費者は家計の支出を増やさない選択をすることもできたはずだ。

では、何が世界最大の消費者に借金をさせてまで消費財を購入させたのだろうか。米国人の消費水準は世界で最も高かったはずだ。彼らに巨額の負債をかかえてまでもっと多くの消費をさせた要因は、何だったのだろうか。今回の金融危機を理解するために我々が説明しなければならないのは、米国のような豊かな経済で起こった過剰な消費行動の仕組みである。

最も普及している分析は、簡単に利用できるクレジット・サービスの氾濫を強調する。だが、これは平均的米国人の過剰な負債依存を正当化するには不十分だ。たとえお金を低金利で借りられたとしても、それは返済しなければならない。専門用語を使って説明するならば、クレジットの大量供給という事実はクレジットの大量需要の原因を説明しない。

また、この説明は、クレジットの需要が消費のニーズによって引き起こされた理由も説明しない。これらの問いに対する私の答えは、すでに言及されている。つまりこの負債は、米国の経済・社会構造と文化が消費に与える恐るべき重圧の結果なのだ。

2 防御的資本主義の内部爆発

一 米国の金融危機が世界に波及したのはなぜか？

二〇〇七年にサブプライム危機が起こったとき、米国の金融システムは諸外国に対して多額の負債をかかえていた。一九七〇年代にブレトンウッズ体制が崩壊した後に、国際的な資本移動の自由化の時代が始まる。当然ながら、世界の金融資本は最も信頼できる国の最大の金融市場に集まった。つまり米国である。ウォールストリートは世界中から供給された金融資本を吸収し、世界の金融の中心地となった。

仮に各国の金融市場が似たような条件であれば、国際的な資本移動は世界全体で均等に分配されていただろう。しかし、他の多くの国よりも信頼されうる国が一つ存在し、その国が巨大な金融市場を備えていれば、グローバル化した金融システムはその国に資本を移動させる。

米国に流入した多額のマネーは、平均的米国人のクレジットの資金として雪だるま式に利用されていった。米国の各世帯が簡単にクレジット・サービスを利用できるようになったのは、米国に流入したこの膨大な資本のおかげである。実際に米国の金融システムは、全世界から多額の資本を借り入れながら、平均的米国人にクレジットで資金提供していた。

米国の各世帯がクレジットを使って消費支出を増やす一方で、全世界が米国の消費をファイナンスしていたのだ。では、どうやってそれが実現したのか。

図8　米国世帯における二種類の不良資産の増加
（1979～2007年、一世帯あたり平均、単位はドル）

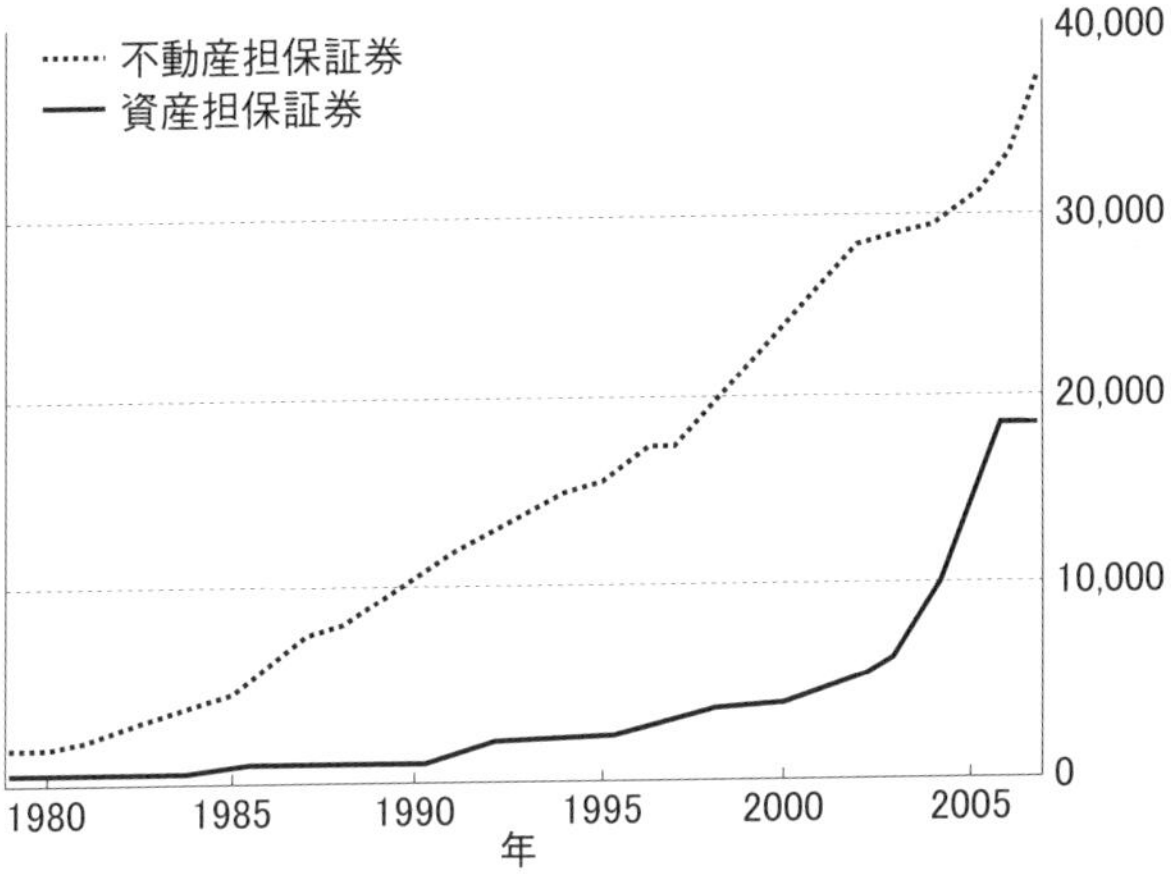

出典：Jagannathan et. al., 2009.

その答えは、いまや有名となった「不良資産」を通じてである。平均的米国人に対して行われたさまざまな貸付〔不動産の抵当権（モーゲージ）など〕を証券化してつくられた、さまざまな証券がある。この証券には、良質の債権と悪質な債権が細分化されて混ぜられている。その結果、債務不履行のリスクが見えなくなっている。金融工学によって発明されたこの商品は世界中で販売され、世界の金融市場は不良資産で一杯となった。図8は、一九七九～二〇〇七年に米国の一世帯あたり不良資産が急増したことを示している。

したがって、グローバル金融システムはこれまで次の二つの性質に基づいて構築されてきたと言える。ひとつは、米国の不良資産に対する世界的需要の創出である。これらリスクの高い金融商品の信用は、米国の債務返済能力（ソルヴェンシー）によって保証された。もうひとつは、米国の不良資産の大量供給の創出である。これは、金融工学を通じて米国人の負債を証券化することで可能となった。

かくして、ウォールストリートは世界の資本の大部分を吸収するに至った。最悪なことに、それには第三世界の資本も含まれている。貧困国の富裕層は、最も必要とされる場所から自分たちの資本を引き揚げ、世界で最も裕福な米国に投資したのである。世界の国々の間に存在する信用力と金融市場の規模の極端な格差が、すでに最大規模の消費を行っている国の消費行動を支えるために資本をつぎ込む結果を生み出した。ウォールストリートは、米国人への資金提供を望む世界の意思と米国の消費者の借金を望む意思が合致する場となった。こうして、ウォールストリートは米国人が蓄積した巨額の負債を世界に拡散する伝動ベルトとなったのだ。

二　金融危機の輸出――信用収縮

サブプライム危機は米国金融システム全体に波及し、メガバンクや証券会社の破綻を次々と引き起こした。米国人は負債を返済できなくなる。グローバル金融システムに激震が走った。銀行間取引金利の急上昇は、米国の不良資産の影響を少なからず受けている世界の金融機関の間で疑念が広がったことを物語るものである。銀行は他行が債務不履行に陥ることを恐れ、高い金利でなければ貸し付けをしなくなった。信用収縮（クレジット・クランチ）が起こったのだ。信用が抑制された結果、金融危機は実体経済に波及し、景気後退が始まった。

米国の金融危機はこのようにして世界に波及した。世界中が米国の不良資産を保有していた。破産のリスクが見えない状態で、世界中で米国の各世帯の負債の一部を含んだ金融商品が増殖していたのである。

三　キツネに鶏小屋の鍵を渡す行為

二一世紀の初頭から米国経済はさまざまな危機に揺れていた。これらの危機は米国経済の大きな不正行為や嘘を明るみに出した。米国資本主義を動揺させたのは、経済システムの信頼性、適法性、価値観、ビジネス倫理、責任感覚のすべてに関わるシステミックな危機である。わずかな透明性すらも、利権の構造によってつぶされた。米国資本主義は、あらゆることが許されるジャングルとなってしまったように見える。大恐慌の震源となった不良資産は、このような有毒な資本主義のエピソードの一つにすぎない。

これらの犯罪的でスキャンダラスな事件は、米国資本主義の企業エリート層に属する富裕層によって遂行された。今回の危機の本質にかかわる事実を見ると、こうしたエリートたちの行為が微塵の倫理観もともなわない貪欲によって導かれていたことが分かる。

二一世紀はエンロンやワールド・ドット・コムなどの巨大米国企業の一連の破綻によって始まった。その後、あらゆるタイプのスキャンダルが止まることなく続いた。たとえば、米国債の不正入札などである。この種のスキャンダルは二〇〇八年の金融危機でより一層顕在化した。金融業界の管理職ポストの人間はみな、自分たちがリスクヘッジの名目で不良資産を証券化していることを知っていた。

金融業界の審判役を務める立場にいる人間がとった行動は決定的だ。一九九〇年代初頭にナスダック株式市場の頭取だったバーニー・マドフは、総額六五〇億ドルにのぼる不正行為を働いた。しかし、この事件は、企業の会計監査人や格付け会社のスキャンダルなど、この業界のさまざまな審判役が起こした一連の不祥事の一端にすぎない。企業の会計監査人や格付会社は、エンロンやワールド・ドット・コムのような企業の会計収支（バランスシート）が正確で、その有価証券が信頼に値すると認証していた。これらの企業は破綻寸前だったのに、業績が右肩上がりであると評価されていたのだ。

金融の格付会社[2]は有価証券の信頼度の評価を行う巨大多国籍企業であり、金融市場にとてつもなく大きな影響を与える。これら格付会社は不良資産のリスクを過小評価し、全体として不良資産に高い信頼度を与えた。二〇〇八年の金融危機によって、金融業界の審判役を信用することは、キツネに鶏小屋の鍵を渡すような行為であることが改めて確認された（二四二ページ参照）。

このことから分かるのは、利己心に基づく資本主義のような経済体制であっても、倫理的基盤がなくてはまっとうに機能することはないということだ。どのような洗練された制度を設計したとしても、狡猾な人間によってなされる利己的な選択を社会的に望ましい方向へ導くことはできない。そのような人間は常に、法制度、企業組織、インセンティブ・システムの中に抜け穴を見つけようとする。そうすることで彼らは貪欲の道を追求し、責任感のまったく欠けた選択を行うのだ。

いかなる制度設計であっても、格付会社の不正行為の根底にある広範な利害対立を完全には解決できないだろう。これら不正行為を起こすようなインセンティブを制限できるのは、強い責任感だけだろう。責任ある企業統治が存在するのは、数百万人に影響を与える経済的選択を行う職位にある人間が、ふさわしい責任感に動かされて行動するからだ。だが、そのような責任ある意思決定を行うために経済システムが選出する人材は、倫理的素養のまったくない人間たちである。米国資本主義の一連の危機の核心には、経済を支配する階級がどのように選び出されるかという大問題がある。

前述の議論は、経済を支配する階級――より一般的には、すべての経済主体――がより倫理的に行動する必要があるという議論とは異なる。この階級に属する人びとが、納得いく水準の責任感をもつことができると期待するのは幻想だ。そうではなく、これら支配階級に属する人びとを辞めさせて、よりまっとうな人びとに置き換える必要がある。

私が提案したいのは、意思決定を担う人材の選抜である。社会や企業には優秀な人材がたくさんいる。しかし、彼ら・彼女らは出世の機会に恵まれず、重要な意思決定を行う職位に就いていない。大企業の社員の雇用など、経済を支配する階級の人材選抜メカニズムを変革しなければならない。企業の人材選抜（リクルート）試験を筆頭に、企業の人材選抜基準や企業文化は、競争的な性格、頭脳の明晰さ、キャリア志向を優遇する傾向があまりにも強い。我々は日和見主義的な

（2）〔訳注〕ムーディーズ、スタンダード＆プアーズ、フィッチなど。

才能にたけた人間を選抜し、育成している。こうした人材選抜基準に代わって、内発的動機づけと倫理的原則を備えた人間を見分ける選出基準が採用されるべきである。この方向に大きく舵を切ることは可能だ。

ただし、巨大ビジネスの世界は、倫理的な配慮を邪魔者扱いにしたり、人格の弱さの表れだとみなしたりする人たちに支配されている。あるいは、倫理的な慎重さをもっていたとしても、自分のキャリアアップのためにそれを隠す人たちに支配されている。後者のカテゴリーに属する人たちは、人生の中盤に差し掛かったとき、立ち止まって自分が創出した砂漠を見て憂鬱になる傾向があるのだが……。

3　何をすべきか？

我々が直面している金融危機は、身の丈を超えて生活しようとする米国民と、そのための資金を彼らに提供した諸外国という二つの要素の危険な組み合わせによって、引き起こされた。

では、関係性の貧困という深刻な社会的危機に陥っていたこの国に世界中がお金を投資することになった要因は何だろうか。この問いに対する答えはいくつもあるが、その一つを選ぶとすれば、米国人の返済能力に対する信頼が挙げられる。しかし、それは誤りだった。

米国の防御的資本主義の内部爆発は、次のような示唆を与える。過剰な競争は過剰な消費を刺激し、あまりに大きな経済格差を生み出した。世界中から過剰なお金が集まり、利潤追求のためには手段を選ばないマネーゲームが氾濫し、まっとうなルールの低下と悪質なルールの横行を許した。だが、我々は貪欲だけに基づいて経済を営むことはできない。

GDPの成長は、それが防御的な経済成長メカニズムによるものである場合、金融危機を導く前提条件となる。また、世界中の資本を吸収できる危険な金融工学と結びついて生じた経済成長は、金融危機の世界的波及を引き起こしうる。防御的経済成長メカニズムの負の影響は、信頼できる審判役が金融業界に存在しないことによって増大した。このような金融危機を繰り返さないためには、どうすればよいだろうか。

何よりも必要なのは、防御的な経済成長を止めることだ。この観点から私は、防御的な資本主義の処方箋となる経済・社会改革プログラムの実行を提案したい（その一部は第Ⅵ部で紹介する）。加えて我々は、グローバルな金融秩序も改革しなければならない。金融危機のリスク蓄積を許したグローバル金融システムには、次の三つの特徴がある。

第一の特徴は、不良資産の世界的拡散である。米国の法制度改革は有毒な金融商品の増産を大いに助長した。第二の特徴は、国際的な資本移動の自由化で、第三の特徴は金融市場の規制緩和である。なかでも、金融市場の規制緩和を通じて、あらゆるタイプの金融機関があらゆるタイプの金融商品を売買できる世界がつくられた。

米国の金融危機の世界化を刺激したのは、危機のリスクを粉飾した金融工学である。その結果、世界中が米国の返済能力に信頼を寄せることになった。過去数十年間、ウォールストリートは世界中の金融資本を吸収し、米国人の負債を増やしていった。サブプライム危機が起こったとき、米国民の負債はあまりにも膨大であり、さまざまな有価証券に含まれて識別不可能となっていたため、グローバル金融システムの崩壊を招いたのだ。

このように設計されたグローバル金融システムは、金融破綻の危機に対して非常に脆弱である。なぜなら、米国の金融破綻のリスクが無差別にグローバル金融システム全体に波及したとき、一部の米国人の破産は他の多くの負債者の破産へと拡張するからだ。小規模な破綻の危機が国際的な金融破綻へと転換し、大恐慌が起こる。

この問題を解決するために私が提案できることは、次の三つしかない。それは、米国人の負債を不透明な方法で証券化することを可能にしている法制度の変革、金融市場の再分割を通じた規制の強化、そして金融資本の国際移動の制限である。

これらの提案は、資本の国際移動自体に反対しているわけではない。私が問題にしているのは、大規模な金融市場を擁する一つの国が他の多くの国よりも格段に高い信頼を得ているような世界において、資本の国際移動がもたらす結果である。

前述した金融市場改革が実施されない場合、金融危機は将来また繰り返されるだろう。では、必要とされる変革は実現可能なのだろうか。これらの変革を導入するために必要な政治的意志を構築することはできるだろうか。この問いに答えるために、米国国内の動きを見てみよう。

4　オバマ政権を振り返る(3)

金融危機を招いた米国政府の無責任な制度改革、消費主義に走る米国民の軽はずみな性格、金融市場を監督すべき立場にある人間・組織の無思慮で日和見的な態度――米国の金融危機の根底にはこれら三つの無責任体系がある。

だが、米国も目覚めたようだ。米国の進む道を変えなければならないという米国民の大多数の思いは、バラク・オバマ民主党議員の二期連続の大統領選勝利を導いた。オバマ大統領は、それまで数十年間にわたって米国を支配してきたものとは異なるタイプのアメリカン・ドリームを提示した。それは米国民の政治参加を促すものである。実際オバマ陣営の選挙運動には、活動家やボランティアがかつてない規模で参加していた。たとえば、彼の支持者の小さな寄付金から始ま

(3)〔訳注〕本節は、日本語版出版にあたって著者が特別に加筆修正した原稿(イタリア語、二〇一六年四月)に基づいて訳出した。二〇一〇年に刊行されたイタリア語初版では第一期オバマ政権についての省察に限定されていたが、加筆修正版では第一期・第二期オバマ政権を振り返る内容となっている。

った選挙資金集めはかつてない規模に達し、とくに二〇〇八年において決定的な影響力を与えた。

オバマ大統領の目の前には、経済危機、社会的危機、環境問題、金融システムの徹底した改革、多極化し緊張する国際関係などの膨大な問題が山積みだった。これらにどう立ち向かえばよいかについて、彼はさまざまな良いアイデアをもっていた。しかし、彼が自身のアイデアを実行に移すことにどの程度成功したかは、個人の資質と信念を超えた問題である。問題は彼が何を行おうとしたかではなく、米国の政治システムが彼に何をすることを許したかである。

問題はポスト・デモクラシーにある。米国の政治システムは巨大企業に依存しているため、大統領が公正な意思決定を行うことは容易ではない。一つの問題を解決するために、オバマ大統領は気が遠くなるほど多くの利害関係と戦わなければならなかった。これらの利害関係は、マスメディアに働きかけ、大統領のイメージを破壊するほどの影響力をもっていた。民主党への政治献金や将来の選挙資金の打ち切り、さらにひどいことをする力ももっていた。

このリスクがいかに政治を左右するかは、アル・ゴアの経験が物語っている。アル・ゴアは二〇〇八年の大統領選において、民主党の有力候補の一人だった。彼はビル・クリントン政権時代に副大統領を経験した以外にも、環境運動を通じて人気を集めていた。だが、さまざまな圧力を受けた彼は、「大統領になるよりも環境活動家でいるほうが多くのことができると思う」と言って大統領選出馬を辞退した。ゴアはこのとき、大統領職がきわめて限られた分野のことしかできないということを暗に説明したのだ。なぜなら、米国の政治は巨大企業からの資金援助に左右されているからである。選挙キャンペーンの費用を考えた場合、大統領選を勝ち抜くためには莫大な資金を確保しなければならない。

この問題は第一期オバマ政権の任期中にも浮上した。それは、オバマ氏の再選を望む声が高まったからだ。米国の政党資金の大部分は巨大企業から流れてくる。大統領選での再選を望むのであれば、これら巨大企業の利害関心に触れることはできない。

オバマ大統領は膨大な圧力に晒され、自由を失った。これは大統領個人の資質に帰せられる問題ではなく、機能不全に陥っている民主主義の現代的形態の問題である。彼を取り囲んでいた状況は、金融危機の影響が拡大する時期に金融市場を規制するさまざまな試みを考案する過程で顕在化した。それは、二〇〇九年一一月のG20サミットにおけるゴードン・ブラウン英国首相（当時）の提案によって始まった試みである。その主な内容は、国境を越える資本の投機的移動への課税であった。だが、この提案はティモシー・ガイトナー米国財務長官（当時）によって否決された。

このエピソードは、現代史によって語られることのない変革の潜在可能性を開示している。ブラウン首相は金融危機の直前までは考えられなかったことを提案した。彼は、反グローバリズム運動の最も古典的な提案の一つであるトービン税の導入を提案したのである。このエピソードはきわめて重要である。なぜならそれは、反グローバリズム運動――その中でも急進左派と形容される運動――の政策案のほうが、これまで世界の支配階級〔政治家、官僚〕に大きな影響を与えてきた「ワシントン・コンセンサス[4]」の政策案よりも理に適っていることが、二〇〇八年の金融危機によって明らかになったことを示しているからだ。

金融システム改革の試みは、オバマ政権が提案する改革案によって続けられていく。その改革案は金融市場を規制する野心的な目標を盛り込んでいたが、米議会で反対された。結果は大山鳴動して鼠一匹。限定的できわめて効果の薄い改革となった。

二〇〇八年の金融危機後に起こった金融市場改革の試みに注目したのは、それが変革の可能性と限界の両方を示しているからだ。実際この金融危機は、欧米諸国の政治システムの退廃を露わにした最も印象的な事例だと言えるだろう。一九二九年の金融大恐慌の後には、金融市場は効果的に規制され、金融システムの解体・再構築が行われた。反対に二〇〇八年の金融危機の後には、政治を担う階層の大部分はその必要性を自覚しているにもかかわらず、新たな金融危機の防止を目指す改革は進んでいない。

これら二つの時代を分かつのは、政治に対するマネーの影響の度合いである。この種の問題は、グローバルな金融秩序の変革を実現するにあたって中心的な問題となっている。クリントン政権時代の高級官僚のひとりは、問題の本質を巧みにこうまとめている。

「巨大企業が法を破ることが問題なのではない。彼らが法をつくることこそが問題だ」

（4）〔訳注〕新自由主義グローバリゼーションを進めるための政策合意。米国ワシントンに拠点を置く国際機関（世界銀行、国際通貨基金、世界貿易機関）と米政府機関の間で共有されている合意であることから、そう呼ばれている。

第Ⅵ部

関係の豊かな社会は可能だ

「物事を省察する力は、大木を生む胚種のように目に見えません。しかし、生命の目に見える変化を生み出すのはこの力なのです」

〈レオ・トルストイ〉

1　可能な現実の要素

一　机上の空論か現実か?

本書で提案されている関係の豊かな社会は実現可能なのだろうか。それは望ましいが実現不可能な世界、つまりは机上の空論にすぎないのだろうか。

世界のさまざまな場所には、本書の提案を実行している例がある。関係の豊かな社会という構想に対する悲観的な見解を、いまこそ打破しなければならない。これまでそうした見解は、間違った解決法や否定的な実践例ばかりに目を向けていた。だが、関係の豊かな社会の積極的な実践例は実際に存在し、世界中で広がっている。それらは上手く機能し、私の提案の現実的な性質を例証する。

欠けているのは、関係の豊かな社会の全体像の実現である。現在、関係の豊かさという目標に向かって社会組織全体の構築を試みている国やコミュニティは存在しない。言い換えると、経済的・社会的生活の多様なセクターにおいて関係の豊かさの創出に成功している事例は増えてきているものの、それらはいずれも関係の豊かな社会の包括的な構想には貢献していない。

問題は文化的次元にある。世界各地に遍在するさまざまな可能性を集めて、関係の豊かな社会の構想へ向けてそれらを統合していく文化は、現在になってようやく形成されつつある。本書はそのような文化の形成に貢献することを目指している。

二　可能な企業のあり方

私の提案が実現可能であることを証明する企業活動の事例は多い。フランスでは、労働によって引き起こされた生き辛さについて社会全体で議論が繰り広げられている。議論の発端は、フランス・テレコム社員の連続自殺などの一連のニュースにある。

この自殺事件は、欧米諸国の大企業を襲ったさまざまな「構造改革」の結果である。大企業の構造改革は、社員の管理統制の強化、成果主義制度の導入、組織内のヒエラルキーと競争の激化、社員に対するハラスメントの増加を導いたからだ。フランス・テレコム社員の自殺は氷山の一角にすぎない。それは、構造改革を行ったその他の多くの企業にも蔓延している生き辛さの一事例を示している。フランスにおけるこの議論は、働き方に関するプラスの事例も存在することを示すよいきっかけとなった。構造改革路線とは異なる労働哲学と働き方を採用している企業が存在するのだ。

ここでは、イタリア企業のオリヴェッティと米国企業のグーグルの事例を紹介しよう。この二つの事例では、自分の担当する仕事に満足している労働者はより生産的であり、労働の内発的動機づけが刺激されなければならないことが十分に意識されている。そのような意識に基づいて労働文化が育ち、仕事が組織され、職場という物理的空間がデザインされている。これら二つの企業で関係性・自己表現・自律性のニーズの充足が中心的位置を占めているのは、偶然ではない。

それぞれの事例は異なる国のものであり、時代状況、経済部門、社会的現実も異なる。しかし、両者にはいくつかの明確な共通点が見出される。たとえば、企業組織においてあまりヒエラルキーを設けない。小規模のグループを編成し、その中で社員が自分の仕事に責任をもてるように仕事を編成する。仕事と私生活の間の壁を低くする。社員同士の協力を重視する。社屋の建築構造や職場空間の質、職場空間の関係性構築機能に配慮する。労働時間の質に配慮し、社員一人ひとりのリズムやニーズを尊重する。

オリヴェッティ

オリヴェッティ社はオフィス用機器および電化製品の製造会社で、イタリアで最も有名なブランドの一つであり、世界的にも認知されている。イタリアをはじめ世界各国の公共・民間部門のオフィス設計とコンピュータ化は、長い間ピエモンテ州イヴレーアに本社をもつこの企業が担っていた。同社の事業の成功と発展は、第二次世界大戦をまたいで三〇年以上続き、全世界で数万人の雇用を創出した。

この成功は、一九二〇年代末にオリヴェッティ社の社長に就任したアドリアーノ・オリヴェッティに帰せられる。二〇世紀初頭に設立された同社は職人的な零細企業だったが、彼の指導力のもとで企業組織の抜本的な再編成を行い、急速な成長をとげた。一九二九年に初めて他国（スペイン）に系列会社を設立し、その後、グラスゴー（英国）、ブエノス・アイレス（アルゼンチン）、リオ・デ・ジャネイロ（ブラジル）、ヨハネスブルグ（南アフリカ）に工場を建設していく。一九三〇年代末にはイタリア市場の五一％を占め、生産の三分の一を輸出していた。

それから二〇年後、イタリアの主要産業はヴェスパ〔イタリア製のスクーター〕となったが、オリヴェッティ社は社員数、売上高、生産高のいずれにおいても、オフィス用機器製造部門の最大手の位置を維持し続ける。一九九〇年代初頭まで海外の有名オフィス用機器製造会社と肩を並べ、第二世界大戦後わずか一〇年あまりで、生産性は五倍、売上高は一三倍になった。

オリヴェッティ社の経験は、企業の成功が労働環境の革新的な組織法と社員同士の関係性に依存することを明確に示している。

「工場は株主に利益を保証するための道具ではない。それは、人間の精神的・物質的条件の向上のための手段である。工場は地域社会の中心に位置づけられるものだ。地域社会の中で工場は、地域活性化の牽引役となり、地域に暮らす人間の物質的・精神的発達を促進し、進歩と文明の推進役となるのだ」

アドリアーノ・オリヴェッティによって親会社に導入された改革は、こうした信念に支えられていた。労働者の幸せは、工場の中であっても外であっても、経営者の気にかけるべき最優先事項でなければならない。これこそが労働環境を組織する際に採用されるべき基準である。

アドリアーノが導入した改革の基本原理をまとめると、次のようになる。

①企業の目的は利潤追求のみにとどまらない。企業は利潤をコミュニティの善のために再投資

する必要がある。
②労働者の生産性は、労働者の集中的利用や疎外を引き起こすような方法ではなく、労働者に可能なかぎり最大の効率性を与える方法で、獲得されなければならない。労働者は人間であり、地域に根差して生きる市民である。地域と工業システムの間には、人間関係、社会関係、さまざまなインフラストラクチャーの関係など、複雑な関係性のシステムが存在する。この関係の複雑性を考慮に入れなければならない。
③労働が可能なかぎり効率的であるためには、労働者は内発的に動機づけられていなければならない。

この視座のもとで、オリヴェッティ社は労働の様態を次のように再編成した。まず、生産の現場は〔フォード式の〕組み立てラインはなく、複数の「島(isole)」になった。それぞれの「島」では、専門特化した作業員のグループが最終生産物もしくはその一部を組み立て、管理し、修理する。次に、作業員が働き、生活し、職能訓練を受ける空間の芸術的美観に、特別な注意が払われた。作業場(アトリエ)は大胆に改築され、労働者が外の世界と接点をもちながら生活できるように大きなガラス張りの建物となった。労働者の多くが農村出身者であったため、アドリアーノは、彼らが工場で働くときであっても、自然とのつながりを感じ、農村風景の一部にいるような感覚をもてるようにすることが大切だと考えていたのである。

職場での労働者の幸福はもちろんだが、彼らのモチヴェーションもオリヴェッティ社にとっては重要だった。仕事に行くことが労働者に自分自身を捨てさせたり、労働の営みと生産物との関係を切り離したりすることを意味してはならなかったのだ。したがって同社の基本哲学では、与えられた仕事を遂行する際に労働者が内発的に動機づけられていなければならない。労働は辛い活動であってはならない。会社のために犠牲になっているとか搾取されていると社員が感じることがあってはならない。社員は生産活動に能動的に参加しなければならない。

生産活動を担う「島」は、労働者に内発的な動機づけをもたらすことを目的にしていた。「島」を編成することで、労働者は生産過程の最初から最後までに責任をもつ。また、グループを組んで仕事をすることで、それぞれが担当する作業を連携させて協力を促進することになる。

社員を雇用する方法も大きく変わった。社長は応募者の履歴書以外にも、作文、態度、動機などの他の要素を検討して、社員を選ぶようになった。「これまで中世の異端思想に関する論文しか書いたことがなかった歴史研究者が、子会社の経営を任されるようになった」とアドリアーノは述べている。

そしてオリヴェッティ社の社員は、現代の我々の基準からみても非常に先進的な福利を享受していた。契約時の基本給よりも二〇％高い給料を受け取り、労働時間は週四八時間から四五時間に減り、土曜日は休日となった。女性は九カ月の産休を保証されていた。社員は勤務時間中に休憩を取り、勉強や読書など興味のある活動に打ち込むことが許されていた。さらに、社員が利用できる食堂、図書館、技能訓練場が備え付けられていた。また、職場の近くに社員の子どもがいられるように、保育所や学校を建設し、住宅エリアも設けた。

オリヴェッティ社の成功は、社員にとって驚きをもって迎えられた。同社は社員の労働条件だけでなく、工場外での生活にも気を配った。アドリアーノのヴィジョンでは、企業の成長はその中で働く人間と周囲の環境の成長と切り離すことができなかったからである。

だが、オリヴェッティ社は一九六〇年代初頭、アドリアーノの突然の死とともに衰退し始めた。新しい経営者は彼の遺産を継承しようとしなかったのだ。

グーグル

これは過去の事例にすぎないのだろうか。不思議で夢見がちな起業家のユートピアにすぎないのだろうか。このような社会的実験は、カリスマ的な創始者の死とともに終了する定めにあるのだろうか。これは「勇敢な人びと」が暮らすイタリアに限られた話なのだろうか。

今日、関係性を重視する企業の事例は世界各地で確認されている。多国籍企業帝国の中心地である米国においてさえも……。

グーグル社の事例は非常に有名だ。カリフォルニア州のマウンテンビューに本社を構えるこの企業は一九九八年に設立され、現在では世界で最も知られている情報通信企業の一つとなった。同社は広範な顧客に野心的なサービスを提供しており、二〇〇六年にはユーチューブ社を一五億ドルという天文学的金額で買収するなど、さまざまな戦略を展開している。

グーグル社の事例は、グローバル経済の帝国の中心にいたとしても、企業は働き方を変え、社員を尊重しながら、生産性・利潤・競争力などの目標を追求できることを示す。同社の成功のレシピは、内発的な動機づけ、社員一人ひとりのニーズの尊重、社会関係の促進、創造性（クリエイティヴィティ）という四つの柱に基づいている。

グーグル社の創始者であるラリー・ペイジとセルゲイ・ブリンにとって、モチヴェーションの高い社員を得ることは企業の成功のために重要である。情熱をもって自分の仕事を遂行するために、社員は内発的に動機づけられていなければならない。自分の仕事は自分の一部であり、自分の興味ある活動を犠牲にしてまで時間とエネルギーを捧げなければならないような、他人から与えられたものではない。では、社員に内発的な動機づけを与えるにはどうすればよいだろうか。

ペイジとブリンが出した答えはアドリアーノ・オリヴェッティと同じであり、社員一人ひとりのニーズを尊重することである。社員にとって、自分たちが職場において「社員」としてではなく、人格をもった人間（persone）として扱われていると感じられることが大切なのだ。

このような理由から、グーグル社の所在地であるグーグルプレックス（Googleplex）は、勉強、仕事、スポーツ、レジャーなどの多目的な活動ができる大学のキャンパスのような雰囲気でつくられた。さまざまな施設がそろったリラックスできる環境が学生の創造性を刺激するのだとしたら、そのような環境が労働者の生産性を向上させない理由はない。職場は働く一人ひとりが自分の興味関心を表現できる場であるべきだ。

かくしてグーグル社は、自分のニーズに合わせて仕事と労働環境を組織する可能性を社員に提供した。同社で働く人たち全員がベストを尽くすことが重要だ。創始者の考えでは、そうした理想的な結果は、社員が自分自身を自由に表現でき、自分の思うとおりに職場を組織できると感じているときに初めて得られる。

働く人の自由時間が貴重であり、社員が自分の興味関心を育むことが奨励されるのは、このような理由からだ。興味関心は、サイクリング、ワインのテイスティング、航空工学、フリスビーなど、どのようなものでも奨励される。グーグル社が職場に信じられないほど多くのアメニティ施設を備えているのは、偶然ではない。

グーグルプレックスには四つの異なるタイプのレストラン(Charlie's Grille、Back to Albuquerque、East Meets West、Vegheads)、あらゆるタイプの休憩所、さらにマッサージ室、卓球場、ビリヤード場、フットマッサージ室がある。これらの施設はリラックスする場として、また交流や人間関係構築の場として、役に立っている。職場での休憩は意見交換の機会となり、新しいアイデアや社内でのシナジーを生む効果を促す。

社会関係の促進は、グーグル社の基本理念の中心をなす。同僚との信頼関係を強化し、アイデア・問題・企画の交換と共有を推進するだけでなく、社員は自由に利用可能なコモン・スペースを使ってグループで仕事を行うことが奨励されている。社員一人ひとりをグループの一員として評価するために、同社は会社の成功に対する個人の貢献を明確にしつつ、同時にチームで達成した結果を強調する。この評価方法は、同僚を蹴落とすために多くのエネルギーを費やすのではなく、社員同士が協力して一つの結果に向けて努力することを促している。

また、グーグル社はチームの精神を強調することだけに満足せず、社内のヒエラルキーや物理的な壁を取り除き、異なるグループや部署に所属する社員の間での関係創出も目指している。社員は自分たちが尊敬されていると感じている。彼らは会社のより大きな現実に参加し、自らの射程に収め、会社の将来に責任をもつようになる。

社内にはヒエラルキーが存在せず、技術的・事務的な問題の多くは、社員全員がテーブルを囲んで食事をする昼休みに効率よく解決される。グーグル社におけるヒエラルキーの不在、移動の自由、社員のオープンマインドな態度は、労働環境を刺激的かつクリエイティブにし、不安を減らし、仕事を楽しい経験に変える。「仕事は楽しいものでなければならない」と、二人の経営者は述べている。

三　可能な都市のあり方

次に、都市の事例に移ろう。ここで紹介する都市は、社会関係と幸せの促進を目標に掲げた都市計画を推進している[1]。

第一の事例は南米コロンビアの首都ボゴタ市である。一九九八〜二〇〇一年に市長を務めたエンリケ・ペニャロサは、二一世紀初頭に関係の豊かな都市計画を開始し、ボゴタの都市生活を大きく変えた。多くの読者は、関係の豊かさへの取り組みは富裕国だからこそできるぜいたく財の一種であり、ボゴタ市のように一〇〇〇万人の住民の大部分が貧困層で、暴力や犯罪が頻発する都市では、関係性以外に優先すべきことがたくさんあると思うかもしれない。しかし、ペニャロサの見解は違っていた。彼にとって社会関係は基本的ニーズの一つであり、貧困の重荷を和ら

(1) Montogmery, 2013.

げ、犯罪率を減らす可能性をもつものだったのだ。

ペニョロサは、都市には自動車と人間との間に対立が起こっていると考えた。そして、自動車に対して戦いを宣言する。彼は都市周辺部における高速道路建設計画を破棄し、それによって捻出された資金を使って市営の公園を広範囲にわたって修復し、数百キロにわたる自転車専用道路と歩行者専用道路を整備した。つまり、ボゴタ市は歩行者との接し方を変えたのである。そして、この都市計画の基盤事業として、自動車に対する規制、良質な公共交通機関の導入、歩行者用スペースのネットワークの整備が行われた。

自動車の使用を制限する代わりに、高速バス交通網(2)が導入された。現在、毎日五〇万人の市民がこの高速バス網を利用している。また、歩道を建設・拡大し、公共空間をつくり、長距離自転車専用道路を市内に張り巡らせた。ペニョロサが市長になる前、自転車で移動するボゴタ市民の数は人口の〇・二%しかいなかった。彼が市長に就任して六年後には、その割合は五%になる。日曜日にはボゴタ市の車道の一部は歩行者天国となり、歩行者は道路を自由に往来し、社会関係の再構築に貢献している。

ペニョロサは自らの政策的選択を説明する際に、次のように問いかけた。

「幸せになるために必要なのは何でしょうか。鳥が飛ばなければならないように、わたしたちは歩かなければなりません。わたしたちは他者と共に生きなければなりません。わたしたちの生活には美しさが、自然とのつながりが必要です。何よりも、排除されていると感じることがあってはなりません。わたしたちは平等に生きていると思える必要があります」

この政策に対して、当初は市長の解任を求める反対運動が起こった。だが、反対運動は失敗し、ボゴタ市は変わり始めた。自動車事故の犠牲者数は三分の一ほど減り、渋滞も緩和し、多くの市民が高速バス網を利用するようになる。世論調査も市の政策への支持を示した。自殺率も四〇%ほど低下した。歩行者数の増加は、警官の配備以上に効果的な犯罪対策となった。ペニョロサの任期が終了するころ、二〇一五年までに混雑時間の自動車利用をなくす政策案を市民は支持した。ペニョロサが導入した変革は、後戻りできないくらい進んでいる。後任の市長たちは彼の決断を見直したりはしなかった。

ボゴタ市は、関係の豊かな都市空間づくりを目指す地球規模の動きの最初の事例にすぎない。世界で最も困難な問題をかかえている都市もこの動きに参画していることを、我々は留意すべきだろう。メキシコシティはボゴタ市と似た政策に乗り出した。同市は住民の生活の質を改善するために、都市空間の再編と自転車専用道路の整備に投資し始めている。

今日、関係の豊かな都市空間を創出する動きは、富裕国の都市にも現れている。韓国のソウル市は、都市の幹線道路を撤去して緑化空間と水路を整備した。英国のロンドンは渋滞税(congestion charge)を導入し、市街地の自動車交通に規制をかけた。

富裕国の都市の中で最も注目すべき事例はフランスのパリだ。パリの住民は騒音、渋滞、大気

(2)〔訳注〕Transmilenio と呼ばれる。ボゴタ市の郊外と市街地を結ぶ高速の路面電車のようなバスである。

汚染に長年悩まされていたため、ベルトラン・デラノエ市長（二〇〇一～一四年）が導入した抜本的な道路再整備計画を支持した。パリ市はセーヌ川右岸の自動車優先道路ジョルジュ＝ポンピドゥー道路を砂で覆い、自動車の通行を禁止し、パラソル、カフェ、ペタンク[3]の遊び場、花壇で飾った。少なくとも夏季は、自動車専用道路は必要ない。夏に必要なのは砂浜と憩いの空間だ。この政策は〈パリの砂浜（Paris-Plages）〉と名付けられる。セーヌ川両岸の道路で自動車交通が禁止され、遊歩道となった。さらに、デラノエ市長は数千台の公共自転車〔Velib と呼ばれる〕を整備し、ほとんど無料で利用できるようにした。

これら「関係の豊かな都市づくり運動」の事例に言及するまでもなく、ヨーロッパの都市の伝統は関係性の問題に配慮してきた。北ヨーロッパの大都市の多くは、良質な遊歩空間や良質な関係性を生む交通網に注意を払ってきた。しかし、そうした動きは北ヨーロッパだけに限らない。スペインの大都市のように、地中海地域でも似たような都市計画の事例が確認できる。

四　可能な学校のあり方

学校をより良くする事例はたくさんある。これらの事例は、生徒の身体的・時間的ニーズを尊重し、彼らの幸せを優先し、参加を促進することがどれだけ重要であるかを示している。また、教員と生徒の間のヒエラルキーをなくし、生徒同士の協力や創造性を刺激し、楽しみと学びを結びつけることがいかに重要であるかも示している。学校での試みの類似点と相違、成功例と失敗例の詳細な議論は、本書ではできない。だが、いくつかの事例はよく知られており、持続可能な効果を生み出している。

この種の事例はこれまで主に子どもを対象としたものが多かったが、大学生に関しても革新的な事例が確認される。いずれの事例でも、生徒や学生の幸福感を高める教育と生産性を高める教育の間に矛盾は存在しないことが証明されている。たとえば、リベラル・アーツ・カレッジの学生は労働市場でも成功している。米国には優れた私立大学が多く存在する。その基本的立場を知るために、米国で最も有名な私立大学の一つ〔イリノイ州の〕ノックス・カレッジ（Knox College）のウェブサイトの解説を見てみよう。

「ノックス・カレッジは、学生の自己表現、アイデアの交換、寛容な雰囲気での議論をサポートしています。学生には自分の興味をもった研究プロジェクトに取り組み、キャンパスの外での研修プログラムに参加し、専門分野の選択を自分で行うことを勧めています。ノックス・カレッジでは、学生は大学の運営に積極的に参加することができます。学期中や長期休暇期間中にキャンパスライフの問題を議論する開かれた環境を整えています。この大学では、学生は自分たちの可能性を開花させる自由と、〔……〕自分の学習目標と人生の展望に合わせてカリキュラムを組む自由を得られます。あなたは完全に自由に学ぶことができます」

我々がかつて通っていた――もしくは現在通っている――学校制度がこのようなメッセージを発信しているかどうかを問う必要もないだろう。

（3）〔訳注〕南仏で親しまれているボール遊びの一種。

五　連帯経済[4]

近年、さまざまな形態の連帯経済が増えている。社会的・関係的・環境的質をともなう経済活動がさまざまな形で試みられている。倫理的な金融活動、マイクロクレジット、共同住宅、連帯的な近隣コミュニティ(vicinato solidale)[5]、企業の社会的責任、非営利組織(NPO)、サードセクター、社会的企業、フェア・トレード、市民的企業(impresa civile)[6]、連帯的な消費者グループ(GAS)[7]、協同組合銀行、協同組合、社会的協同組合、公正なバランスシートを目指す運動[8]などがある。

これらの事例を詳細に議論するためには多くのスペースが必要であり、連帯経済のさまざまな次元とダイナミズムに関する研究を紹介しないことには難しいだろう。明らかに言えるのは、連帯経済は急速に成長しているということである。これらさまざまな活動を結びつけている要因も明らかだ。連帯経済活動は内発的な動機づけに支えられている。また、さまざまなアクターの社会関係資本を利用したり促進したりすることを目指すという点において、関係性のニーズを表現している。

イタリアの経済学者ルイジーノ・ブルーニの研究によると、ヨーロッパにおける市場経済とその思想の歴史は、人間の社交性に深く根差している[9]。イタリアでは、とくにそうだ。ブルーニにとって市民的経済の歴史は、一二〇〇～一四〇〇年に地中海地域で発展した共同体的な市場経済、つまり「中世の都市や都市文明を構成する同業組合や中間組織の中に[10]」ルーツをもつ。

イタリアではこの市民的経済の伝統は現代まで存続し、農村の金融組合、工業地区、協同組合活動などにその痕跡が残っている。現在広がりつつある連帯経済の実践は、この市民的経済の伝統の継承者である。その中にはアドリアーノ・オリヴェッティの野心的試みも含まれる。歴史的な理由から、市場を社会に埋め込むというこの思想は、アングロサクソンの市場経済思想によっ

（4）〔訳注〕原書では「社会的経済について(Forme di economia sociale)」となっているが、訳出にあたっては日本でよく知られている「連帯経済」という語を当てた。

（5）〔訳注〕近隣コミュニティの中で生活を共同管理する試み。イタリアのエミリア＝ロマーナ州のピアチェンツァ市では、地元のサクロ・クオーレ・カトリック大学の学生といくつかの近隣コミュニティが共同で自治を行っている。コミュニティに暮らす多様な世代の交流を生む利点がある。似たような事例はフランスでも行われており、フランス語では voisins solidaires と呼ばれている。

（6）〔訳注〕コミュニティの生活の質を高めるための経済活動を行う企業形態。その思想的伝統は一八世紀南イタリアの市民的経済思想(economia civile)に遡る。資本主義的発想ではなく、コミュニティにおける互酬性や連帯に基づいた市場経済活動を重視する。

（7）〔訳注〕Gruppi di acquisto solidale(GAS)。イタリアにおける産直提携運動の代表的事例。

（8）〔訳注〕Movimenti di bilanci di giustizia。家計の収支(バランスシート)の内容を社会的・環境的に公正な内容に変えていくことを目指す消費者教育運動の一つ。倫理的な消費を学ぶ教育プログラムの普及などに取り組んでいる。

（9）Bruni, 2009.

（10）idid., 2009, p. 107.

て失われてしまった。

六　健康と広告規制

広告規制に関する私の提案の多くは、さまざまな国で適用されている。スウェーデンでは、一二歳以下の子どもを対象にしたテレビ・コマーシャルは禁止だ。特定の製品の広告を禁止するというアイデアは、多くの国で実践に移されている。たとえば、ニュージーランドでは健康に悪影響を与える食事の広告が、イタリアではタバコの広告が禁止されている。フランスでは、国営テレビ局でコマーシャル全般が流れなくなった〔二一五・二一六ページ参照〕。

保健医療の世界も変わり始めた。イタリアでは、地域医療センターの一部は関係性の質に注目している。フィレンツェの地域医療センターは、医療現場での関係性の質を向上させるプロジェクト(「物語療法(Medicina narrativa)」[11]や「詩的な病院(Ospedale poetico)」[12]など)に取り組み始めた。トレントの地域医療センターは、高齢者を担当するパラメディカル[13]に対して関係性を重視する教育を行っている。

2　二〇世紀は終わった

一　文化の変革が始まっている

過去三〇年間、欧米諸国では経済・社会機構の改革が少しずつ行われてきた。この改革は主流派経済理論が提案・支持する考えに従ってきた。改革がもたらした変化はまず、主流派経済理論の影響を最も受けているアングロサクソン諸国において一九八〇年代に現れ、その影響は徐々に世界の他の地域に広がっていく。英国のマーガレット・サッチャーと米国のロナルド・レーガン

(11)〔訳注〕患者が語る病気の経験を医療者が聴くことで、患者の闘病生活の苦しみを和らげたり、心身の健康状態を改善する臨床療法の一つ。
(12)〔訳注〕病院のロビー、廊下、壁を絵画や詩などの芸術作品で色彩豊かに飾り、患者や訪問する家族に温かみや安心感を与えることを試みる病院。院内では内装の装飾だけでなく、患者自身による読書会や朗読会、絵画作品や詩の制作が行われている。患者が内面にかかえている感情を芸術的に表現し、闘病生活に対する恐怖心を克服する効果がある。
(13)〔訳注〕診療補助部門に携わる人たちの総称。

は、この改革を指導した最初の政治家だ。

二人の政治家の改革に影響を与えた経済理論は、合理的経済人（ホモ・エコノミクス）という人間観に基づいていた。つまり、道具的目的を追求する打算的な存在として人間を捉えるのだ。この人間観によると、人間は見返りのない行動はとらない。「私はあなたがくれるものに対して与える（*do ut des*）」という定式は、この人間観の遺伝子に埋め込まれた行動原理である。

この人間観は経済学のフロンティアをはるかに超える長い歴史をもっている。それは我々の社会の基礎を数世紀にわたって構築してきた。しかし、過去数十年間、経済学は我々の社会の組織化に特殊な役割を担ってきた。なぜなら、この人間観が経済学の中心を占めており、経済学者たちが社会機構の進化に多大な影響を及ぼしてきたからだ。

だが、社会科学における研究——その中には経済学も含まれる——の最近の動向は、人間が伝統的な経済理論が描くような存在ではないことを示している。情動、帰属、誠実さ、アイデンティティ、倫理、自己実現、責任などの人間の多様な要素を考慮に入れなければ説明がつかない重要な社会現象が多く存在する。これらの要素はすべて内発的な動機づけに関わるものだ。

これらの要素を考慮に入れるならば、道具的目的のために行動する打算的な人間という人間観から距離を置く必要が出てくる。なぜなら、この人間観は人間の性質の一側面しか考慮していないからだ。人間が打算的に考えたり、道具的目的のために行動したり、生活の物質的側面に関心をもったりすることができないと言いたいのではない。人間はそれ以外のさまざまなことを行うことができると言いたいのだ。合理的経済人は人間のいろいろな能力を単純化して解釈している。この人間観はこれまで学問の世界、とくに経済学者たちの間で急速に普及してきた。

人間の能力を単純化し、内発的な動機づけを拒否する認識方法によって、世界は一八〇度変わってしまった。内発的な動機づけが忘れ去られた後に残ったのはストレス文化だ。ストレス文化は我々に、ストレスこそが状況を制御し、人間を管理し、問題を解決する方法だと教える。子どもの学びと企業組織の形成を支配しているのは、まさにこの文化である。現代の経済・社会機構を規定しているのは、このストレス文化だ。そのような社会が常にストレスや不満を感じている人間を生み出すのは、当然の結果である。

しかし、いまこそ社会を変革する時だ。本書で私は、人間の性質に関する新たな知見を考慮しながら、経済・社会機構をどのように変えていくべきかを示した。近年のさまざまな科学的研究は、我々を幸せにする要因について多くのことを教えてくれる。これらの研究は、幸福感にとって重要なのは関係性であるという直感を共通に認めている。加えて我々は、経済的・社会的環境と文化が我々の関係性にどのような影響を与えるかを検証した。それによって我々は、良質な関係性を構築する方法について多くのことを学んだ。

これらの重要な問いに取り組むことで、もっと多くのことが見えてくるだろう。いまこそ、経済活動や社会活動を再編するために、我々が獲得した知識を活用する時である。

二　二〇世紀が終わったのはなぜか？

二〇世紀は国家と市場の対立に彩られた時代だった。一九八九年のベルリンの壁崩壊とその直後のソヴィエト連邦崩壊によって、数世紀続くと見られてきた社会主義体制が一挙に瓦解した。社会主義体制の崩壊とともに、国家が経済活動を効率的に組織できるという考えは信用を失う。一九一七年のロシア革命によって始まったソ連の社会的実験は、この考えを極端な形で実現しようとする試みだった。なぜなら、ソ連の体制では国家が経済活動を組織する唯一の主体であり、所有者であったからだ。

資本主義が始まった当初からその批判者たちは、資本主義には社会のために経済を創るのではなく、経済のために社会を創る傾向があると主張していた。一九世紀に現れた資本主義批判には、無政府主義(アナーキズム)、協同組合運動、宗教の影響を受けた社会運動などさまざまな潮流があった。しかし二〇世紀に入ると、ソ連の社会的実験の影響を受けた共産主義思想が出現し、経済システムを社会的目的に従わせることを目指す多くの人びとの支持を集めていく。共産主義思想の出現により、社会のために創られた経済を望む人びとにとって、国家が支配的なオルタナティブとなってしまった。

他方で、実際に存在していたソ連の社会主義体制は帝国を建設した。その軍事力はとても危険で、経済的競争力も強かったため、ソ連を恐怖に感じる多くの社会的勢力は市場経済を擁護する陣営にまわる。その中には、経済システムを社会的目的に従わせる必要性に関心をもっていた勢力もあった。その結果、国家と市場の対立はソ連の社会主義体制と欧米の資本主義体制の対立という図式で理解されるようになる。欧米諸国の議論はこの対立図式に一極集中し、あらゆる知的・創造的エネルギーがそこに注ぎ込まれた。

ベルリンの壁が崩壊してからしばらくの間は、市場経済の勝利が疑いようのない事実であるかのように思われた。市場経済に反対する多くの人びとも、その他の選択肢が存在しない（There Is No Alternative）という現状を甘んじて受け入れるしかなかった。資本主義は劇薬であるが、唯一可能な選択肢であると……。

だが、それから数十年が経過し、欧米諸国の多くの市民が別の選択肢の必要性を認めるようになっている。二〇世紀は二〇〇七年に始まった金融危機によって終わったのだ。金融危機は、共産主義思想に勝るとも劣らないほど教条主義的な思想に大打撃を与えた。可能なかぎり最大限の自由を市場に与えるべきだという思想の信頼が、根本から揺らいだのである。国家と市場の対立を軸にして経済的・社会的・政治的・軍事的体制を議論する時代は、終焉を迎えたのだ。

この対立の終焉によって、さまざまな活力が解放されていくだろう。その中でもとくに重要なものが、人間のための経済を望む人びとの活力と、国家への依存を望まない人びとの活力である。多くの人びとにとって、資本主義を盲目的に擁護する必要はもうなくなっている。なぜなら、共産主義の脅威が消滅したからだ。現在我々の目の前に広がっている新しい可能性は、国家と市場の対立の影響を受けていない。

我々が依拠すべき力は市民の社交性である。今日、幸せな生活の条件と社会の創造的な力の大部分は、さまざまな社会的ネットワークによって提供されている。我々は、豊かな人間関係を発展させるために国家と市場を上手く利用していくべきだ。我々はこれまで、あまりにも巨大な国家と巨大な市場の中で生活してきた。それら巨大な国家と市場は、さまざまな関係性を破壊する方向で機能してきた。我々は、関係性を構築するために国家と市場を役立てることができるようにならねばならない。

現在起こっている知的・文化的変革は、人間の社交性の再評価に貢献している。二〇〇九年に、米国の政治経済学者エレノア・オストロムがノーベル経済学賞を受賞した。受賞理由は、農業・漁業に必要な共有資源——森林資源、牧草地、水資源——が、国家や民間企業によってではなく、むしろそれらの資源を利用する人びとによって上手く管理されうることを実証したからである。彼女の研究は、地域住民がコミュニティの共有資源を管理する能力をもっていること、そして彼らが国営化も民営化も必要としないことを示すことで、経済学の伝統的な考え方の誤りを明らかにしたのだ。

オストロムの受賞によって、物事は草の根から取り組むことでより良い方向へ進むという考えが定着した。これは、二〇世紀に閉じ込められた活力の解放がもたらした文化的土壌の進化の第一段階にすぎない。関係の豊かな社会は、二〇世紀が終焉したいまだからこそ可能である。

三　米国——トクヴィルからハリケーン・カトリーナまで

経済・社会機構の抜本的な変革は、ヨーロッパと米国の関係を再定義するところから始まるだろう。

本書で私は、米国の文化、経済、社会、政治は病んでいると主張した。一部の人びとは、米国の病理は本来的なものだと主張している。彼らによると、米国の病理の起源はその歴史、社会制度、経済システムの中に最初から組み込まれているという。しかし、この意見は間違っている。一八世紀末に米国を訪れたフランスの思想家アレクシス・ド・トクヴィルは、米国人のもつ懐の深い社交性に驚いた。米国人の間に見出される条件の平等、社会的つながり、コミュニケーションにおける敷居の低さ、連帯感は、旧大陸で確認されるものよりずっと進んでいるように彼には見えたのだ。

二〇〇五年八月に、ハリケーン・カトリーナが米国ニューオーリンズとルイジアナ州全域を襲った。ヨーロッパ人の多くは、被災地を覆った社会的雰囲気に衝撃を受けた。ヨーロッパでは通常、自然災害の後には人びとの連帯の波がやってくる。ところが、ニューオーリンズでは銃殺や窃盗が起こったのだ。浸水した通りをボートに乗って警備していた兵士は、住民を避難させたり救援物資を届けたりするのではなく、壊滅した社会生活を統制するために機関銃をいつでも発砲できるように武装していた。実際、当時のルイジアナ州知事キャスリーン・ブランコは、兵士に射撃を推奨していた。

トクヴィルの時代からハリケーン・カトリーナの時代に至るまでに米国人の社交性は変化したが、そのことは米国社会の病理が生まれつきのものではないことを示している。米国の歴史は暗く不安に満ちた様相を表しているが、ヨーロッパの多くの国の歴史についても同様のことが言えるだろう。

植民地主義、イタリアのファシズム、ドイツのナチズム、スペインの市民戦争、フランスの権威主義的体制など、ヨーロッパは二〇世紀を通じて血塗られた歴史を経験した。おそらく、世界の多くの国ぐにがその歴史と文化の中にプラスの潜在可能性とマイナスの潜在可能性をかかえている。どの潜在可能性を発展させるかを決定するのは、それぞれの国の政治的選択である。

米国の病理は生まれつきのものではなく、決して治療不可能なものではない。米国は変わってしまった。膨大な経済的・社会的・文化的資源に恵まれ、活力とダイナミズムに満ちた米国のような社会が、どのようにして現在のような状況に至ったのかを理解することは重要である。米国が現在のような姿になったのは、過去数十年間に破滅的な道を進んだからだ。その結果、米国社会の最も悪い側面が促進され、世界の他の地域にまで波及する金融危機を引き起こすまでに至ったのだ。

四　ヨーロッパ——旧大陸の青年期の終わり？

今日、米国が病んでいることは疑いようのない事実である。我々は、米国が問題解決のモデルではなく、問題そのものであるということを意識しなければならない。本書のメッセージは、ヨーロッパは米国を模倣することを止めるべきだというものだ。

ヨーロッパ人は次のことを意識しなければならない。まず、ヨーロッパはこれまで米国とは異なる発展モデル——一つではなく、複数の発展モデル——を進んできており、そこには時代遅れの兆候は何もないということ。次に、米国の社会的実験が失敗しており、採るべき道はヨーロッパの固有性の再評価にあること。そして、米国的生活(The American way of life)を採用し続けるならば、ヨーロッパ人はその固有性を失ってしまうだろうということを。

ヨーロッパは、幸せな生活の創造に貢献する新しい経済・社会秩序を地球規模とさまざまな国の双方で推進していく役割を担うべきだ。このような役割を担うことで、ヨーロッパは米国にも変化を促すことができるだろう。その役割を担うための経済的・文化的・社会的資源を有していることを、ヨーロッパ人は自覚すべきである。

しかし、我々は政治的な資源を持ち合わせていない。ヨーロッパの支配階級の多くは冷戦期の文化によって育てられており、現代ヨーロッパ政治を条件づける次の三つの公理に依拠して政治を行っている。

第一の公理は、米国に対する劣等コンプレックスである。米国から発信される経済・社会政策はどんなものであれ最も優れており、早晩ヨーロッパはそれらを採用しなければならないと考える傾向がある。ヨーロッパの多くの国ぐには第二次世界大戦期までは〈優等生コンプレックス〉をもっていたが、戦後以降は政治的に無力であることを自認するようになってしまった。

第二の公理は、国家と市場の対立である。この公理は次のように主張する。冷戦期が両者の対立の最盛期であり、冷戦に勝利したのは市場経済だ。したがって、市場経済こそが我々が唯一依拠すべき軸であると。

第三の公理は、経済成長の奇跡に対する盲目的な信頼だ。この信頼は、第二次世界大戦による経済的剥奪を経験した世代によって強く支持されている。我々が生きている世界は、第二次世界大戦の時代経験の結果として誕生した消費文化に依拠している。現代の政治文化は、このような消費文化に染まった世界の中で形成されている。だが、経済成長の奇跡を信頼している世代はこの世を去りつつある。さまざまな指標を見ると、現代ヨーロッパ人の大多数が経済成長とは異なる目標に向かって進んでいくことができると回答している。

ヨーロッパでは、これまで支配的だった文化が古びてきている。なぜなら二〇世紀が終わったからだ。経済成長を盲目的に信頼する文化は、ヨーロッパ社会がかかえる本当の問題を理解していない。経済成長に対する不信は増しており、それがこの支配的な文化を不安定にしている。ヨーロッパが新しい経済・社会秩序を推進できるようになるためには、支配階級と政治文化の抜本的な刷新が必要だろう。そして、政治の刷新は可能である。我々はすでに知的・文化的転換期に突入している。それは社会の変革の地平を再定義し、最終的には政治の進化を促すだろう。

第二次世界大戦以後、ヨーロッパは自らの歴史の青年期に突入した。その歴史は米国との関係に支配されていた。ヨーロッパ人がこれまで青年だったというのは、彼らが米国に対して劣等的な状況に置かれ、その保護を受けながら、限られた責任しか背負ってこなかったからである。それはたとえば、若者が彼ら・彼女らの親に守られている状況によく似ている。一〇代の若者がよくそうするように、ヨーロッパ人は米国に対してしばしば批判的で、ときには反抗的にふるまっていた。しかし根底では、おとな＝米国は自分たちより賢くて能力があると思い続けていたのだ。

だが、いまこそ成熟するときだ。ヨーロッパはその青年期を終えなければならない。そして、それは可能である。

〈解説〉関係の豊かさとポスト成長社会

中野 佳裕

1 はじめに

本書は、イタリアの経済学者ステファーノ・バルトリーニの単著 *Manifesto per la felicità: come passare della società del ben-avere a quella del ben-essere* (Roma: Donzelli Editore, 2010) の日本語特別編集版である。

著者は現在、イタリア・トスカーナ州のシエナ大学政治経済学・統計学部准教授である。経済発展論と環境経済学を専門とし、二〇〇〇年代初頭からイタリアの非主流派経済学者たちと経済活動における社会関係財 (beni relazionali) の役割について共同研究を進めてきた。これまでイタリア語や英語で数多くの研究論文を執筆し、その業績は主に幸福度や社会関係資本の米欧比較などの分野で認知されている。また、フランスの思想家セルジュ・ラトゥーシュや米国のラディカル政治経済学者サミュエル・ボウルズとも交流をもち、イタリアで経済学の研究分野の裾野を広げることに貢献している。

本書はバルトリーニの長年の研究成果をイタリア市民向けにまとめた啓蒙書であり、最初の単著でもある。日本語版序文でも少し触れられているが、二〇一〇年に初版が刊行された際、イタリアの多くの新聞・雑誌で取り上げられ、当初の予想に反して多くの読者を獲得した。おそらく背景には、二〇〇八年の米国発金融危機によって引き起こされた南ヨーロッパ諸国の経済的・社会的混乱があったと考えられる。各誌の書評を読むと、当時の経済・金融危機の状況からいかに抜け出すかという問題関心から本書の内容が議論されていることが分かる。

フランス語（二〇一三年）、アルバニア語（二〇一四年）、スペイン語（二〇一六年）にも翻訳され、その仕事はイタリア以外のヨーロッパ諸国でも認知されてきている。現在、米国の読者を意識して加筆修正した英語版を準備しており、専門研究書として近々刊行される予定である。

翻訳には二〇一〇年にDonzelli社から出版されたイタリア語版初版を用い、適宜フランス語訳[1]を参照しながら訳文を整えていった。また、日本人読者には分かりづらい比喩や文章表現などは、著者と相談したうえで修正し、日本語として読みやすい訳文に仕上げていった。

本書が単なる日本語訳ではなく特別編集版と表現されるのには、理由がある。実は、この本を翻訳中の二〇一七年秋に、訳者は著者からできあがったばかりの英語版の草稿を受け取った。イタリア語初版と内容を比較すると、原書刊行後七年間の新たな研究成果や参考文献が加えられたほか、英国のＥＵ離脱や米国におけるトランプ政権誕生など、英語圏の新しい政治的・経済的状況に関する省察も含まれている。どちらを底本にするか迷ったが、最終的にはイタリア語版を選択した。というのも、イタリア語版はヨーロッパ市民に向けて書かれたメッセージ性の強い内容であり、よい意味で米国社会の状況と距離を保って議論が進められているからだ。また、著者の軽快でリズミカルなイタリア語の筆致も捨てがたく、語彙の味わい深さはもちろんのこと、著者の意図も鮮明に伝わってくる。

　そのうえで、英語版の草稿で加筆修正された部分のうち、重要だと思われる部分を追加する方向で翻訳を進めることにした。英語版を参照したのは、第Ⅳ部の都市政策、教育、広告規制、ポスト・デモクラシーに関する箇所である。さらに第Ｖ部第四節は、新たに加筆修正されたイタリア語原稿に基づいて訳出した。なお、原書では第Ⅵ部の最後にイタリア社会に対する政策提言が収録されていたが、著者の希望で割愛させていただいた。

（1）Stefano Bartolini, *Manifeste pour le bonheur : comment passer d'une société de l'avoir à une société du bien-être*, Paris : Les liens qui libèrent, 2013. フランス語版では、イタリア語版の第Ⅰ部が割愛されている。

2　翻訳の経緯

まず、本書を翻訳するに至った経緯について記しておこう。私が著者バルトリーニと出会ったのは、二〇一五年一〇月にフランスのレンヌ大学で開催された国際会議である。この会議の名称は「もう一つの世界の構築——理論と実践(Un autre monde se construit: théories et pratiques)」であり、フランス、イタリア、ドイツ、ポルトガル、ブラジル、日本から研究者・市民団体が集まり、二一世紀における人類の〈共生〉(2)をテーマに三日間の議論を重ねた。

〈共生〉をテーマに国際会議が開催されたのには、次のような背景がある。二〇〇八年の米国発金融危機以降、ヨーロッパの知識人の間では新自由主義を克服した新たな世界の展望を模索する動きが急速に高まっている。その有力な動きの一つが、フランスの社会学者アラン・カイエや経済学者マルク・アンベールを中心に始められた共生主義運動(convivialisme)である。

共生主義は、経済成長の際限なき追求のために過剰な競争や格差拡大を正当化する新自由主義イデオロギーを克服し、人類の共生を可能にする持続可能で公正な世界——ポスト新自由主義世界——の実現を目指している。この思想運動にはこれまで経済グローバリゼーションの批判を行ってきたさまざまな知識人が賛同しており、二〇一三年にはフランス語で「共生主義宣言(Manifeste convivialiste)」というマニフェストも出版された[3]。

既述した国際会議の目的は、共生主義宣言の内容について主要な論者や市民団体と議論し、今後の課題と展望を洗い出すことである。私は日本からの招待報告者として参加し、一九七〇年代から東日本大震災以後までの日本の市民運動と開発問題の歴史を踏まえながら、共生主義が取り組むべき課題を提案した。セルジュ・ラトゥーシュ、アラン・カイエ、マルク・アンベールなどの研究仲間と再び知的交流をもつ機会に恵まれただけでなく、ヨーロッパの新しい社会理論の動向について知見を広げることができ、大きな収穫を得られた。

私は共生主義運動を最初期のころから知っていたものの、一定の距離を保って接していた。というのも、宣言書の内容が理念や倫理を強調しすぎるきらいがあり、社会変革に必要な政治的リアリズムに欠けている印象を受けたからだ。新自由主義経済の構造的矛盾が複合的な危機となって市民生活を襲っている現在、たとえマニフェストの形であったとしても、経済社会システムの構造転換を促す新たな制度構想や政策提言が必要である。

(2) 会議の主題は共生主義宣言(manifeste convivialiste)の内容を深めることを目的としていたが、報告者は共生についてフランス語の convivialité、vivre ensemble、bien vivre のほか、ラテンアメリカで議論されているスペイン語の buen vivir(ブエン・ビビール)を用いて議論していた。

(3) このマニフェストの全訳は、西川潤/マルク・アンベール編『共生主義宣言——経済成長なき時代をどう生きるか』(コモンズ、二〇一七年)に収録されている。

ところが、レンヌの会議で参加者と議論を進める中で、いくつかの建設的な方向性が見えてきた。これまで反功利主義、連帯経済、脱成長、脱GDP（Beyond GDP）運動などを提唱し、新自由主義や経済成長主義を批判してきた研究者たちが、会議の場で意識的に共通善（le bien commun / il bene comune）の再構築を主張し、そのための具体的かつオルタナティブな経済的・社会的基盤としてコモンズ（les biens communs / i beni comuni）の再生について言及したのだ。

金融危機以後の欧米諸国では、経済のグローバル化に加担してきた主流派経済学の正統性が批判され、オルタナティブな経済・社会理論を模索する動きが急速に広がっている。なかでもとくに注目されているのが、反グローバリズムの社会運動のダイナミズムの中から出てきた二一世紀型の新しいコモンズ論である[4]。

新しいコモンズ論は、古典的なコモンズ論のような資源管理理論にとどまらず、共有化（commoning）の実践を通じて国家や市場経済とは異なる位相に市民生活の基盤を積極的に創出していくことを目指している。レンヌの会議でも、アラン・カイエたちはこの世界的な流れを踏まえながら、市民社会によるコモンズの再生をポスト新自由主義時代の経済構想の中心テーマに置くことを提案したのである。

とりわけ印象的だったのは、フランス語やイタリア語では共通善とコモンズが同じ単語で表現され、日常言語では互換的に使用される点である。このことを知った私は、しばしば観念論的に解釈されがちな共通善思想を、コモンズ再生という下部構造の議論から地に足をつけた形で考察できるのではないかと思い、会議終了後に早速、南ヨーロッパにおけるコモンズ研究の動向を下調べした。

　すると直感どおり、南ヨーロッパでは二〇〇〇年代半ばごろから、コモンズの再生を通じた共通善の再構築という議論が少しずつ始まっていたのである。なかでも、イタリアはこのテーマに関して進歩的な研究が多く、社会科学の諸分野でコモンズをテーマにした地域づくりの学術書が出版されているほか、二〇一一年六月にナポリ市で水道事業の再公有化の住民投票が行われた直後に、コモンズ主義（Il benicommunismo）という思想運動も出現している。(5)

　共生主義の国際会議への参加をきっかけに、私は現代イタリアの新しいコモンズ論／コミュニティ経済論について研究を始めると同時に、脱成長論や連帯経済論など、これまで研究してきた南ヨーロッパの社会理論の可能性を「コモンズの再生」という視座から改めて探求することにした。そのお陰で、これまで個々別々に扱っていた南ヨーロッパの社会理論の間に緩やかな家族的類似（family resemblance）を見出すことができ、ポスト成長社会の展望をより建設的な方向で模索できるようになった。

　バルトリーニの『幸せのマニフェスト』に関心をもったのも、このような文脈においてで

（4）代表的な論者としては、ナオミ・クライン、マイケル・ハート&アントニオ・ネグリ、デイヴィッド・ボリアー、クリスチャン・ラヴァル&ピエール・ダルドーなどがいる。
（5）この点については、拙著「〈南型知〉としての地域主義——コモンズ論と共通感覚論の出会う場所で」（中野佳裕編・訳、ジャン＝ルイ・ラヴィル、ホセ・ルイス・コラッジオ編『二一世紀の豊かさ——経済を変え、真の民主主義を創るために』コモンズ、二〇一六年、所収）を参照されたい。

ある。現代イタリアでは、地域主義（territorialismo）、連帯経済（economia solidale）、市民的経済（economia civile）、脱成長（decrescità）、コモンズ主義など、コモンズの再生を通じた地域づくりを構想する多様な社会理論が現れている。本書はこの新しい思潮の一角を構成するものであり、関係性の質が人間の幸福感に与える影響を検討しながら現代社会の制度的・構造的問題を洗い出している点が特徴的である。

本書でとくに批判に晒されるのが米国の経済成長モデルだ。なぜなら過去数十年間の米国経済は、米国民の社会生活の質と幸福感を犠牲にして成長を続けていたからだ。これまでヨーロッパ諸国は、米国をモデルに経済開発を行ってきた。しかし著者は、「米国は模倣すべきモデルではない」と断言する。そしてヨーロッパ市民に、独自の成熟の道を進むように方向転換を促す。

本書の翻訳を決めたのも、著者のこうしたメッセージが日本社会にも重要な示唆を与えるだろうと考えたからだ。戦後日本は米国的生活の模倣に躍起になり、金融危機後の現在もなお、政界や産業界はグローバリズムの幻想を追い求めている。現代日本には経済成長主義の歪みとも言える多くの社会問題が顕在化しているが、それらの問題に柔軟に対応し、持続可能な社会へ移行するには、まずこの社会に根強く残る「米国信仰」から抜け出さなくてはならない。本書で提案されている幸せな生活の展望とそのための政策案は、成熟した二一世紀日本社会を構想していくためにも大いに役立つと考えられる。

3 『幸せのマニフェスト』を読む

本書の内容の要点をまとめておこう。二一世紀に入り、先進国の社会科学ではポスト成長社会を構想する研究が急速に台頭している。(6) その潮流は主に二つに分類され、経済成長が社会関係や幸福感に与える負の影響を是正する立場からの議論と、地球生態系に対する負の影響を是正する立場からの議論がある。もっとも、この分け方は力点の置かれ方の違いによるものであり、実際にはポスト成長に関する多くの研究が、社会的側面の考察と生態学的側面の考察を融合させる形で議論を展開している。

『幸せのマニフェスト』は、とくに前者の側面——社会的側面——に焦点を当てる。経済成長が先進国の社会生活に与える負の影響は、ロバート・パトナム、ジュリエット・ショーア、リチ

(6) 代表的な論者は、米国のクライブ・ハミルトン、ジュリエット・ショーア、英国のティム・ジャクソン、フランスのセルジュ・ラトゥーシュ、ジャン・ギャドレ、ドミニーク・メダ、スペインのフェデリコ・デマリア、ジョルゴス・カリス、日本の広井良典、西川潤、枝廣淳子、山崎亮などである。

ャード・ウィルキンソンなど、主に米国の事例研究によってすでに明らかにされている。本書の特徴は、これら豊富な先行研究で確認される個別事象の発生メカニズムに、「防御的経済成長(defensive growth)」という独自の分析概念を用いて一貫した説明を与えている点にある。

関係性の貧困と不幸せな生活

まず、第Ⅱ部を見ていこう。第二次世界大戦後の国際社会は、米国のような大衆消費社会を目指して経済開発を行ってきた。しかし、肝心の米国では、一人あたり国民所得は第二次世界大戦後から現在まで三倍近く増えているにもかかわらず、国民の生活満足度は一九五六年をピークに低下し続けるという逆説的現象が生じている。二〇世紀の時代精神を象徴する米国的生活が幸せな生活を約束しなくなっているのは、なぜか。それは、米国の物質的豊かさが「防御的経済成長」という特殊な経済成長メカニズムの上に成り立っているからだ。

防御的経済成長とは、資本主義の発展過程で起こる無償の共有財の減少を、市場経済が提供する商品の購入によって補填する結果生じる経済成長である。無償の共有財の中には、コミュニティにおける信頼や相互扶助などさまざまな社会関係資本から得られる財が含まれる。米国社会では一九六〇年代以降、社会関係資本の衰退が顕著に確認される。そのため平均的な米国人は、関係性の貧困(povertà relazionale)から生じる生活の質の低下や不満足感をより多くの商品を購入することで解消しようとし、消費主義に走る傾向がある。

消費のためにより多くの所得が必要となり、そのためにより多く働かなければならない。そのうえ、働きすぎから生じるストレスや生活不満を解消するために、さらに多くの消費を続けてしまう。米国人は、ジュリエット・ショーアが『働きすぎのアメリカ人』や『浪費するアメリカ人』において明らかにした「労働―消費」サイクルの悪循環に陥っている。[7]

バルトリーニは、防御的経済成長がとくに一九八〇年代以降の米国経済の特徴であると指摘しているが、これは米国が新自由主義を導入した時期と一致する。新自由主義時代の米国は、関係性の貧困から生じる不満足感を起爆剤に消費主義を加速化させ、高い経済成長を維持してきた。だが、二一世紀に入りこの成長モデルは綻びを見せ始める。そして、二〇〇八年の大規模な金融危機となって瓦解した。第V部で著者は、米国発金融危機の根本にこの防御的経済成長の働きがあることを強調する。それによって、先の金融危機の原因を、米国社会の長期的な発展過程で生じた制度的・構造的歪みの問題として考えることを可能にしている。

防御的経済成長を加速化させているのは、米国消費社会の諸制度である。この観点から、第III部は消費文化を支える諸制度の分析に向けられている。バルトリーニは、新自由主義時代の米国社会が国民の消費主義依存を常態化し、さらには強化していくような論理（社会的比較、競争圧力、経済的インセンティブなど）をさまざまな制度を通じて生産していることを明らかにする。

（7）ジュリエット・ショーア『働きすぎのアメリカ人――予期せぬ余暇の減少』（森岡孝二他訳、窓社、一九九三年）、『浪費するアメリカ人――なぜ要らないものまで欲しがるか』（森岡孝二監訳、岩波書店、二〇〇〇年）。

とりわけ広告産業の分析は圧巻で、巨大企業が子どもを生まれたときから消費者に育てるためにどのようなマーケティング戦略を展開しているかが詳説されている。同時に著者は、消費主義の悪循環から抜け出すためには広告規制が必要だが、それがきわめて難しいことも認める。なぜなら、多くの巨大企業と広告産業は政界に強い影響力をもち、政治家たちはこれら巨大企業の政治献金に依存しているからだ。ここで米国の消費主義の問題は、民主主義の形骸化――ポスト・デモクラシー――の問題と結びつく。

本書の特徴は、幸せの問題を個人の私的領域に閉じ込めるのではなく、広く社会制度の問題として扱っている点にある。米国人の生活満足度が低下し続けている原因は、消費主義依存を生む特殊な経済成長メカニズムと、それを支える産業システムと政治システムにある。そして、米国と比べればまだましな状況にあるとはいえ、ヨーロッパもまた似たような道をたどりつつある。だからこそ、著者は断言する。「二〇世紀は終わった。米国は模倣すべきモデルではない」と。人びとの幸福感を高める社会を創るには、防御的経済成長の悪循環から抜け出さなければならない。そのためには、消費依存を生み出す現行の経済・社会制度の抜本的変革が必要である。

関係の豊かな社会へ向けた政策案

第Ⅳ部では、ポスト成長社会に移行するための諸々の政策案が提案されている。これらの政策案は、近年国際的議論となっている新しい幸福論の思潮を踏まえている。産業革命以降、近代西欧諸国では、物質的豊かさを中心に幸福を考える思想が発展した。二〇世紀半ばのＧＮＰ／ＧＤ

P指標の開発はこの傾向を加速化させ、以後、幸福を一人あたり国民所得で測定することが世界的な流行となった。GDP中心主義の幸福概念の普及において中心的役割を担ったのが経済学である。

英国の社会学者ウィリアム・デイヴィーズが指摘しているように、現代資本主義社会はGDP成長を暗黙的・明示的に社会の共通善とみなす特殊な形而上学の上に成立している。[8] 経済学のさまざまな概念装置や言説は、「実証科学（positive science）」の名のもとにこの形而上学を正当化してきた。

ところが、二一世紀に入ってから幸福概念の大転換が起こっている。代表的な動きとして国連が二〇一二年から刊行している『世界幸福度報告書（World Happiness Report）』を見てみよう。この報告書は従来のGDP中心主義を相対化し、「情動的幸福（affective happiness）」と「評価的幸福（evaluative happiness）」の二つの幸福概念を新たに導入している。[9]

情動的幸福とは、諸個人の情動的次元に関わる幸福感である。このカテゴリーでは、友情、家族と過ごす時間、パートナーとの性生活など日常生活から得られる幸せや、長距離通勤や上司との付き合いから生じる不幸せなどが問題となる。他方で評価的幸福は、諸個人の社会における役

（8）William Davies, *The Limits of Neoliberalism: Authority, Sovereignty, and the Logic of Competition, The Revised Edition*, London: Sage Publication, 2017, Ch. 1.

（9）United Nations, *World Happiness Report 2012*, pp. 7-8.

割や地位に関して生じる満足感や不満感を扱う。たとえば、高い所得、心身の健康、コミュニティにおける信頼度（社会関係資本）は生活満足度を高め、貧困、健康不良、コミュニティの社会関係の分断などは生活満足度の低下を引き起こすとされる。

情動的幸福も評価的幸福も、二〇世紀最後の四半世紀に始まった自然科学・社会科学・人文科学のパラダイム転換の影響を受けていると言える。

たとえば自然科学では、神経科学（ニューロサイエンス）の発達によって人間の認知能力の基礎にある情動（emotion）の役割が認められるようになってきた。その結果、デカルトが確立した古典的な心身二元論は乗り越えられ、ポスト・デカルト主義的な科学哲学が発展してきている。[10]社会科学では、社会関係資本の研究が進み、人間を原子論的な個人として捉えるのではなく、コミュニティの社会関係に埋め込まれた存在として捉える全体論的（ホリスティックな）アプローチが採用されるようになっている。[11]さらに、人文科学の中でも倫理学の分野では、アリストテレスや仏陀など古今東西の徳の倫理（virtue ethics）の再評価が進んでおり、人間の幸せを功利主義的な快楽原則ではなく、自然やコミュニティとの調和の中に求める動きが現れている。[12]

これら各分野における発見は、主流派経済学が採用する合理的経済人（ホモ・エコノミクス）という人間像の理論的限界を明らかにし、人間の行動と幸福感の構成要素を多面的に捉える必要性を私たちに教えてくれる。

実際に第Ⅳ部の議論には、これら新しい幸福論の片鱗がいたるところに垣間見える。たとえば教育政策について、バルトリーニは認知能力を偏重する旧来型の教育ではなく、生徒の内発的動機づけを刺激する参加型教育の重要性を主張している。その理論的基礎として神経科学者アントニオ・ダマシオの研究や、情操教育を実践するオルタナティブ学校の事例が紹介される。

働き方に関する政策案も同様で、職場の同僚や上司との良好なコミュニケーション環境や内発的動機づけが労働満足度に与えるプラスの影響が指摘される。生活の糧を稼ぐための仕事であっても、人は外発的動機づけ（経済的インセンティブ）だけでは行動しないのである。

また都市生活では、都市住民の社会関係資本を豊かにするという観点から、自動車交通の規制を中心に都市空間の再編成が提案されている。この部分は、第Ⅵ部で紹介されているコロンビアのボゴタ市の実践例と合わせて読むと、具体的なイメージがつかめるだろう。

ただし、都市生活に関する政策案は、現在の先進国で進められているさまざまな社会的実験を考慮するならば、少し物足りないかもしれない。たとえばロンドン、サンフランシスコ、デトロイト、東京など世界の大都市で普及している都市農業も、関係を豊かにする場づくりとして機能している。脱炭素型都市（ポスト・カーボン・シティ）や持続可能な都市（サスティナブル・シティ）

(10) Richard J. Davidson and Brianna S. Schuyler, 'Neuroscience of Happiness' in United Nations, *World Happiness Report 2015*.

(11) Leonardo Becchetti, Luigino Bruni and Stefano Zamagni, 'Human Values, Civil Economy, and Subjective Well-being' and Jeffrey Sachs, 'Investing in Social Capital' in United Nations, *World Happiness Report 2015*.

(12) Jeffrey D. Sachs, 'Restoring Virtue Ethics in Quest for Happiness' in United Nations, *World Happiness Report 2013*. および Becchetti, Bruni and Zamagni, *op.cit.*

の実践も、共生的な都市空間をデザインする取り組みとして見逃せないだろう。

そして、広告産業や民主主義制度に関する政策案は、その実現の困難さの点から現代消費社会の大きな課題――ポスト・デモクラシー――について正面から考える機会を与えてくれる。近年欧米諸国では、グローバリゼーションに反対する排外的な極右ポピュリズムの動きが目立ってきている。なぜそのような動きが出てきているかといえば、現行の民主主義制度が形骸化し、政党政治が巨大企業の権益を保護するための装置に成り下がってしまったからだ。その結果、既存の政治階級を信頼できなくなった民衆の声の一部が、排外的な極右政治運動の台頭を許す土壌を整えてしまった。

しかし、グローバリゼーションに反対するのは極右ポピュリズムだけではない。ヨーロッパ各国では急進左派の政治運動も台頭している。しばしば急進左派の政治運動も「ポピュリズム」というレッテルを貼られるが、それを大衆迎合主義と混同してはならないだろう。むしろ、急進左派運動に参画する人びとは、「人民主義」という本来の意味でのポピュリズムの活性化を通じて、民主主義政治の再生と経済制度の変革を構想しているからだ。

スペインのポデモスやギリシャの急進左派連合(Syrza)など、南ヨーロッパの新興左派政党はまさにその代表例である。また、ジェレミー・コービン率いる現在の英国労働党や、二〇一七年の米大統領選に立候補した民主党のバーニー・サンダースも、人民主義的なポピュリズム運動を通じた左派政治の立て直しの動きとして捉えられる。

欧米諸国のこのような政治状況を見ると、近年際立っている極右勢力と急進左派勢力の台頭とせめぎ合いの根底には、防御的経済成長モデルを加速化させるポスト・デモクラシーの問題があることが分かる。両者の政治イデオロギーの違いは、ポスト・デモクラシーへの対応の違いとなって現れている。極右ポピュリズムは排外主義とナショナリズムの強化を主張し、急進左派は新しい経済制度の構想を提案している。

このような状況において、バルトリーニは左派の立場からポスト成長社会の展望を構想する。従来の左派の経済政策を全面否定するのではなく、そのマクロ経済政策を関係の豊かな社会の構築へと積極的に活用していくことを提案している。

4 日本への示唆——関係の豊かな社会は可能だ

『幸せのマニフェスト』の分析や提案は、日本社会にどのような示唆を与えるだろうか。二〇一一年の東日本大震災以後、広井良典、西川潤、山崎亮などによって、ポスト成長社会への移行を構想する議論が日本でも展開されてきた。彼らは共通してコミュニティの再生に焦点を当て、高度成長期からバブル経済期に衰退していった日本のコミュニティの社会関係資本や社会参加／自治の文化を現代的に再構築しようとしている。彼らの議論に共通するのは、人口減少にともなう低成長時代を否定的に捉えるのではなく、コミュニティの生活を社会関係などの非経済的な要素で充実させることで、多次元的でバランスのとれた豊かさを求めていこうというものである。山崎亮の言葉を借りるならば、それは「縮充」の発想にほかならない[13]。

現在、日本各地で「縮充」の発想に基づいたコミュニティづくりが進んでいる。たとえば、地域独自の幸福度指標の作成に取り組む自治体が増え、東京都荒川区が中心となって「幸せリーグ」という自治体連合も形成された。また、鎌倉の面白法人カヤックのように、地域で働く人や企業を結びつけて社会関係資本の豊かな地域づくりに取り組む企業も現れている。東京のような大都会の中心で都市農業が行われたり、SNSで知り合った人たちが集まって空き家のリノベーションをしたり、シェアオフィスやコミュニティ・カフェをつくったりする動きもある。各地で子ども食堂が運営されたり、助産師による地域密着型の産前・産後ケア活動が始まったりなど、コミュニティの社会関係を豊かにする場づくりも盛んになってきている。

そして、とくに若い世代で脱成長的なライフスタイルへの関心が高まっているのは、戦後日本の長い歴史の中で大きな変化と言えるだろう。スローライフ、ダウンシフト、エコロジー、田園回帰、シェアリング・エコノミーは時代のキーワードとなってきており、私の経験からみても、大学の講義でこれらのトピックに関心を示す学生は年々増えている。若い世代にとって、コミュニティや田舎暮らしは窮屈なものではない。むしろ、都市化したライフスタイルの中で見失った時間のゆとり、人や自然とのつながりを再発見する場として、ポジティブに捉えられている。バルトリーニが欧米諸国の中に見出しているものと同質の文化的変革は、現代日本社会でも確実に芽生え、広がってきた。

　グローバリズムの時代は終わりつつあり、世界各地でローカルな未来を内発的に創造する動きが始まっている。だが、日本の政界や産業界は高度成長期の成功体験にいまだにしがみついており、マクロ政策のレベルでは依然として経済成長主義が根強いイデオロギーとして支持されている。米国的生活への信仰も根強く、政府の働き方改革や教育改革は周回遅れでグローバリズムの幻想を追いかけようとしている。エネルギー政策は世界標準から大きく後退しているありさまだ。現代日本には大胆な発想転換が必要だが、政界・産業界のエリートたちにその能力が欠けていると思われる。

　本書でバルトリーニが的確に指摘しているように、その主要な原因は可能性の感覚が狭まってしまったことにある。私たち現代日本人の多くは、子どものころから消費文化に浸って暮らし、受験を勝ち抜くための教育を受け、企業や官僚組織の集団の論理に従って働くような生き方を何十年も当然視して繰り返してきた。その一方で、現行の政治・経済・社会状況を批判的に検証したり、オルタナティブな社会の選択肢を想像したりする能力を育むことを怠ってきた。こうして社会構想や政策立案を政治家任せにする「お任せ民主主義」に慣れきっているのである。

　一方で、バブル経済崩壊後の「失われた二〇年」とその直後に起こった東日本大震災と福島第一原発事故は、戦後日本の経済社会構造の限界を大きく開示した。これら一連の構造的な危機を

(13) 山崎亮『縮充する日本――「参加」が創り出す人口減少社会の希望』PHP新書、二〇一六年。

契機に、新しい社会を求める多様な運動や社会的実験は小規模ながら日本の各所に現れている。これら市民社会の自発的な取り組みと可能性をマクロなレベルで形にしていくことができないとしたら、これほど残念なことはない。

私たちの収縮した可能性の感覚を活性化し、ローカルな市民生活で起こってきている文化の変革を政治的変革へと結びつけるには、どうすればよいだろうか。本書はそのためのさまざまなヒントを与えてくれる。読者の皆さんには、それぞれの仕事や生活の立場からこの本に書かれている提案を自分なりに発展させていってほしい。

大学人として私がとくに重視したいのは、教育だ。現代は、経済成長神話が崩れた手すりなき時代である。このような時代において、私たちは米国的生活やグローバリゼーションを盲目的に信頼して流されるままに生きていくことはできない。これまで学校教育は、産業社会の諸制度のコードに従って生活する人間を育てようとしてきた。けれども、米国的生活の夢が幻想であり、グローバル経済の剥き出しの暴力が露になったいま、そのような決められたコードを当然視して生きることに何の意味があるというのか。

現代日本に必要な教育は、企業社会やグローバル経済に通用する人材を育てることではない。現行の経済システムは不安定で、いつでも私たちを裏切る。大切なのは、危機の時代に別の選択肢を創出していけるような豊かな想像力と社交性の能力を育む学びではないだろうか。

私たちは経済成長優先の生活を送る中で、さまざまな関係性を犠牲にしてきた。そして、これまであまりにもそのことから目を逸らし続けてきた。イタリアの精神科医レナート・パルマは言う。豊かな時間と人間関係を育むことを忘れてしまったおとなや教師は、家庭や学校で子どもに自分たちと同じ価値観を押し付けようとする。まず変わらなければならないのは、おとなたちだ[14]。

同じことが社会全体にも言えるだろう。米国的生活を盲信し、経済成長主義から抜け出せない日本のおとなたちは多い。若い世代の感性を育て、彼らに自由で創造的な未来を残していくためにも、まず変わらなければならないのは私たちおとなだ。日本もいまこそ成熟する時だ。可能性を次の世代に残すために。

（14）Renato Palma, *La facile felicità: Crescere insieme in une democrazia affettiva*, Italia: GoWare, 2014.

訳者あとがき

いまからもう二二年も前のことだが、大学進学をきっかけに山口県の小さな半島を飛び出して東京で一人暮らしを始めた。初めての大都会での生活。田舎にいたときにはあれほど憧れていたのに、その幻想はものの数カ月で崩れ去った。

近所付き合いのないアパート暮らしは、最初は気楽でよいものだと思っていた。だが、隣近所と挨拶のない生活はすぐにストレスに変わった。おすそ分けもないので、食べ物はなんでもお店で買わねばならない。外出時には家のドアに鍵をかけねばならないし、困ったときにお互いに世話を焼くこともない。周囲を眺めると、多くの人が長距離通勤・通学を当たり前のように繰り返している。都心の人工的な高層ビル群は、歩くと息が詰まりそうだ。田舎では家の裏の海に入って泳いだり、山道を走ったり木登りしたりして遊べていたのに、都会ではお金を払ってスポーツ・ジムに行かねばならない。都会の生活は、兎にも角にもお金がかかる。何かがおかしい。

『幸せのマニフェスト』の翻訳作業は、私の半生を追体験する経験でもあった。学生時代にもやもやと感じていたことが、「関係性の貧困」や「防御的経済成長」という概念によって鮮やかに言語化され、「そうだ、そうなんだよ。うん、うん」と頷きながら訳文を作成していった。本書を手に取られた読者の中にも、自分事として受けとめていただける方が少なからずいるのではなかろうか。そうだとしたら、翻訳した甲斐があったと思う。

本書制作にあたって、著者ステファァーノ・バルトリーニからは全体の構成や原文の編集について多くのフィードバックをいただいた。本書は私にとって初のイタリア語の翻訳書となるが、彼の寛大で柔軟な対応には大いに助けられた。この場を借りて謝意を表したい。

出版社コモンズの大江正章さんにはいつもどおり、的確な助言と編集作業で助けていただいた。解説がなかなか仕上がらずにご迷惑をおかけしたにもかかわらず、最後まで辛抱強く待っていただいたことに、改めて感謝を申し上げる。

本書の制作時期の大部分は、私の研究生活で最も困難な時期と重なっている。研究費もなく、生活も苦しく、先が見えない不安な時期が数年続いたが、そのときに支えてくれたのは友人や知人という社会関係資本だった。とくに二〇一五年一〇月にフランスのレンヌでの国際会議に出席した際は、NPO法人アジア太平洋資料センターの会員有志の皆様から渡航費をカンパしていただいた。この支援がなければ、バルトリーニと出会うこともなかったし、本書の出版もなかっただろう。この場を借りて、関わっていただいたすべての方々にお礼を申し上げたい。

そして last but not least。本書の内容の重要な部分は、国際基督教大学で毎年行っている開発学入門、平和研究Ⅱ、開発倫理学入門の講義で議論し、訳語を含め理解を深めていった。講義に参加したすべての受講生に謝意を表し、本書を捧げる。

二〇一八年七月六日

中野　佳裕

Policy. London: Routledge.

Ulhaner, C. J. (1989). Relational Goods and Participation: Incorporating Sociability into a Theory of Rational Action. *Public Choice*, 62, pp. 253-285.

UNICEF (2007). *Child Friendly Schools Manual*,
URL: https://www.unicef.org/publications/files/Child_Friendly_Schools_Manual_EN_040809.pdf

Warner, R., Appleby, L., Whitton, A., and Faragher, B. (1996). Demographic and Obstetric Risk Factors for Postnatal Psychiatric Morbidity. *British Journal of Psychiatry*, 168, pp. 607-611.

Warr, P. (1999). Well-Being and the Workplace. *In Well-Being*: *The Foundations of Hedonic Psychology*, edited by D. Kahneman, E. Diener, and N. Schwarz, New York: Russell Sage Foundation, pp. 392-412.

Wilkinson, R. and Pickett, K. (2009). *La misura dell'anima.* Milano: Feltrinelli. (邦題　リチャード・ウィルキンソン、ケイト・ピケット『平等社会――経済成長に代わる、次の目標』酒井泰介・訳、東洋経済新報社、2010 年)

Williams, G., Frankell, R., Campbell, T., and Deci, E. (2000). Research on Relationship-Centred Care and Healthcare Outcomes from the Rochester Biopsychosocial Program. A Self-Determination Theory Integration. *Families, Systems & Health*, 18, pp. 79-90.

Wood, L., Shannon, T., Bulsara, M., Pikora, T., McCormack, G., and Giles-Corti, B. (2008). The Anatomy of the Safe and Social Suburb: An Exploratory Study of the Built Environment, Social Capital and Residents' Perceptions of Safety. *Health & Place,* Vol. 14, No. 1, pp. 15-31.

Wood, L. and Christian, H. (2011). Dog Walking as a Catalyst for Strengthening the Social Fabric of the Community. In *The Health Benefits of Dog Walking for People and Pets. Evidence & Case Studies*, edited by R. Johnson, A. Beck, and S. McCune, West Lafayette: Purdue University Press.

Woods, P., Jeffrey, B., Troman, G. and Boyle, M. (1997). *Restructuring Schools, Reconstructing Teachers*. Buckingham: Open University Press.

Woods P., Ashley, M., and Woods, G. (2005). *Steiner Schools in England: Research Report RR645* (Department for Education and Skills).

Wright, R. (1995). *The Moral Animal*. New York: Vintage.

ショアー『働きすぎのアメリカ人——予期せぬ余暇の減少』森岡孝二ほか・訳、窓社、1993年）

Schor, J. (1998). *The Overspent American: Why We Desire What We Don't Need.* New York: Basic Books.（邦題　ジュリエット・B・ショア『浪費するアメリカ人——なぜ要らないものまで欲しがるか』森岡孝二・監訳、岩波現代文庫、2011年）

Schor, J. (2005). *Nati per comprare.* Milano: Apogeo.

Sclavi, T., and Brindisi, B. (1997). *Dylan Dog: Tre per zero.* Milano: Bonelli.

Screpanti, E. (2009a). *Democrazia Radicale*, URL: http://www.democraticidiretti.org/.

Screpanti, E. (2009b). *Democrazia radicale con revocabilità delle deleghe,* URL: http://www.econ-pol.unisi.it/-blog/?p=796.

Sheldon, K. M. and Flanagan, M. (2001). *Extrinsic Value Orientation and Dating Violence*, mimeo.

Sheldon, K. M., Sheldon, M. S., and Osbadilston, R. (2000). Prosocial Values and Group Assortation in an N-Person Prisoner Dilemma. *Human Nature*, 11, pp. 387-404.

Sliwka, A. (2008). *The Contribution of Alternative Education in Innovating to Learn, Learning to Innovate.* Paris: OECD Publishing. URL: http://dx.doi.org/10.1787/978926404 7983-6-en

Solberg, E. C., Diener, E., Robinson, M. D. (2004). Why Are Materialists Less Satisfied?. In *Psychology and Consumer Culture. The Struggle for a Good Life in a Materialistic World*, edited by T. Kasser and A. D. Kanner, Washington: American Psychological Association.

Spector, P. E. (1997). *Job Satisfaction: Application, Assessment, Cause, and Consequences*. Thousand Oaks: SAGE Publication.

Stanfeld, S. A. (2006). Social Support and Social Cohesion. In *Social Determinants of Health,* edited by M. Marmot and R. G. Wilkinson, Oxford: Oxford University Press.

Stevenson, B. and Wolfers, J. (2008). Economic Growth and Subjective Well-Being. Reassessing the Easterlin Paradox. *IZA Discussion Papers,* 3654 (Institute of Labor Economics).

Titmuss, R. (1970). *The Gift Relationship: From Human Blood to Social*

柴内康文・訳、柏書房、2006 年）
Richins, M. L. and Dawson, S. (1992). A Consumer Values Orientation for Materialism and Its Measurement: Scale Development and Validation. *Journal of Consumer Research*, 19, pp. 303-316.

Ridley, M. (1998). *The Origins of Virtue. Human Instincts and the Evolution of Cooperation*. New York: Penguin.

Robins, L. N., Helzer, J. E., Weissman, M. M., Orvaschel, H., Gruenberg, E., Burke, J. D., and Regier, D. A. (1984). Lifetime Prevalence of Specific Psychiatric Disorders in Three Sites. *Archives of General Psychiatry*, 41, pp. 949-958.

Robinson, T. N., et al. (2001). Effects of Reducing Television Viewing on Children's Requests for Toys: A Randomized Controlled Trial. *Journal of Developmental & Behavioral Pediatrics*, XXII, 3, pp. 179-183.

Rogers, S. H., Halstead, J.M., Gardner, K.H., and Carlson, C.H. (2010). Examining Walkability and Social Capital as Indicators of Quality of Life at the Municipal and Neighborhood Scales. *Applied Research in Quality Life*, Vol. 6, No. 2, pp. 201-213.

Rogerson, R. (2008). Structural Transformation and the Deterioration of European Labor Market Outcomes. *Journal of Political Economy,* Vol. 116, No. 2, pp. 235-259.

Ryan, R. M. (1995). Psychological Needs and the Facilitation of Integrative Process. *Journal of Personality*, 63, pp. 397-427.

Saffer, H. and Lamiraud, K. (2008). The Effect of Hours of Work on Social Interaction. *NBER Working Papers*, 13743 (National Bureau of Economic Research).

Salvadori, M. L. (2009). *Democrazie senza democrazia.* Roma-Bari: Laterza.

Sarracino, F. (2007). *Social Capital Trends in Europe*, mimeo, Firenze: Università di Firenze.

Sarracino, F. (2010). Social Capital and Subjective Well-Being Trends: Comparing 11 Western European Countries. *Journal of Socio-Economics*, Vol. 39, No. 4, pp. 482-517.

Schor, J. (1992). *The Overworked American: The Unexpected Decline of Leisure in America.* New York: Basic Books.（邦題　ジュリエット・B・

OECD. (2017). *PISA 2015 Results: Students Well-being (Volume III)*, URL: http://www.keepeek.com/Digital-Asset-Management/oecd/education/pisa-2015-results-volume-iii_9789264273856-en#page1

Organ, D. W., and Ryan, K. (1995). A Meta-Analytic Review of Attitudinal and Dispositional Predictors of Organizational Citizenship Behavior. *Personnel Psychology*, 48, pp. 775-802.

Ostrom, E. (1990). *Governing the Commons: The Evolution of Institutions for Collective Action*. Cambridge: Cambridge University Press.

Pallante, M. (2005). *La decrescita felice*. Roma: Editori Riuniti.

Palma, R. (2009). *I sì che aiutano a crescere*. Pisa: Ets.

Peñalosa, E. (2003). La città per tutti. *Internazionale*, pp. 457.

Peretti, A. (2008). *I giardini dell'Eden. Il lavoro riconciliato con l'esistenza.* Napoli: Liguori.

Polanyi, K. (1968). *The Great Transformation.* Boston: Beacon Press.（邦題　カール・ポラニー『[新訳]大転換――市場社会の形成と崩壊』野口建彦、栖原学・訳、東洋経済新報社、2009 年）

Pollard, A., Broadfoot, P., Croll, P., Osborn, M., and Abbott, D. (1994). *Changing English Primary Schools? The Impact of the Education Reform Act at Key Stage 1(Cassell Education).* London: Cassell.

Pugno, M. (2004). The Subjective Well-being Paradox: A Suggested Solution Based on Relational Goods. In Bruni and Porta (eds.) (2007).

Pugno, M. (2008). Economics and the Self. A Formalization of Self-Determination Theory. *Journal of Socio-Economics*, Vol. 37, No.4, pp. 1328-1346.

Pugno, M. (2009). The Easterlin Paradox and the Decline of Social Capital: An Integrated Explanation. *Journal of Socio-Economics*, Vol. 38, No. 4, pp. 590-600.

Pugno, M. (2011). Economy, People's Personal Autonomy and Well-Being. In *Human Autonomy in Cross-Cultural Context: Perspectives on the Psychology of Agency, Freedom, and Well-Being*, edited by V. I. Chirkov, R. M. Ryan, and K. M. Sheldon, Heidelberg: Springer, pp. 207-239.

Putnam, R. D. (2004). *Capitale sociale ed individualismo: Crisi e rinascita della cultura civica in America.* Bologna: il Mulino.（邦題　ロバート・D・パットナム『孤独なボウリング――米国コミュニティの崩壊と再生』

pp. 267-283.

McNess, E., Broadfoot, P., and Osborn, M. (2003). Is the Effective Compromising the Affective? *British Educational Research Journal*, Vol. 29, No. 2, pp. 243-257.

Menter, I., Muschamp, Y., Necolls, P., Ozga, J. and Pollard, A. (1997). *Work and Identity in the Primary School: A Post-Fordist Analysis*. Buckingham: Open University Press.

Miles, D. E., Borman, W. E., Spector, P. E., and Fox, S. (2002). Building an Integrative Model of Extra Role Work Behaviors. A Comparison of Counterproductive Work Behavior with Organizational Citizenship Behavior. *International Journal of Selection and Assessment*, 10, pp. 51-57.

Miner, A. G. (2001). *Experience Sampling Events, Moods, Behaviors, and Performance at Work*, PhD Thesis, University of Illinois, Urbana-Champaign.

Montessori, M. (1964). *The Montessori Method*. New York: Schocken.

Montgomery, C. (2013). T*he Happy City, Farrar.* New York: Straus and Giroux.

Moore, K. A. and Lippman, L. H. (eds.) (2006). *What Do Children Need to Flourish? Conceptualizing and Measuring Indicators of Positive Development*. New York: Springer Science, pp. 357-373.

Murphy, R. and Weinhardt, F. (2013). The Importance of Rank Position. *CEP Discussion Paper, London School of Economics*, No. 1241.

Myers, D. and Diener, E. (1997). The Science of Happiness. *The Futurist*, Vol. 31, No. 5, pp. 1-7.

Nairn, A.,Ormrod, J., and Bottomley, P. (2007). *Watching, Wanting and Well-Being. Exploring the Links*. London: National Consumer Council.

Nasar, J. L. (2003). Does Neotraditional Development Build Community? *Journal of Planning Education and Research*, Vol. 23, No. 1, pp. 58-68.

North, D. C. (1981). *Structure and Change in Economic History*. New York and London: Norton & Company.（邦題　ダグラス・C・ノース『経済史の構造と変化』大野一・訳、日経 BP 社、2013 年）

North, D. C., and Thomas, R. P. (1973). *The Rising of Western World. A New Economic History.* Cambridge: Cambridge University Press.（邦題 D・C・ノース、R・P・トマス『西欧世界の勃興――新しい経済史の試み』速水融、穐本洋哉・訳、ミネルヴァ書房、1980 年）

Leyden, K. M. (2003). Social Capital and the Built Environment: the Importance of Walkable Neighbourhoods. *American Journal of Public Health,* Vol. 93, No. 9, pp. 1546-1551.

Lillard, A. and Else-Quest N. (2006). Evaluating Montessori Education, *Science*, Vol. 313, 29 September.

Lillard, L. (2005). *Montessori: The Science Behind the Genius*. New York: Oxford University Press.

Lund, H. (2002). Pedestrian Environments and Sense of Community. *Journal of Planning Education and Research*, Vol. 21, No. 3, pp. 301-312.

Lund, H. (2003). Testing the Claims of New Urbanism: Local Access, Pedestrian Travel, and Neighboring Behaviors. *Journal of the American Planning Association,* Vol. 69, No. 4, pp. 414-429.

Marks, N., and Shah, H. (2004). A Well-Being Manifesto for a Flourishing Society. In *The Science of Well-Being,* edited by F. A. Huppert, B. Keverne and N. Baylis, London: Oxford University Press.

Marks, N., Shah, H., and Westall, A. (2004). *The Power and Potential of Well-Being Indicators*. London: New Economics Foundation. URL: www.neweconomics.org.

Martin, M. C. (1997). Children's Understanding of the Intent of Advertising: A Meta-Analysis. *Journal of Public Policy and Advertising*, XVI, 2, pp. 205-216.

Mayer, J., Salovey, P., and Caruso, D. (2000). Models Intelligence. In *Handbook of Intelligence*, edited by R. Sternberg, Cambridge: Cambridge University Press, pp.369-420.

Mayer, J. D. (2001). Emotion, Intelligence, and Emotional Intelligence. In *Handbook of Affect and Social Cognition*, edited by J. P. Forgas, Mahwah, NJ: Lawrence Erlbaum Associates, Publishers.

McConnell, P., Bebbington, P., McClelland, R., Gillespie, K., and Houghton, S. (2002). Prevalence of Psychiatric Disorder and the Need for Psychiatric Care in Northern Ireland: Population Study in the District of Derry. *British Journal of Psychiatry*, 181, pp. 214-219.

McHoskey, J. W. (1999). Machiavellianism, Intrinsic Vs. Extrinsic Goals, and Social Interest. A Self-Determination Theory. *Motivation and Emotion,* 23,

Kiecolt-Glaser, J. K., Loving, T. J., Stowell, J. R., Malarkey, W. B., Lemeshow, S. L., Dickinson, S. L., and Glaser, R. (2005). Hostile Marital Interactions, Proinflammatory Cytokine Production and Wound Healing. *Archives of General Psychiatry*, 62, pp. 1377-1384.

Kim, J., and Kaplan, R. (2004). Physical and Psychological Factors in Sense of Community: New Urbanist Kentlands and Nearby Orchard Village. *Environment and Behavior,* Vol. 36, No. 3, pp. 313-340.

Klem, A. M., and Connell, J. P. (2004). Relationships Matter: Linking Teacher Support to Student Engagement and Achievement. *Journal of School Health,* Vol. 74, No. 7, pp. 262-273.

Klerman, G. L., Lavori, P. W., Rice, J., Reich, T., Endicott, J., Andreasen, N. C., Keller, M. B., and Hirschfield, R.M.A. (1985). Birth Cohort Trends in Rates of Major Depressive Disorder among Relatives of Patients with Affective Disorder. *Archives of General Psychiatry*, 42, pp. 689-693.

Latouche, S. (1992). *L'occidentalizzazione del mondo*. Torino: Bollati Boringhieri.

Latouche, S. (1995). *La Megamacchina. Ragione tecnoscientifica, ragione economica e mito del progresso.* Torino: Bollati Boringhieri.

Latouche, S. (2005). *Come sopravvivere allo sviluppo. Dalla decolonizzazione dell'immaginario economico alla costruzione di una società alternativa.* Torino: Bollati Boringhieri.（邦題　セルジュ・ラトゥーシュ『経済成長なき社会発展は可能か？——〈脱成長〉と〈ポスト開発〉の経済学』中野佳裕・訳、作品社、2010 年）

Latouche, S. (2008). *Breve trattato sulla decrescita serena*. Torino: Bollati Boringhieri.（邦題—同上）

Layard, R. (2005). *Felicità. La nuova scienza del benessere comune*. Milano: Rizzoli.

Levy, B. R., Slade, M. D., Kunkel, S. R., and Kasl, S. V. (2002). Longevity Increased by Self-Perception of Age. *Journal of Personality and Social Psychology*, Vol. 83, No. 2, pp.261-270.

Lewinsohn, P., Rohde, P., Seeley, J. R., and Fischer, S. A. (1993). Age-Cohort Changes in the Lifetime Occurrence of Depression and Other Mental Disorders. *Journal of Abnormal Psychology,* 102, pp. 110-120.

H. Lippman, New York: Springer Science, pp. 357-373.

Kasser, T., and Ryan, R. M. (1993). A Dark Side of the American Dream: Correlates of Financial Success as a Central Life Aspiration. *Journal of Personality and Social Psychology*, Vol. 65, No. 2, pp. 410-422.

Kasser, T., and Ryan, R. M. (1996). Further Examining the American Dream: Differential Correlates of Intrinsic and Extrinsic Goals. *Personality and Social Psychology Bulletin*, 22, pp. 280-287.

Kasser, T., and Ryan, R. M. (2001). Be Careful What You Wish For: Optimal Functioning and the Relative Attainment of Intrinsic and Extrinsic Goals. In *Life Goals and Well-Being. Towards a Positive Psychology of Human Striving*, edited by P. Schmuck and K. M. Sheldon, Göttingen: Hogrefe & Huber Publishers, pp. 116-131.

Kasser, T., Ryan, R. M., Zax, M., and Sameroff, A. J. (1995). The Relations of the Maternal and Social Environments to Late Adolescents' Materialistic and Prosocial Values. *Developmental Psychology,* 31, pp. 907-914.

Kasser, T., and Sheldon, K. M. (2000). Of Wealth and Death. Materialism, Mortality Salience, and Consumption Behaviour. *Psychological Science*, 11, pp. 352-355.

Kawachi, I., Kennedy, B. P., Lochner, K., and Prothow-Stith, D. (1997). Social Capital, Income Inequality and Mortality. *American Journal of Public Health*, Vol. 87, No. 9, pp. 1491-1498.

Kessler, R. C. and Frank, R. G. (1997). The Impact of Psychiatric Disorders on Work Loss Days. *Psychological Medicine*, 27, pp. 861-873.

Kessler, R. C., McGonagle, K. A., Zhao, S., Nelson, C. B., Hughes, M., Eshleman, S., Wittchen, H.-U., and Kendler, K. S. (1994). Lifetime and 12-Month Prevalence of Dsm-III-R Psychiatric Disorders in the United States: Results from the National Comorbidity Survey. *Archives of General Psychiatry*, 51, pp. 819.

Keyes, C. (2004). The Nexus of Cardiovascular Disease and Depression Revisited: The Complete Mental Health Perspective and the Moderating Role of Age and Gender. *Aging and Mental Health*, 8, pp. 266-274.

Khanna, S., and Kasser, T. (2001). *Materialism, Objectification, and Alienation from a Cross-Cultural Perspective*, mimeo.

Puzzle? *Social Indicators Research*, 81, pp. 455-496.

Helliwell, J. F., and Huang, H. (2005). How's the Job? Well-Being and Social Capital in the Workplace. *NBER Working Papers,* 11759 (National Bureau of Economic Research).

Helliwell, J. F., Huang, H., and Putnam, R. D. (2009). How's the Job? Are Trust and Social Capital Neglected Workplace Investments? In *Social Capital Reaching Out, Reaching In*, edited by W. Ona and J. H. Davis, Cheltenham: Edwaed Elgar.

Hirsch, F. (1981). *I limiti sociali allo sviluppo.* Milano: Bompiani.

Hrdy, S. B. (2000). *Mother Nature: Maternal Instincts and How They Shape the Human Species*. New York: Ballantine Books.

Illich, I. (1970). *Descolarizzare la società*. Milano: Mondadori.(邦題 イヴァン・イリッチ『脱学校の社会』東洋、小澤周三・訳、東京創元社、1977年)

Jagannathan, R., Kapoor, M., and Schaumburg, E. (2009). Why Are We in a Recession? The Financial Crisis Is the Symptom, not the Disease! *NBER Working Papers*, 15404 (National Bureau of Economic Research).

James, T. E. (1965). *Children and the Law*. London: Pergammon Press.

Jenkins, R., Lewis, G., Bebbington, P., Brugha, T., Farrell, M., Gill, B., and Meltzer, H. (1997). The National Psychiatric Morbidity Surveys of Great Britain: Initial Findings from the Household Survey. *Psychological Medicine,* 27, pp. 775-789.

Jetten, J., Haslam, C., and Haslam, S. A. (eds.) (2010). *The Social Cure: Identity, Health and Well-Being*. New York: Psychology Press.

Judge, T. A., Thoreson, C. J., Bono, J. E., and Patton, G. K. (2001). The Job Satisfaction-Job Performance Relationship: A Qualitative and Quantitative Review. *Psychological Bulletin*, 127, pp. 376-407.

Kanner, A, and Gomes, M. E. (1995). The All-Consuming Self. In *Ecopsychology*: *Restoring the Earth, Healing the Mind*, edited by T. Roszak, and K.Allen, M. E. Gomes, San Francisco: Sierra Club Books.

Kasser, T. (2002). *The High Price of Materialism*. Cambridge, MA: MIT Press.

Kasser, T. (2005). Frugality, Generosity, and Materialism in Children and Adolescents. In *What Do Children Need to Flourish? Conceptualizing and Measuring Indicators of Positive Development*, edited by K. A. Moore and L.

Gilens, M. and Page, B. I. (2014). Testing Theories of American Politics. *Perspectives on Politics*, 12, pp. 564-581.

Gintis, H. (2000). Strong Reciprocity and Human Sociality. *Journal of Theoretical Biology,* 206, pp. 169-179.

Gintis, H. (2003a). The Hitchhiker's Guide to Altruism: Genes, Culture, and the Internalization of Norms. *Journal of Theoretical Biology*. CCXX, 4, pp. 407-418.

Gintis, H. (2003b). Solving the Puzzle of Human Prosociality. *Rationality and Society*, XV, 2, pp. 155-187.

Gneezy, U., and Rustichini, A. (2000). A Fine is a Price. *Journal of Legal Studies,* Vol. 29, No. 1, pp. 1-17.

Goleman, D. (1995). *Emotional Intelligence: Why It Can Matter More Than IQ*. New York: Basic Books.

Gottfried, A. E. (1990). Academic Intrinsic Motivation in Young Elementary School Children. *Journal of Educational Psychology,* Vol. 82, No. 3, pp. 525-538.

Griffin, R. W. (1991). Effects of Work Redesign on Employee Perceptions, Attitudes, and Behaviors: A Long-Term Investigation. *Academy of Management Journal*, 34, pp. 425-435.

Gruppo, M. (2006). *Miseria umana della pubblicità: Il nostro stile di vita sta uccidendo ilmondo.* Milano: Elèuthera.

Gui, B. (1987). Eléments pour une définition d'«économie communautaire»? *Notes et Documents*, 19-20, pp. 32-42.

Gui, B. (2005). Economic Interactions as Encounters. In Gui and Sugden (eds.).

Gui, B. and Sugden, R. (eds.) (2005). *Economics and Social Interaction.* Cambridge: Cambridge University Press.

Harter, J. K., Schmidt, F. L., and Hayes, T. L. (2002). Business-unit-level Relationship Between Employee Satisfaction, Employee Engagement and Business Outcomes: A Meta-Analysis. *Journal of Applied Psychology,* 87, pp. 268-279.

Hauser, M. D. (2006). *Moral Minds: How Nature Designed Our Universal Sense of Right and Wrong*. New York: Ecco.

Helliwell, J. F. (2007). Well-Being and Social Capital: Does Suicide Pose a

of Michigan Press.
Frank, L. D., Sallis, J. F., Saelens, B. E., Leary, L., Cain, K., Conway, T. L., et al. (2010). The Development of a Walkability Index: Application to the Neighborhood Quality of Life Study. *British Journal of Sports Medicine*, Vol. 44, No.13, pp.924-933.

Frank, R. H., Gilovich, T., and Regan, D. T. (1993). Does Studying Economics Inhibit Cooperation? *Journal of Economic Perspectives,* Vol. 7, No. 2, pp. 159-171.

Frey, B., and Jegen, R. (2001). Motivation Crowding Out Theory. *Journal of Economic Surveys,* Vol. 15, No. 5, pp. 589-611.

Galbraith, J. K. (1972). *La società opulenta.* Torino: Bollati Boringhieri.（邦題ジョン・ケネス・ガルブレイス『ゆたかな社会 決定版』鈴木哲太郎・訳、岩波現代文庫、2006 年）

Galdo, A. (2008). *Non sprecare.* Torino: Einaudi.

Gardner, H. (2002). *Formae mentis: Saggio sulla pluralità della intelligenza.* Milano: Feltrinelli.

Gatersleben, B., Meadows, J., Abrahamse, W., and Jackson, T. (2008). *Materialistic and Environmental Values of Young People,* mimeo, Guildford: University of Surrey.

George, J. M. (1990). Personality, Affect, and Behavior in Groups. *Journal of Applied Psychology*, 75, pp. 107-116.

George, J. M. (1995). Leader Positive Mood and Group Performance: The Case of Customer Service. *Journal of Applied Social Psychology,* 25, pp. 778-794.

George, J. M. and Brief, A. P. (1992). Feeling Good-Doing Good: A Conceptual Analysis of the Mood at Work-Organizational Spontaneity Relationship. *Psychological Bulletin*, 112, pp. 310-329.

Gerbner, G. (1999). *Foreword: Telling All the Stories. In Consuming Environments*, edited by M. Budd, S. Craig and C. Steinman. New Brunswick: Rutgers University Press.

Gesualdi, F. (2005). *Sobrietà.* Milano: Feltrinelli.

Gilderbloom, J. I., Riggs, W. W., and Meares,W. L. (2015). Does Walkability Matter? An Examination of Walkability's Impact on Housing Values. *Foreclosures and Crime,* Vol. 42, Part A, February 2015, pp. 13-24.

tions. *Journal of Personality and Social Psychology,* 18, pp. 105-115.

Deci, E. and Flaste, R. (1995). *Why We Do What We Do: The Dynamics of Personal Autonomy.* New York: Putnam Publishing.

Deci, E., Koestner, R., and Ryan, R. M. (1999). Extrinsic Rewards and Intrinsic Motivations: A Clear and Consistent Picture after All, mimeo, Department of Psychology. Rochester: University of Rochester.

Deci, E., and Ryan, R. M, (2002). The Paradox of Achievement: The Harder You Push, the Worse It Gets. In *Improving Academic Achievements. Contributions of Social Psychology,* edited by J. Aronson, New York: Academic Press.

Deluga, R. J., and Mason, S. (2000). Relationship of Resident Assistant Conscientiousness, Extraversion, and Positive Affect with Rated Performance. *Journal of Research in Personality,* 34, pp. 225-235.

Del Vecchio, G.(1997). *Creating Ever-Cool: A Marketer's Guide to a Kids Heart.* Gretna: Pelican Publishing Company.

De Waal, F. B. M. (1997). *Good Natured: The Origins of Right and Wrong in Humans and Other Animals.* Cambridge (Ma): Harvard University Press.（邦題　フランス・ドゥ・ヴァール『利己的なサル、他人を思いやるサル――モラルはなぜ生まれたのか』西田利貞、藤井留美・訳、草思社、1998 年）

Diener, E. and Seligman, M. (2004). Beyond Money: Towards an Economy of Well-Being. *Psychological Science in the Public Interest,* 5, pp. 1-31.

Du Toit, L., Cerin, E., Leslie, E. and Owen, N. (2007). Does Walking in the Neighbourhood Enhance Local Sociability? *Urban Studies,* Vol. 44, No. 9, pp. 1677-1695.

Durlak, J. A., Weissberg, R. P., Dymnicki, A. B., Taylor, R. D., Schellinger, K. B. (2001). The Impact of Enhancing Students' Social and Emotional Learning: a Meta-analysis of School-based Universal Interventions. *Child Development,* Vol. 82, No. 1, pp. 405-432.

Erbani, F. (2009). Noi urbanisti abbiamo fallito. *la Repubblica,* 10 dicembre.

Fehr, E., and Gächter, S. (2000). Cooperation and Punishment, *American Economic Review*. XC, 4, pp. 980-994.

Field, A. J. (2004). *Altruistically Inclined? The Behavioral Sciences, Evolutionary Theory, and the Origins of Reciprocity.* Ann Arbor: University

Bruni, L., and Porta, P. (eds.) (2007). *A Handbook on Happiness and Economics.* Cheltenham: Edward Elgar.

Bruni, L., and Stanca, L. (2008). Watching Alone. Happiness, Relational Goods and Television. *Journal of Economic Behavior and Organization,* LXV, 3-4, pp. 506-528.

Bruni, L., and Zamagni, S. (2007). *Civil Economy.* Oxford: Peter Lang.

Camerer, C., and Thaler, R. (1995). Ultimatums, Dictators, and Manners. *Journal of Economic Perspectives,* Vol. 9, No. 2, pp. 209-219.

Camerer, C., Loewenstein, G., and Prelec, D. (2005). Neuroeconomics: How Neuroscience Can Inform Economics. *Journal of Economic Literature,* 43, pp. 9-64.

Cloninger S. C. (1996). *Personality, Description, Dynamics and Development.* New York: Freeman and Company.

Cohen, P., and Cohen, J. (1996). *Life Values and Adolescent Mental Health.* Mahwah: Lawrence Erlbaum.

Cohen, S. (2005). Keynote Presentation at the Eight International Congress of Behavioral Medicine. The Pittsburgh Common Cold Studies. *International Journal of Behavioral Medicine,* 12, pp. 123-131.

Coleman, A. (2008). *A Dictionary of Psychology (3rd ed.).* New York: Oxford University Press.

Cross, G. (1993). *Time and Money: The Making of Consumer Culture.* New York: Routledge.

Crouch, C. (2005). *Postdemocrazia.* Roma-Bari: Laterza.（邦題　コリン・クラウチ『ポスト・デモクラシー——格差拡大の政策を生む政治構造』山口二郎・監修、近藤隆文・訳、青灯社、2007 年）

Csikszentmihalyi, M. (1997). *Finding Flow.* New York: Basic Books.

Damasio, A. R. (2005). *L'errore di Cartesio*. Milano: Adelphi.（邦題　アントニオ・R・ダマシオ『デカルトの誤り——情動、理性、人間の脳』田中三彦・訳、ちくま学芸文庫、2010 年）

Danner, D., Snowdown D., and Friesen W. (2001). Positive Emotions in Early Life and Longevity: Findings from the Nun Study. *Journal of Personality and Social Psychology,* Vol. 80, No.5, pp. 804-813.

Deci, E. (1971). Effects of Externally Mediated Rewards on Intrinsic Motiva-

mimeo, Università di Siena.

Borman, W. C., Penner, L. A., Allen, T. D., and Motowidlo, S. J. (2001). Personality Predictors of Citizenship Performance. *International Journal of Selection and Assessment,* 9, pp. 52-69.

Bowles, S. (2000). Economic Institutions as Ecological Niches. *Behavior and Brain Sciences,* Vol. 23, No. 1, pp. 148-149.

Bowles, S. (2006). Group Competition, Reproductive Leveling, and the Evolution of Human Altruism. *Science,* 314, pp. 1669-1672.

Bowles, S., Choi, J.K., and Hopfensitz, A. (2003). The Co-evolution of Individual Behaviors and Social Institutions. *Journal of Theoretical Biology,* 223, pp. 135-147.

Bowles, S., and Gintis, H. (2004). Persistent Parochialism: Trust and Exclusion in Ethnic Networks. *Journal of Economic Behavior and Organization,* Vol. 55, No. 1, pp. 1-23.

Bowles, S., and Gintis, H. (2011). *A Cooperative Species: Human Reciprocity and Its Evolution.* Princeton. NJ: Princeton University Press.（邦題　サミュエル・ボウルズ、ハーバート・ギンタス『協力する種——制度と心の共進化』竹澤正哲・監訳、大槻久ほか・訳、NTT 出版、2017 年）

Bowles, S., and Hammerstein, P. (2003). Does Market Theory Apply to Biology? In *Genetic and Cultural Evolution of Cooperation,* edited by P. Hammerstein, Cambridge, Ma: MIT Press, pp. 153-165.

Bowles, S. and Jayadev, A. (2006). Guard Labor: An Essay in Honor of Pranab Bardhan. *Journal of Development Economics,* Vol. 79, No. 2, pp. 328-348.

Bowles, S., and Posel, D. (2005). Genetic Relatedness Predicts South African Migrant Workers' Remittances to Their Families. *Nature*, 434, pp. 380-383.

Brown, B. B., and Cropper, V. L. (2001). New Urban and Standard Suburban Subdivisions: Evaluating Psychological and Social Goals. *Journal of the American Planning Association*, Vol. 67, No. 4, pp. 402-419.

Brulé, G., and Veenhoven, R. (2014). Participatory Teaching and Happiness in Developed Nations. *Advances in Applied Sociology*, 4, pp. 235-245.

Bruni, L. (2005). Hic sunt leones. Interpersonal Relations as Unexplored Territory in the Tradition of Economics. In Gui and Sugden (eds.).

Bruni, L. (2009). *L'impresa civile, Egea.* Milano: Università Bocconi Editore.

Hämäläinen and J. Michaelson Juliet, Chelteham: Edward Elgar.

Bateman, T. S., and Organ, D. W. (1983). Job Satisfaction and the Good Soldier: The Relation between Affect and Employee "Citizenship". *Academy of Management Journal,* 261, pp. 587-595.

Battistini, A., and Pagano, U. (2008). Primates' Fertilization Systems and Evolution of the Human Brain. *Journal of Bioeconomics*, Vol. 10, No. 1, pp. 1-21.

Becchetti, L. (2005). *Felicità sostenibile: Economia della responsabilità sociale.* Roma: Donzelli.

Becchetti, L., Pelloni, A., and Rossetti, F. (2008). Relational Goods, Sociability and Happiness. *Kyklos*, Vol. 61, No. 3, pp. 343-363.

Becchetti, L., Giachin Ricca, E., and Pelloni, A. (2009). The 60es Turnaround as a Test on the Causal Relationship between Sociability and Happiness. *Econometica Working Papers wp 07.*

Beck, A. (1967). *Depression.* New York: Hoeber.

Beigbeder, F. (2001). *Lire 26.900.* Milano: Feltrinelli.

Belk, R. W. (1985). Materialism: Trait Aspects of Living in the Material World. *Journal of Consumer Research,* 12, pp. 265-280.

Berkman, L. F., and Glass, T. (2000). Social Integration, Social Networks, Social Support, and Health, In *Social Epidemiology,* edited by L. F. Berkman and I. Kawachi, New York: Oxford University Press.

Bevilacqua, P. (2007). *L'utilità della storia: Il passato e gli altri mondi possibili.* Roma: Donzelli.

Bevilacqua, P. (2008). *Miseria dello sviluppo.* Roma-Bari: Laterza.

Blanchflower, D. and Oswald, A. (2008). Hypertension And Happiness Across Nations. *Journal of Health Economics,* Vol.27, No.2, pp. 218-233.

Blum, R. W., and Libbey, H. P. (2004). School Connectedness: Strengthening Health and Education Outcomes for Teenagers. *Journal of School Health,* Vol.74, No.7, pp. 231-232.

Bonaiuti, M. (a cura di) (2005). *Obiettivo decrescita.* Bologna: Emi.

Bordandini, P. e Cartocci, R. (2009). *Cipolle a colazione: Identità locale e immigrati a Portomaggiore e Argenta.* Bologna: il Mulino.

Borghesi, S. and Vercelli, A. (2007). *Happiness and Health: Two Paradoxes,*

Siena, No. 511.

Bartolini, S., and Bilancini, E. (2009). Social Network Participation and Hours Worked, presented at the International Conference on Happiness and Relational Goods. Well-Being and Interpersonal Relations in the Economic Sphere, June 11-13, Venezia.

Bartolini, S., Bilancini, E., and Pugno, M. (2008). Did the Decline in Social Capital Depress Americans' Happiness? *Quaderni del Dipartimento di Economia politica,* Università degli Studi di Siena, No. 540.

Bartolini, S., and Bonatti, L. (2002). Environmental and Social Degradation As the Engine of Economic Growth. *Ecological Economics,* 41, pp. 1-16.

Bartolini, S., and Bonatti, L. (2003a). Undesirable Growth in a Model with Capital Accumulation and Environmental Assets. *Environment and Development Economics,* 8, pp. 11-30.

Bartolini, S., and Bonatti, L. (2003b). Endogenous Growth and Negative Externalities. *Journal of Economics*, 79, pp. 123-144.

Bartolini, S., and Bonatti, L. (2006). The Mobilization of Human Resources as an Effect of the Depletion of Environmental and Social Assets. *Metroeconomica,* 57, pp. 193-213.

Bartolini, S., and Bonatti, L. (2008a). Endogenous Growth, Decline in Social Capital and Expansion of Market Activities. *Journal of Economic Behavior and Organization,* Vol. 67, No. 3-4, pp. 917-926.

Bartolini, S., and Bonatti, L. (2008b). The Role of Social Capital in Enhancing Factor Productivity: Does Its Erosion Depress Per-Capita GDP? *Journal of Socio-Economics,* Vol. 37, No. 4, pp. 1539-1553.

Bartolini, S. and Bonatti, L. (2010). Social Assets, Technical Progress and Long-Run Welfare. In *Social Capital, Corporate Social Responsibility, Economic Behavior and Performance,* edited by L. Sacconi and G. Degli Antoni, New York: Palgrave.

Bartolini, S. e Palma, R. (2002). Economia e felicità: Una proposta di accordo. In *Economia come impegno civile*, a cura di L. Bruni e V. Pelligra, Roma: Città Nuova, pp. 121-158.

Basu A., Kaplan R. and Kaplan S. (2014). Creating Supportive Environments to Foster Reasonableness and Achieve Sustainable Well-being. In *Well-Being and Beyond: Broadening the Public and Policy Discourse,* edited by T. J.

参考文献

Algan, Y., Cahuc, P., and Shleifer, A. (2011). Teaching Practices and Social Capital. *American Economic Journal: Applied Economics*, 5, pp. 189-210.

Antoci, A. and Bartolini, S. (2004). Negative Externalities, Defensive Expenditures and Labor Supply in an Evolutionary Context. *Environment and Development Economics,* 9, pp. 591-612.

Antoci, A., Sacco, P. L., and Vanin, P. (2005). On the Possible Conflict between Economic Growth and Social Development. In Gui and Sugden (eds.).

Argyle, M. (2001). *The Psychology of Happiness.* London: Routledge.

Austin, R. D., and Gittel, J. H. (1999). Anomalies of High Performance. Reframing Economic and Organizational Theories of Performance Measurement, mimeo, Harvard Business School, Harvard University.

Barkema, J. S. (1995). Do Job Executives Work Harder When They Are Monitored? *Kyklos,* 48, pp. 19-42.

Barrick, M. R., and Mount, M.K. (1993). Autonomy as a Moderator of the Relationships between the Big Five Personality Dimensions and Job Performance. *Journal of Applied Psychology*, 78, pp. 111-118.

Bartolini, S. (2004). Una spiegazione della fretta e della infelicità contemporanee. In *Felicità ed economia,* a cura di L. Bruni e P. L. Porta, Milano: Guerini e Associati.

Bartolini, S. (2006). Beyond Accumulation and Technical Progress. Negative Externalities as an Engine of Economic Growth. In *Environment, Inequality and Collective Action,* edited by M. Basili, M. Franzini and S. Vercelli, London and New York: Routledge.

Bartolini, S. (2007). Why Are People So Unhappy? Why Do They Strive So Hard for Money? Competing Explanations of the Broken Promises of Economic Growth. In Bruni and Porta (eds.).

Bartolini, S. and Bilancini, E. (2008). The Social Context of the Labor Supply. *Quaderni del Dipartimento di Economia politica,* Università degli Studi di

〈著者紹介〉

ステファーノ・バルトリーニ(Stefano Bartolini)

1959 年生まれ。イタリアのシエナ大学政治経済学・統計学部准教授。ロバート・パトナムの社会関係資本の研究に影響を受け、経済成長と開発が先進社会の幸福度、社会関係、生活環境に与えるさまざまな影響を分析する研究をイタリアで牽引している。本書は、ポスト成長社会の展望を「関係の豊かさ」に焦点を当てて考察。日本語特別編集版では、欧米諸国における右派ポピュリズムの台頭の背景やマスメディアで取り上げられない急進左派運動躍進の分析など、2010 年代の混迷する世界情勢についての考察を新たに加えた。

〈訳者紹介〉

中野佳裕(Yoshihiro Nakano)

1977 年、山口県生まれ。研究者。PhD。専門は社会哲学。社会発展の思想と倫理を問い直す研究を行っている。2011 年 4 月から 2018 年 3 月まで国際基督教大学社会科学研究所(ICU SSRI)の助手・研究員として勤務。明治学院大学国際平和研究所(PRIME)研究員、上智大学グローバルコンサーン研究所(IGC)客員所員も兼任。2018 年 4 月より早稲田大学地域・地域間研究機構次席研究員。主著『カタツムリの知恵と脱成長——貧しさと豊かさについての変奏曲』(コモンズ、2017 年)、編・訳書『21 世紀の豊かさ——経済を変え、真の民主主義を創るために』(コモンズ、2016 年)。主訳書『経済成長なき社会発展は可能か？——脱成長とポスト開発の経済学』(作品社、2010 年)。

幸せのマニフェスト

二〇一八年七月三〇日　初版発行
二〇一九年四月二〇日　2刷発行

著　者　ステファーノ・バルトリーニ
訳　者　中野佳裕

発行者　大江正章
発行所　コモンズ
東京都新宿区西早稲田二-一六-一五-五〇三
TEL（〇三）六二六五-九六一七
FAX（〇三）六二六五-九六一八
振替　〇〇一一〇-五-四〇〇一二〇
info@commonsonline.co.jp
http://www.commonsonline.co.jp/

印刷・東京創文社／製本・東京美術紙工
乱丁・落丁はお取り替えいたします。
ISBN 978-4-86187-152-8 C 1030

＊好評の既刊書